판례로 보는

건설 분쟁의
쟁점과 **해법**

판례로 보는
건설 분쟁의
쟁점과 **해법**

2009년 6월 30일 초판 1쇄 인쇄
2009년 7월　1일 초판 1쇄 발행

지은이 | 길기관

펴낸이 | 이성우
편집주간 | 손일수
본문디자인 | 이수경
마케팅 | 정재영 · 황혜영

펴낸곳 | 도서출판 일빛
등록번호 | 제10-1424호(1990년 4월 6일)
주소 | 121-837 서울시 마포구 서교동 339-4 가나빌딩 2층
전화 | 02) 3142-1703~5
팩스 | 02) 3142-1706
E-mail ilbit@naver.com

값 50,000원
ISBN 978-89-5645-139-8 (13360)

◆ 잘못된 책은 바꾸어 드립니다.

판례로 보는

건설 분쟁의
쟁점과 해법

The Construction Troub

변호사 길기관 지음

　그동안 건설 분쟁에 관한 상담과 소송을 진행하면서 실무가들을 위한 마땅한 참고 서적이 사실상 전무하다는 사실을 알게 되었다. 건설 분야는 다른 어떤 분야보다도 많은 분쟁이 발생하고, 분쟁의 규모가 상대적으로 크고 복잡하며, 분쟁 해결에 많은 시간이 소요됨에도 불구하고, 분쟁의 당사자들이 쉽게 활용할 수 있는 실무용 참고서가 없다는 것에 대해 필자는 의문을 가질 수밖에 없었다.

　필자는 수년 전부터 대한주택건설협회에서 발행하는 「주택저널」과 대한전문건설협회에서 발행하는 「코스카저널(옛 전문건설신문)」에 건설 분쟁을 주제로 글을 연재해 오고 있는데, 실제 건설 현장에서 발생한 건설 분쟁 사례에 대한 해법을 법원의 판례를 통해 살펴보는 내용이다.

　각종 지면에 게재된 필자의 글을 접한 분들이 종종 단행본의 출간을 권했지만, 선뜻 용기를 내지 못했다. 막상 발표된 글들을 되돌아 읽어 보면 아무래도 부족하다는 생각을 지울 수 없었기 때문에 단행본으로 묶을 엄두를 내지 못했던 것이다. 그래도 꾸준히 발표한 글이 제법 쌓여 분량이 만만치 않게 되고, 글에서 다룬 쟁점과 사례도 건설 분쟁의 여러 분야를 아우르게 되었다. 기왕에 발표한 원고를 그냥 묵히는 것도 아깝고 다소 부족한 점도 있지만, 실무가들에게는 나름대로 유익한 실무서가 될 수 있을 것으로 판단하여 책을 출간하게 되었다.

이 책은 건설 분쟁의 당사자를 위한 실무서로서, 건설 현장에서 발생하는 다양한 분쟁의 쟁점과 사례에 관련된 대법원 판례를 중심으로 구성한 책이다. 학술 서적이 아닌 실무서인 관계로 본문에서 판례를 인용할 때도 원문의 내용이 손상되지 않는 범위 내에서 특별한 언급 없이 필자가 최소한의 변형을 가한 부분도 있다. 양지하시기 바란다.

거듭 고백하지만, 이 작은 책을 세상에 내놓는 데는 많은 용기가 필요했다. 그런 만큼 두려움이 앞서는 것도 사실이다. 이 책의 부족함은 앞으로 건설 분쟁에 관한 좀 더 충실한 실무 지침서를 통해서 메워 나갈 것을 약속하고자 한다.

참으로 부족한 책이지만 이 책이 세상에 빛을 보는 데에는 많은 분들의 도움이 있었다. 게으름을 이기고 이만한 양의 원고를 쓰게 된 것은 주택저널과 코스카저널에서 원고를 독촉한 덕분이다. 귀중한 지면을 내주신 「주택저널」과 「코스카저널」의 여러분들께 먼저 고마움을 표한다. 원고 작업에 격려와 충고를 아끼지 않은 법무법인 덕수의 동료 변호사님들께도 감사의 마음을 전한다. 번거로움을 무릅쓰고 기꺼이 판례를 검색하고 비평을 아끼지 않은 몇 분 판사님들께도 감사의 뜻을 밝힌다. 이 책이 세상에 나올 수 있도록 도와 주신 도서출판 일빛의 이성우 사장님과 손일수 주간님에게도 깊은 감사의 마음을 전한다.

변호사 길기관 씀

1. 이 책에서 인용한 판례는 원문 수록을 원칙으로 했으나, 본문의 이해를 돕기 위해 부분적으로 발췌 수록하거나 원문의 접속사 등에 수정이 있었음을 밝혀 둡니다.
2. 본문에서 인용한 일부 법률의 경우, 다음과 같이 약칭을 사용했습니다.
   • 국가를 당사자로 하는 계약에 관한 법률 → 국가계약법
   • 국가를 당사자로 하는 계약에 관한 법률 시행령 → 국가계약법 시행령
   • 지방자치단체를 당사자로 하는 계약에 관한 법률 → 지방계약법
   • 집합건물의 소유 및 관리에 관한 법률 → 집합건물법
   • 건설산업기본법 → 건산법
   • 하도급 거래 공정화에 관한 법률 → 하도급법

차례

7장 지체상금

8장 계약 해제

9 장 공사대금 채권의 확보

10 장 공사대금 채권과 강제집행

11 장   건설 공사와 하자

12 장 집합건물의 하자

15 장   제3자의 손해

16 장   하도급 관련 분쟁

| 계약 체결의 단계 |

01

입찰 공고의 성격

| **쟁점** | 입찰 공고의 내용은 그대로 계약 내용이 되는가?

| **해결** | 입찰 공고에 기재된 내용이라도 계약에 편입되지 않으면 계약 내용이 되지 않는다.

입찰과 낙찰의 법적 성격

건설도급 계약을 체결하는 방식 가운데, 특히 관급 공사의 경우에는 거의 대부분 입찰에 의한 방식으로 도급 계약을 체결한다. 국가를 당사자로 하는 계약은 일반 경쟁에 의하는 것이 원칙인데(국가계약법 제7조), 경쟁의 방법은 입찰 방법에 의하도록 되어 있다(국가계약법 시행령 제10조). 지방자치단체를 당사자로 하는 계약에 관해서는 지방계약법 제9조 및 동법 시행령 제11조에 같은 내용의 규정이 있다.

입찰에 의한 계약 체결 절차는 입찰 시행자가 입찰에 붙이고, 그 입찰 공고에 응하여 입찰하고, 입찰자 중에서 낙찰자를 결정해서 계약서를 작성한다.

통상적인 입찰에서는 입찰 공고가 청약의 유인, 입찰은 청약, 낙찰은 승낙에 해당되어 낙찰자가 결정되면 계약이 성립된 것으로 본다. 청약은 그에 응하는 상대방의 승낙만 있으면 곧 계약이 성립하는 확정적 의사표시이나, 청약의 유인은 상대방에게 '청약'이라는 의사표시를 하도록 유인하는 것을 말한다. 따라서 청약의 유인에 응한 자가 청약의 유인에 부응하는 의사표시를 하더라도 그 의사표시는 청약에 불과하여 계약은 성립하지 않으며, 다시 유인한 자가 승낙의 의사표시를 해야만 비로소 계약이 성립한다. 우리가 흔히 접하는 광고가 가장 전형적인 '청약의 유인'에 해당한다.

이처럼 입찰 공고는 청약의 유인에 불과하기 때문에, 입찰 공고의 내용 그 자체를 계약 내용이라고 주장할 수는 없다.

| 판례 |

●   원고에게 낙찰된 이 사건 석회 처리 공사에 있어서 피고의 입찰 공고는 청약의 유인이며, 원고의 입찰은 청약이고, 피고의 낙찰 선고는 계약의 승낙에 해당하므로 원-피고 사이의 이 사건 탄회 처리 단가 계약은 낙찰 선고로 인하여 적법하게 성립된다(대법원 78다317 판결).

●   입찰과 낙찰 행위가 있은 후에 더 나아가서 본 계약을 따로 하는 경우의 입찰과 낙찰은 계약의 예약이라고 아니 볼 수 없다 하겠으므로, 공고의 안내는 청약의 유인에 지나지 않다고 할 것이다(대법원 74다402 판결).

낙찰자의 계약 체결 청구권

| 쟁점 | 국가나 지방자치단체가 발주한 공사의 낙찰자는 계약의 체결을 요구할 수 있는가?

| 해결 | 낙찰자는 계약의 체결을 요구할 수 있다.

낙찰자의 계약 체결 청구권

●   일반 입찰과 달리 국가계약법과 지방계약법은 반드시 계약서를 작성하도록 요구하고 있어 낙찰자의 결정으로 곧바로 계약이 성립되는 것은 아니다. '국가나 지방자치단체와 체결하는 계약은 반드시 계약서를 작성해야 하고, 계약서를 작성하지 않은 계약은 무효이다(대법원 2003다14812 판결).'

따라서 일반 입찰에서는 입찰이 청약이고, 낙찰이 승낙에 해당되어 승낙으로써 계약이 성립하지만, 공공 공사의 입찰에서는 계약서가 작성되지 않은 낙찰 단계에서는 아직 계약이 성립되지 않은 것이다.

그렇다면 관급 공사에서 낙찰자의 지위는 무엇인가? 낙찰자는 아직 계약의 당사자는 아니지만, 입찰 시행자에 대하여 계약의 체결을 청구할 수 있는 지위에 있다. 그리고 입찰 시행자는 낙찰자의 계약 체결 청구에 응해야 할 승낙의 의무를 부담한다.

| 판례 |

● 　　　구 지방재정법(2005. 8. 4. 법률 제7663호로 전문 개정되기 전의 것) 제63조가 준용하는 국가를 당사자로 하는 계약에 관한 법률 제11조는 지방자치단체가 당사자로서 계약을 체결하고자 할 때는 계약서를 작성해야 하고, 그 경우 담당 공무원과 계약 당사자가 계약서에 기명날인 또는 서명함으로써 계약이 확정된다고 규정함으로써, 지방자치단체가 당사자가 되는 계약의 체결은 계약서의 작성을 성립 요건으로 하는 요식 행위로 정하고 있으므로, 이 경우 낙찰자의 결정으로 바로 계약이 성립된다고 볼 수는 없어 낙찰자는 지방자치단체에 대하여 계약을 체결하여 줄 것을 청구할 수 있는 권리를 갖는 데 그치고, 이러한 점에서 위 법률에 따른 낙찰자 결정의 법적 성질은 입찰과 낙찰 행위가 있은 후에 더 나아가 본계약을 따로 체결한다는 취지로서 계약의 편무예약에 해당한다(대법원 2005다41603 판결).

용어해설

• **편무예약, 쌍무예약** : 예약은 장차 본계약을 체결하기로 약속하는 계약을 말하는데, 예약상의 권리자가 본계약의 체결을 위하여 청약을 하면 상대방이 승낙 의무를 부담하는 경우에 어느 일방만이 청약권을 보유한 경우를 '편무예약', 쌍방 모두 청약의 권리를 가지고 있는 경우를 '쌍무예약'이라고 한다. 상대방이 승낙하지 않을 때는 승낙을 구하는 소를 제기해야 한다.

- **일방예약, 쌍방예약** : 본계약을 체결할 권리를 갖는 자가 상대방에 대하여 본계약을 성립시킨다는 예약 완결의 의사표시만으로 상대방의 승낙을 기다리지 않고 본계약이 성립되는 경우에 예약 완결권을 어느 일방만이 가지고 있는 경우는 '일방예약', 양 당사자 모두가 예약 완결권을 가지고 있는 경우에는 '쌍방예약'이라고 한다.

입찰 공고와 다른 계약 내용의 허부

> **| 쟁점 |** 지방자치단체가 계약의 주요한 내용 내지 조건을 입찰 공고와 달리 변경하거나 새로운 조건을 추가하는 것은 허용되는가?
>
> --
>
> **| 해결 |** 허용되지 않는다.

입찰 공고에 부합하는 계약 체결 청구권

● 　　　입찰 절차에서 입찰 공고는 청약의 유인에 불과하여 계약 내용에 편입되지 않는 이상, 당사자를 구속할 수 없는 것이 원칙이다. 그렇다면 입찰 시행자는 입찰 공고의 내용에 전혀 구속되지 않는가? 입찰 공고의 내용을 무시하고 입찰 공고의 내용보다 불리한 내용을 계약에 편입할 수 있는가?

국가나 지방자치단체가 시행하는 입찰 절차에서 계약은 낙찰로써 성립하는 것이 아니라 별도로 계약서를 작성해야 성립하지만, 낙찰자는 계약의 체결을 요구할 수 있는 권리를 갖는다. 낙찰자는 국가나 지방자치단체에 대하여 계약 체결을 요구하는 것에 그치는 것이 아니라, 입찰 공고의 내용에 부합되는 계약의 체결을 청구할 수 있는 것이다.

| 판례 |

●   국가를 당사자로 하는 계약에 관한 법률에 따른 입찰 절차에서 낙찰자의 결정으로는 예약이 성립한 단계에 머물고, 아직 본계약이 성립한 것은 아니라고 하더라도, 그 계약의 목적물, 계약 금액, 이행기 등 계약의 주요한 내용과 조건은 지방자치단체의 입찰 공고와 최고가(또는 최저가), 입찰자의 입찰에 의하여 당사자의 의사가 합치됨으로써 지방자치단체가 낙찰자를 결정할 때 이미 확정되었다고 할 것이므로, 지방자치단체가 계약의 세부 사항을 조정하는 정도를 넘어서서 계약의 주요한 내용 내지 조건을 입찰 공고와 달리 변경하거나 새로운 조건을 추가하는 것은 이미 성립된 예약에 대한 승낙 의무에 반하는 것으로서 특별한 사정이 없는 한 허용될 수 없다(대법원 2005다41603 판결).

계약서에 의하지 않은
관급공사 계약의 효력

| 쟁점 | 국가나 지방자치단체와 계약서를 작성하지 않고 체결한 계약은 유효한가?

| 해결 | 국가계약에 관한 법령상의 요건과 절차를 거치지 아니한 계약은 효력이 없다.

계약서 작성은 필수

●   일반적으로 계약은 당사자 간에 의사의 합치만 있으면 성립한다. 즉 계약서의 작성 유무와 상관없이 구두 계약만으로도 계약은 성립한다. 그렇다면 국가나 지방자치단체가 계약의 일방 당사자로서 체결하는 계약도 마찬가지일까?

법률에서는 계약서의 작성을 요구하고 있다. 즉 국가계약법 제11조와 지방계약법 제14조는 계약을 체결할 때 원칙적으로 계약서를 작성해야 하고, 계약서에 기명·날인 또는 서명함으로써 계약이 확정되는 것으로 규정하고 있다. 그런데도 국가나 지방자치단체가 계약서를 작성하지 않고 체결한 계약의 효력은 어떻게 될까?

대법원은 일관되게 국가나 지방자치단체가 관계 법령에서 정하는 요건과 절차를 거치지 않고 체결한 계약은 무효라는 입장을 취하고 있다.

| 판례 |

● 　　　　지방재정법 제63조는 '지방자치단체를 당사자로 하는 계약에 관하여 이 법 및 다른 법령에서 정한 것을 제외하고는 국가를 당사자로 하는 계약에 관한 법률의 규정을 준용한다'고 규정하고 있고, 이에 따른 준용 조문인 국가를 당사자로 하는 계약에 관한 법률 제11조 제1항과 제2항에 의하면 지방자치단체가 계약을 체결하고자 할 때는 계약의 목적, 계약 금액, 이행 기간, 계약 보증금, 위험 부담, 지체 상금 기타 필요한 사항을 명백히 기재한 계약서를 작성해야 하고, 그 담당 공무원과 계약 상대자가 계약서에 기명 · 날인 또는 서명함으로써 계약이 확정된다고 규정하고 있는 바, 위 각 규정의 취지에 의하면 지방자치단체가 사경제의 주체로서 사인과 사법상의 계약을 체결함에 있어서는 위 법령에 따른 계약서를 따로 작성하는 등 그 요건과 절차를 이행해야 할 것이고, 설사 지방자치단체와 사인 사이에 사법상의 계약이 체결되었다 하더라도 위 법령상의 요건과 절차를 거치지 아니한 계약은 그 효력이 없다고 할 것이다(대법원 2004다30811, 30828 판결).

* 같은 취지의 판례로 '2003다14812 판결', '93다18990 판결', '92다49447 판결' 등이 있다.
* 판례에서 지방재정법 제63조가 준용하는 국가계약법 제11조와 같은 규정이 현재는 지방계약법 제14조에 있다.

입찰 절차와 낙찰자 결정 기준에 관한 규정의 성질

| **쟁점** | 국가계약법령상의 입찰 절차나 낙찰자 결정 기준에 관한 규정은 강행 규정인가?

| **해결** | 입찰 절차와 낙찰자 결정 기준에 관한 규정은 국가의 내부 규정으로서 강행 규정이 아니다.

입찰 절차와 기준

● 국가계약 법령과 지방계약 법령에는 입찰의 진행과 낙찰자의 결정에 관한 기준이 상세하게 규정되어 있다. 입찰에는 일정한 요건을 갖춘 자만 참여할 수 있는데, 추정 가격 300억 원 이상의 공사는 입찰 자격 사전 심사 제도를 적용한다. 입찰 참가 자격 사전 심사의 기준과 방법 등에 관해서는 회계예규의 '입찰 참가 자격 사전 심사 요령'에 상세하게 규정되어 있다. 낙찰자 결정은 예정 가격 이하로서 최저 가격 순으로 계약 이행 능력을 심사하여 결정하는데, 계약 이행 능력 심사는 이행 실적, 기술 능력, 재무 상태 및 사회적 신인도 등을 종합적

으로 고려한다. 그 심사 기준에 관해서는 회계예규 적격 심사 기준이 있다.

이와 같은 절차와 기준에 관한 법령의 법적 성질은 무엇인가? 이에 위반된 행위는 무효가 되는 강행 규정인가? 이러한 규정은 국가가 사인과의 사이의 계약 관계를 공정하고 합리적, 효율적으로 처리할 수 있도록 관계 공무원이 지켜야 할 계약 사무 처리에 관한 필요한 사항을 규정한 국가의 내부 규정에 불과하기 때문에 강행 규정으로 볼 수 없다.

따라서 이를 위반한 입찰의 효력은 무효로 단정할 수 없다. 반면에 '지방자치단체가 사인과 사법상의 계약을 체결할 때 따라야 할 요건과 절차를 규정한 법령의 법적 성격은 강행 규정으로서 그 요건과 절차를 거치지 아니하고 체결된 지방자치단체와 사인 간의 사법상 계약 및 예약은 무효이다(2003다14812 판결).'

| 판례 |

● 　　　국가를 당사자로 하는 계약에 관한 법률은 국가가 계약을 체결하는 경우 원칙적으로 경쟁 입찰에 의해야 하고(제7조), 국고의 부담이 되는 경쟁 입찰에 있어서 입찰 공고 또는 입찰 설명서에 명기된 평가 기준에 따라 국가에 가장 유리하게 입찰한 자를 낙찰자로 정하도록(제10조 제2항 제2호) 규정하고 있고, 같은 법 시행령에서 당해 입찰자의 이행 실적, 기술 능력, 재무 상태, 과거 계약 이행 성실도, 자재 및 인력 조달 가격의 적정성, 계약 질서의 준수 정도, 과거 공사의 품질 정도 및 입찰 가격 등을 종합적으로 고려하여 재정경제부 장관이 정하는 심

사 기준에 따라 세부 심사 기준을 정하여 결정하도록 규정하고 있으나, 이러한 규정은 국가가 사인과의 사이의 계약 관계를 공정하고 합리적, 효율적으로 처리할 수 있도록 관계 공무원이 지켜야 할 계약 사무 처리에 관한 필요한 사항을 규정한 것으로, 국가의 내부 규정에 불과하다 할 것이다(2001다33604 판결).

입찰 절차와 낙찰자 결정 기준 위반의 효력

> | 쟁점 | 계약 담당 공무원이 입찰 절차에서 국가계약법 및 그 시행령이나 그 세부 심사 기준에 어긋나게 적격 심사를 했다면, 그 효력은 어떻게 되는가?
>
> | 해결 | 그 계약이 당연히 무효가 되는 것은 아니다.

무효 사유가 아님

● 공공계약의 입찰 절차에 하자가 있는 경우, 그 하자로 인하여 당해 입찰에 따른 낙찰자의 결정 내지 그에 기하여 체결한 계약의 효력은 어떻게 되는가? 국가계약법 시행령 제39조 제4항 및 국가계약법 시행규칙 제44조는 입찰 참가 자격이 없는 자가 한 입찰을 비롯하여 입찰의 무효 사유를 규정하고 있는데, 여기에 해당하는 사실을 간과하고 낙찰자로 결정된 경우에 그 낙찰이 무효로 되는 것은 당연하다.

관급 공사의 입찰에는 입찰 참가 자격이나 절차 등에 관한 법령의 제한이 있고, 이를 구체화한 입찰 자격 사전 심사 요령이나 적격 심사 기준과 같은 예규가 있기 때문이다. 그렇다면 발주자가 입찰 자격이나 절차 등을 무시하거나 잘못 해석하여 입찰 참여를 제한한 상태로 낙찰이 이루어지면 어떻게 될까? 이러한 사정만으로는 무효 사유가 되지 않는다.

예컨대, 낙찰자 결정의 세부 심사 기준에서 시공 능력 평가 요소를 그르친 사정만으로는 계약이 무효가 되지 않는다. 또한 '입찰 서류를 제출함에 있어 단지 지방자치단체가 공고한 제안 요청서에 게시된 양식과 동일한 '입찰서'를 누락한 정도의 하자를 가지고 입찰 무효의 사유로 정하고 있는 '국가계약법 시행규칙' 제44조 제3호의 '입찰서가 입찰 장소에 도착하지 아니한' 것으로 볼만큼 중대한 하자라고 보기는 어렵다(대법원 2006마117 결정).'

하자가 중대할 뿐만 아니라 상대방도 이러한 사정을 알았거나 알 수 있었을 경우, 또는 무효로 하지 않으면 그 절차를 규정한 국가계약법의 취지를 몰각하는 결과가 되는 특별한 사정이 있는 경우에 한해서만 무효가 된다.

| 판례 |

● 　　　계약 담당 공무원이 입찰 절차에서 국가를 당사자로 하는 계약에 관한 법률 및 그 시행령이나 그 세부 심사 기준에 어긋나게 적격 심사를 했다 하더라도, 그 사유만으로 당연히 낙찰자 결정이나 그에 기한 계약이 무효가 되는 것은 아니고, 이를 위배한 하자가 입찰 절차의 공공성과 공정성이 현저히 침해될 정도로 중대할 뿐 아니라 상대방도 이러한 사정을 알았거나 알 수 있었을 경우, 또는 누가 보더라도 낙

찰자의 결정 및 계약 체결이 선량한 풍속 기타 사회질서에 반하는 행위에 의하여 이루어진 것임이 분명한 경우 등 이를 무효로 하지 않으면 그 절차에 관하여 규정한 국가를 당사자로 하는 계약에 관한 법률의 취지를 몰각하는 결과가 되는 특별한 사정이 있는 경우에 한하여 무효가 된다고 해석함이 타당하다(대법원 2001다33604 판결).

예정 가격을 사전에 알고 낙찰 받은 계약의 효력

> | 쟁점 | 건설 회사 임직원과 관계 공무원 간의 공모로 최종 낙찰 예정 가격을 사전에 알고 낙찰 받은 계약은 유효한가?
>
> | 해결 | 그러한 입찰은 무효이고, 그에 따른 계약도 무효이다.

입찰 무효의 경우

●　　입찰에 관한 관계 법령을 위반하거나 무시한 채 진행된 입찰과 낙찰이라 하더라도 곧바로 무효가 되는 것은 아니고, 그 하자가 입찰 절차의 공공성과 공정성이 현저히 침해될 정도로 중대할 뿐 아니라, 상대방도 이러한 사정을 알았거나 알 수 있었을 경우 또는 누가 보더라도 낙찰자의 결정 및 계약 체결이 선량한 풍속, 기타 사회질서에 반하는 행위에 의하여 이루어진 것임이 분명한 경우 등에 한하여 무효가 된다.

대법원은 건설 회사 임직원과 관계 공무원 간의 공모로 최종 낙찰 예정 가격을 사전에 알고 한 입찰은 무효이고, 그에 터 잡은 낙찰과 계약도 무효라고 본다.

| 판례 |

● 　　　　건설 회사 임직원과 관계 공무원 간의 공모로 최종 낙찰 예정가를 사전에 알아내어 그에 근접한 금액으로 낙찰을 받은 경우, 그 입찰은 구 예산회계법시행령(1995. 7. 6. 대통령령 제14710호로 개정되기 전의 것) 제97조 제3항, 구 계약사무처리규칙(1995. 7. 6. 폐지) 제25조 제9호에 의하여 적용되는 입찰유의서(회계예규) 제10조 제8호 소정의 '담합하거나 타인의 경쟁 참가를 방해 또는 관계 공무원의 공무 집행을 방해한 자의 입찰'에 해당하여 무효이고, 이에 터 잡아 이루어진 공사 도급계약 역시 무효이다(대법원 97다15852 판결).

입찰 탈락자의 구제 방법

> | 쟁점 | 위법 또는 부당한 입찰 절차에서 탈락한 자의 권리를 구제할 수 있는 방법은 무엇인가?
>
> | 해결 | 우선 입찰 시행자를 상대로 낙찰자 지위 확인의 소나 낙찰자 선정 무효 확인의 소 또는 적격 심사 절차 이행 청구의 소를 제기하는 방법이 있다. 긴급한 경우에는 낙찰자 지위 확인의 가처분 또는 적격 심사 대상자 확인의 가처분을 받을 수 있다.

소 제기의 상대방은?

● 　　입찰의 효력을 다투는 원고 또는 채권자로서는 입찰 시행자를 피고나 채무자로 소송을 제기해야 하며, 낙찰자나 다른 입찰 참가자는 상대방이 아니다.

낙찰자 지위 확인의 소

● 　　　낙찰자 지위 확인의 소의 청구 취지는 '피고가 1993. 9. 14. 자 조달청 시설 공고 제1993-568호로 공사 입찰 공고하여 1993. 10. 22. 16:00 실시한 점촌-문경간 도로 4차선 확장 및 포장 공사의 입찰에 있어서 원고가 낙찰자임을 확인한다(서울고법 94나19275 판결)'와 같이 기재하면 된다.

가처분의 신청 취지는 '신청인은 피신청인이 1998. 10. 1. 조달청 시설 공고 제1998-645호로 긴급 공사 입찰 공고하여 같은 해 11. 12. 실시한 부산신항 준설토 투기장 호안(1공구) 및 기타 공사의 입찰에 있어서 낙찰자의 지위에 있음을 임시로 정한다'와 같이 기재하면 된다.

또는 '피신청인은 ~를 낙찰자로 결정해서는 아니 된다'라고 하거나 '피신청인은 ~와 공사 계약을 체결해서는 아니 된다'와 같은 식으로 가처분 신청을 할 수도 있을 것이다.

| 판례 |

● 　　　민사소송법 제23조 제1항, 제24조, 민사소송 등 인지법 제2조 제1항, 민사소송 등 인지 규칙 제6조, 예산회계법 제77조 제3항, 예산회계법 및 같은 법 시행령에 기초한 재무부령인 계약 사무 처리 규칙 제44조, 제55조의 규정들에 비추어 볼 때, 낙찰자의 지위는 계약 상대자로 결정되어 계약을 체결할 수 있는 지위에 불과하고, 계약을 체결하여 계약상의 권리의무가 발생한 계약 당사자의 지위와는 다르다고 보여지므로, 최초 입찰에 있어서 낙찰자 지위 확인을 구하는 소에서 원고가 승소하더라도 원고는 계약 당사자와 같이 공사대금의 청구

등 계약상의 권리를 취득하게 되는 것이 아니라, 단순히 원고가 유효한 낙찰자의 지위에 있음을 확인받아 그에 따른 계약을 체결해 줄 것을 청구할 수 있는 권리를 취득하는 것이고, 이는 결국 금전으로 가액을 산출하기 어려운 경제적 이익을 얻는 데 불과하므로, 낙찰자 지위 확인을 구하는 소는 재산권상의 소로서 그 소가를 산출할 수 없는 경우에 해당한다(대법원 94다41454 판결).

적격 심사 절차 이행 청구의 소

● 　　　 적격 심사 절차 이행 청구의 소에서 청구 취지는 "피고는 원고들에게, 피고가 1998. 10. 1. 조달청 시설 공고 제1998-645호로 긴급 공사 입찰 공고하여 같은 해 11. 12. 실시한 '부산신항 준설토 투기장 호안(1공구) 및 기타 공사'의 입찰에 있어서 조달청 시설 공사 적격 심사 세부 기준(조달청 공고 제1998-121호)에 따른 적격 심사 절차 등 낙찰자 선정 절차를 이행하라(서울고법 99나35432 판결)"와 같이 기재한 예가 있다.

　가처분의 신청 취지는 "채무자가 2000. 11. 4. 광주광역시 공고 제2000-40호로 공고하여 2000. 12. 18. 실시한 '광주 제2농·수산물도매시장 건립 공사 입찰'에 있어서 채권자를 포함한 공동 입찰자들이 지방자치단체 적격 심사 기준(행정자치부 예규 제48호) 및 지방자치단체 시설 공사 적격 심사 세부 기준(행정자치부 예규 제60호)에 따른 적격 심사 대상자의 지위에 있음을 임시로 정한다(광주고법 2001라10 판결)"와 같이 기재한다.

공사 완료 후 낙찰자 지위 확인 소송의 가부

| 쟁점 | 국가 등이 실시하는 입찰에서 낙찰자와 체결된 계약에 의하여 이미 그 이행이 완료된 경우, 낙찰자 결정의 무효를 이유로 한 낙찰자 지위에 대한 확인의 소를 제기할 수 있는가?

| 해결 | 확인의 이익이 없어 부적법하다.

낙찰자 지위 확인의 소

● 　　　국가나 지방자치단체가 실시하는 공사 입찰에서 적격 심사 과정의 하자로 인하여 낙찰자 결정이 무효이고, 따라서 하자 없는 적격 심사에 따른다면 정당한 낙찰자가 된다고 주장하는 자는 자신이 정당한 낙찰자라고 주장하며 낙찰자 지위 확인의 소를 제기할 수 있다. 계약이 체결되었다 하더라도 마찬가지다.

이미 낙찰자 결정에 따른 계약이 체결되어 그 이행이 완료된 경우에는 어떨까? 이때는 이미 확인의 이익이 없어 부적법한 소가 된다.

●   국가나 지방자치단체가 실시하는 공사 입찰에서 적격 심사 과정의 하자로 인하여 낙찰자 결정이 무효이고, 따라서 하자 없는 적격 심사에 따른다면 정당한 낙찰자가 된다고 주장하는 자는 낙찰자로서의 지위에 대한 확인을 구할 수 있고, 이러한 법리는 위 입찰에 터 잡아 낙찰자와 계약이 체결된 경우에도 동일하다 할 것이나, 나아가 낙찰자와 체결된 계약에 의하여 이미 그 이행까지 완료된 경우에는 더 이상 낙찰자 결정이 무효임을 주장하여 낙찰자 지위에 대한 확인을 구할 이익이 존재하지 않는다(대법원 2002다50057 판결).

낙찰자의 장래 공사대금 채권에 대한 압류의 가부

| 쟁점 | 낙찰자의 채권자는 낙찰자가 장래 국가나 지방자치단체에 대하여 취득하는 공사대금 채권을 압류할 수 있는가?

| 해결 | 압류가 가능하다.

낙찰자의 장래 채권에 대한 압류 가능성

● 　　국가나 지방자치단체가 시행하는 입찰의 낙찰자는 상대방에 대하여 계약 체결을 청구할 수 있는 권리를 갖는 것에 그치고, 낙찰자인 단계에서는 아직 계약의 당사자가 아니다. 따라서 낙찰 단계에서는 아직 공사대금 채권을 취득한 것으로 볼 수 없다.

이 단계에서 낙찰자의 채권자가 낙찰자가 장래에 체결하는 계약으로 취득하는 공사대금 채권에 대하여 압류 또는 가압류가 가능할까?

장래의 채권이라도 채권 발생의 기초가 확정되어 있어 특정이 가능할 뿐만 아니라, 권면액이 있고 가까운 장래에 채권이 발생할 것이 상당한 정도로 기대되는 경우에는 채권 압류 및 전부명령의 대상이 될 수 있다. 대법원은 낙찰자가 장래에 취득하는 공사대금 채권에 대한 강제집행을 인정하고 있다.

▎판례▎

●   건설업자가 지방자치단체가 지방재정법과 그 시행령 및 그에 의하여 준용되는 국가를 당사자로 하는 계약에 관한 법률과 그 시행령에 의하여 시행하는 공사의 경쟁 입찰에 참가하여 낙찰자로 결정된 후 낙찰자의 채권자가 낙찰자를 채무자로 하고, 지방자치단체를 제3채무자로 하여 낙찰자가 지방자치단체와 장차 공사도급 계약을 체결하고 공사를 시공함에 따라 지방자치단체로부터 지급받게 될 공사대금 채권에 대하여 채권 압류 및 전부명령을 받은 경우, 피압류 및 전부채권인 공사대금 채권은 그 발생의 기초가 확정되어 있어 채권의 특정이 가능할 뿐 아니라, 공사대금이 확정되어 있어 권면액도 있으며, 가까운 장래에 채권이 발생할 것이 상당한 정도로 확실시되므로, 그 공사대금 채권에 대한 채권 압류 및 전부명령은 유효하다(대법원 2002다7527 판결).

입찰과 형사처벌(입찰방해죄)

| 쟁점 | 실제로는 단독 입찰을 하면서 경쟁 입찰인 것처럼 가장했다면 '입찰방해죄'가 성립되는가?

| 해결 | 입찰의 공정을 해한 것으로 인정되어 유죄가 될 수 있다.

입찰방해죄란?

형법 제315조는 입찰방해죄를 다음과 같이 규정하고 있다.

"위계 또는 위력 기타 방법으로 경매 또는 입찰의 공정을 해한 자는 2년 이하의 징역 또는 700만 원 이하의 벌금에 처한다."

여기서 위계란 상대방의 착오나 부지를 이용하는 일체의 행위를 말하고, 사람을 기망하거나 유혹하는 행위를 포함한다. '위계라 함은 행위자의 행위 목적을 달성하기 위하여 상대방에게 오인, 착각 또는 부지를 일으키게 하여 이를 이용하는 것을 말한다(대법원 91도2221 판결).'

'형법 제315조 소정의 입찰방해죄에 있어 위력이란 사람의 자유의사를 제압, 혼란케 할 만한 일체의 유형적 또는 무형적 세력을 말하는 것으로서 폭행, 협박은 물론 사회적, 경제적, 정치적 지위와 권세에 의한 압력 등을 포함하는 것이다(대법원 99도4079 판결).'

입찰방해죄는 결과범이 아니라 위험범이기 때문에 결과의 발생을 요하지 않는다. 또한 입찰방해죄는 현실적으로 입찰의 공정을 해치는 결과가 발생해야 성립하는 범죄가 아니고, 입찰의 공정을 해하는 행위만 있으면 성립하는 위험범(위태범)이다.

따라서 낙찰 가격이 결과적으로 적정하게 형성되었더라도 입찰방해죄의 성립에는 영향이 없다. 입찰자들 사이의 담합행위나 들러리입찰, 가장입찰에도 불구하고 낙찰 가격이 적정하게 형성되었다는 사정은 입찰방해죄의 성립에 방해가 되지 않는다.

또한 입찰의 공정을 해하는 행위에는 가격 결정의 공정을 해하는 행위뿐만 아니라 공정한 경쟁 방법을 해하는 행위도 포함된다. 따라서 결과적으로 가격의 공정성을 해치는 결과가 발생하지 않았더라도, 입찰 과정에서 자유롭고 공정한 경쟁을 저해하는 행위는 입찰방해죄에서 규정하는 입찰의 공정을 해하는 행위가 된다.

'입찰 참가자 중 일부만 담합한 경우에도 입찰방해죄가 성립할 수 있다. 즉 입찰에 참여한 일부 응찰자들 사이에서만 담합이 있었더라도 그것이 입찰의 공정을 해하는 것으로 평가되는 경우에는 입찰방해죄가 성립한다(대법원 2005도8498 판결).'

한편 실질적으로는 단독 입찰을 하면서 경쟁 입찰인 것처럼 가장하는 행위도 입찰의 공정을 해하는 행위가 되어 입찰방해죄에 해당하게 된다.

● 　　　입찰방해죄는 위태범으로서 결과의 불공정이 현실적으로
나타나는 것을 요하는 것이 아니며, 그 행위에는 가격을 결정하는 데
있어서 뿐만 아니라 적법하고 공정한 경쟁 방법을 해하는 행위도 포함
되므로, 그 행위가 설사 동종업자 사이의 무모한 출혈 경쟁을 방지하
기 위한 수단에 불과하여 입찰 가격에 있어 입찰 실시자의 이익을 해
하거나 입찰자에게 부당한 이익을 얻게 하는 것이 아니었다 하더라도
실질적으로는 단독 입찰을 하면서 경쟁 입찰인 것처럼 가장하였다면
그 입찰 가격으로 낙찰하게 한 점에서 경쟁 입찰의 방법을 해한 것이
되어 입찰의 공정을 해한 것으로 되었다 할 것이다(대법원 2002도3924
판결).

입찰과 형사처벌
(건설산업기본법 위반 사례 ①)

> **| 쟁점 |** 동업자들 사이의 출혈 경쟁을 방지하기 위한 담합 행위도
> 건설산업기본법 제95조 제1호 위반죄에 해당할 수 있는가?
>
> **| 해결 |** 처벌이 가능하다.

건설산업기본법 제95조 제1호 위반죄의 요건

● 　　건설산업기본법 제95조 제1호는 부당한 이익을 취득하거나 공정한 가격 결정을 저해할 목적으로 입찰자 간에 공모하여 미리 조작한 가격으로 입찰한 자는 5년 이하의 징역 또는 5천만 원 이하의 벌금에 처하도록 규정하고 있다. 과거 건설업법에서는 '부당한 이익을 취득하거나 공정한 가격 결정을 저해할 목적'을 요구하지 않고, '건설업자로서 경쟁 입찰에 있어서 입찰자 간에 공모하여 미리 조작한 가격으로 입찰한 자'를 처벌하도록 규정하고 있었다.

　즉 과거에는 목적을 요구하지 않고 담합 행위 자체를 처벌하도록 규정하였으나 건설산업기본법에서는 '부당한 이익을 취득하거나 공정

한 가격 결정을 저해할 목적'을 요하는 목적범으로 개정된 것이다. 요컨대, 건설 공사 입찰에서 담합 행위는 '부당한 이익을 취득하거나 공정한 가격 결정을 저해할 목적'이 있어야 건설산업기본법 위반죄에 해당하게 된다.

그렇다면 동업자들 사이의 출혈 경쟁을 방지하기 위한 담합 행위도 건설산업기본법 제95조 제1호의 위반죄에 해당할 수 있는가?

대법원 판례에 따르면, 건설업자들이 이른바 연고권을 주장하여 자신들끼리 낙찰 받을 업자를 정하고 나머지 건설업자들은 미리 결정된 건설업자가 낙찰 받을 수 있도록 높은 가격으로 입찰하는 경우 건설산업기본법 제95조 제1호의 위반죄에 해당한다.

| 판례 |

●   건설산업기본법 제95조 제1호는 구 건설업법(1996. 12. 30. 법률 제5230호로 개정되기 전의 것) 제59조 제1호와 그 행위 태양을 같이하면서, 다만 '부당한 이득을 취득할 목적' 또는 '공정한 가격 결정을 저해할 목적'을 요구하고 있는 바, 여기서의 '부당한 이득'이나 '공정한 가격' 등은 모두가 건설업자들 사이에 담합 행위를 하지 아니한 가운데 자유로운 경쟁 입찰을 통하여 결정되는 낙찰가를 전제로 하는 것으로서, 그와 같은 자유로운 경쟁 입찰을 통하여 결정되는 낙찰가를 '공정한 가격'으로 보고, 담합 행위를 통하여 그와 같은 '공정한 가격'보다 높은 가격으로 낙찰을 받는 경우 그 차액 상당은 '부당한 이득'으로 보는 것이라고 해석되므로, 건설업자들이 이른바 연고권을 주장하여 자신들끼리 낙찰을 받을 업자를 정하고, 나머지 건설업자들은 미리

결정된 건설업자가 낙찰을 받을 수 있도록 미리 결정된 건설업자가 입찰할 가격보다 높은 가격으로 입찰하기로 공모하여 그에 따라 입찰을 함으로써 실질적으로는 단독 입찰인 것을 마치 경쟁 입찰인 것처럼 가장하는 행위는 설령 그와 같이 미리 결정된 낙찰가가 적자 수주를 막기 위한 최저한의 금액이라는 등의 사정이 있다 하더라도 특별한 사정이 없는 한 '부당한 이득을 취득할 목적' 또는 '공정한 가격 결정을 저해할 목적'으로 한 것으로 보아야 할 것이다(대법원 99도2309 판결).

입찰과 형사처벌
(건설산업기본법 위반 사례 ②)

| 쟁점 | 건설업자가 아닌 자가 다른 건설업자의 견적을 제출하더라도 건설산업기본법 제95조 제2호의 위반으로 처벌되는가?

| 해결 | 다른 건설업자의 견적을 제출하여 처벌받는 것은 건설업자만 해당된다.

건설산업기본법 제95조 제2호 위반죄의 주체는?

● 　　건설산업기본법 제95조 제2호는 '건설 공사의 입찰에 있어 다른 건설업자의 견적을 제출한 자는 5년 이하의 징역 또는 5천만 원 이하의 벌금에 처한다'라고 규정하고 있는데, 건설업자가 아닌 자가 건설업자를 대행하여 건설 공사의 입찰 행위를 한 경우에도 건설산업기본법 제95조 제2호 위반죄의 범죄 주체가 되어 처벌되는가?

건설업자라 함은 건설산업기본법 또는 다른 법률에 의하여 등록 등을 하고 건설업을 영위하는 자를 말한다(건설산업기본법 제2조 제5호). 건설산업기본법 제95조 제2호 위반죄의 주체는 건설업자가 아니면 안

된다. 따라서 건설업자가 아닌 자가 건설업자를 대행하여 건설 공사의 입찰을 대행하였다면, 건설산업기본법 제95조 제2호의 위반죄로 처벌할 수는 없다는 것이 대법원 판례이다.

| 판례 |

● 　　　건설업자가 아닌 자가 건설업자를 대행하여 건설 공사의 입찰 행위를 한 경우, 건설산업기본법 제95조 제2호 위반죄의 범죄 주체가 되지 않는다(대법 2007도2032 판결).

입찰과 형사처벌
(건설산업기본법 위반 사례 ③)

| 쟁점 | 건설산업기본법 제95조 제3호에서 말하는 '입찰 방해'란 어떤 의미인가?

| 해결 | 건설산업기본법 제95조 제3호는 형법상 입찰방해죄의 특별 규정이다.

형법상 입찰방해죄와 건설산업기본법 제95조 제3호의 관계

● 건설공사의 입찰에 관하여는 건설산업기본법 제95조에도 규정이 있다. 건설산업기본법 제95조 제3호는 '위계 또는 위력 기타의 방법으로 다른 건설업자의 입찰 행위를 방해한 자'는 5년 이하의 징역 또는 5천만 원 이하의 벌금에 처하도록 규정하고 있다. 형법상 입찰방해죄의 형량이 2년 이하의 징역 또는 700만 원 이하의 벌금인 것에 비하여 훨씬 가중된 형에 처하게 된다. 요컨대, 건설업자가 건설 공사의 입찰에서 위계 또는 위력 기타의 방법으로 입찰의 공정을 해하는 행위로 형법상 입찰방해죄를 범하게 되면, 일반법인 입찰방해죄가 아니라 특별법

인 건설산업기본법 위반죄가 적용되어 가중 처벌을 받게 된다.

| 판례 |

● 　건설산업기본법 제95조 제3호에서 …… '입찰 행위'를 방해한다 함은 형법상 입찰방해죄의 구성 요건을 충족함을 의미하는 것이므로, 건설산업기본법 제95조 제3호 소정의 '입찰 행위'의 개념은 형법상의 입찰방해죄에 있어 '입찰'과 동일한 개념이라 할 것이다(대법원 2001도2423 판결).

● 　건설산업기본법 제95조는 …… 건설 공사의 입찰에 있어 입찰의 공정을 해치는 행위를 하는 건설업자들을 특별히 가중 처벌하기 위한 것으로서 입찰방해죄를 규정한 형법 제315조의 특별 규정이다(대법원 2000도4700 판결).

입찰 불참자에 대한
부정당업자 제재의 가부

| 쟁점 | 경쟁 입찰의 성립 자체를 방해하기 위하여 아예 입찰에 참가하지 않은 자를 특정인의 낙찰을 위하여 담합한 자에 해당하는 것으로 보고 부정당업자로 제재할 수 있는가?

| 해결 | 입찰에 참여하지 않은 자는 부정당업자로서 제재를 받지는 않는다.

부정당업자의 제재를 받는 담합

●   국가계약법 제27조는 경쟁의 공정한 집행 또는 계약의 적정한 이행을 해칠 염려가 있거나 기타 입찰에 참가시키는 것이 부적당하다고 인정되는 자에 대하여는 2년 이내의 범위에서 입찰 참가 자격을 제한하도록 하고 있다. 이를 받아 동법 시행령 제76조는 1월 이상 2년 이하의 범위 내에서 입찰 참가 자격이 제한되는 사유를 열거하고 있는데, 제7호에서는 '경쟁 입찰에 있어서 입찰자 간에 서로 상의하여 미리 입찰 가격을 협정하였거나 특정인의 낙찰을 위하여 담합한 자'를 규정하고 있다.

즉 입찰에 참여하여 담합한 경우는 부정당업자로서 입찰 참가 자격이 제한되는 것이 분명하다. 그렇다면 특정인의 낙찰을 위하여 아예 입찰에 불참해버린 경우는 어떻게 되는가? 그 경우에도 미리 입찰 가격을 협정하였거나 특정인의 낙찰을 위하여 담합한 자로 보고 부정당업자로 제재를 가할 수 있는가? 대법원은 실제 입찰에 참여조차 하지 않은 자는 여기에서 말하는 '담합한 자'로 볼 수 없다고 판단한다.

| 판례 |

● 　　　국가를 당사자로 하는 계약에 관한 법률 시행령 제76조 제1항 본문이 입찰 참가 자격 제한의 대상을 '계약 상대자 또는 입찰자'로 정하고 있는 점 등에 비추어 보면, 같은 항 제7호에 규정된 '특정인의 낙찰을 위하여 담합한 자'는 '당해 경쟁 입찰에 참가한 사람'으로서, 그 입찰에서 특정인이 낙찰되도록 하기 위한 목적으로 담합한 사람을 의미한다고 보아야 하고, 당해 경쟁 입찰에 참가하지 아니함으로써 경쟁 입찰의 성립 자체를 방해하는 담합 행위자는 설사 그 경쟁 입찰을 유찰시켜 수의계약이 체결되도록 하기 위한 목적에서 비롯된 것이라 하더라도 위의 '계약 상대자 또는 입찰자'에 해당한다고 할 수 없다(대법원 2007두13791, 13807 판결).

입찰 금액의 착오 기재와
부정당업자 제재의 가부

| **쟁점** | 입찰 금액의 착오 기재를 주장하고 공사계약 체결에 불응
한 사업자에 대하여 부정당업자 제재를 가할 수 있는가?

| **해결** | 제재는 부당하다.

부정당업자 제재의 대상인 계약 체결의 거부

●   국가계약법 제27조 제1항에 의하면, '각 중앙관서의 장은 경쟁의 공정한 집행 또는 계약의 적정한 이행을 해칠 염려가 있거나 기타 입찰에 참가시키는 것이 부적합하다고 인정되는 자에 대해서는 2년 이내의 범위에서 대통령령이 정하는 바에 따라 입찰 참가 자격을 제한하여야 한다'라고 규정하고 있다. 이에 따라 마련된 동법 시행령 제76조 제1항에 의하면, '각 중앙관서의 장은 다음 각 호의 어느 하나에 해당하는 계약 상대자 또는 입찰자에 대하여는 법 제27조의 규정에 의하여 당해 사실이 있은 후 지체 없이 1월 이상 2년 이하의 범위 내에서 입찰 참가 자격을 제한하여야 한다'라고 규정하면서, 동조 동항 제6호에

서 정당한 이유 없이 계약을 체결 또는 이행하지 아니한 자를 들고 있다. 즉 '정당한 이유 없이' 계약을 체결하지 않는 자는 입찰 참가 자격이 제한되는 부정당업자로 되는 것이다.

그렇다면, 입찰서상 입찰 금액을 잘못 기재한 것을 뒤늦게 발견하고, 그것을 이유로 계약을 체결하지 않아도 부정당업자의 제재를 받는가? 이렇게 입찰서에 입찰 금액을 착오로 잘못 기재한 것을 이유로 계약을 체결하지 않는 것은 '정당한 이유가 있는' 것이기 때문에 부정당업자의 제재를 받지 않는다. 회계예규인 공사입찰유의서 제15조 제6호도 입찰서에 기재한 중요 부분에 오기가 있음을 이유로 개찰 현장에서 입찰자가 입찰 취소의 의사를 표시한 것으로서 계약 담당 공무원이 이를 인정한 입찰에 대해서는 입찰 무효의 사유로 정하고 있다.

| 판례 |

● 　　　원고의 대리인이 입찰 금액을 60,780,000원으로 기재한다는 것이 착오로 금 6,078,000원으로 잘못 기재한 것은 시설공사 입찰유의서(재무부회계예규 1201, 04-101) 제10조 제10호 소정의 입찰서에 기재한 중요 부분의 착오가 있는 경우에 해당되어 이를 이유로 즉시 입찰 취소의 의사표시를 한 이상 피고(조달청장)는 본 건 입찰을 무효로 선언함이 마땅하므로, 원고가 이 사건 공사계약 체결에 불응하였음에는 정당한 이유가 있다고 할 것이니, 원고를 부정당업자로서 6월간 입찰 참가 자격을 정지한 피고의 처분은 재량권을 일탈하여 위법하다(대법원 81누366 판결).

수급인의 현장소장의 금품 제공과 부정당업자 제재

| 쟁점 | 수급인의 현장소장이 공사감독관에게 금원을 공여한 경우 부정당업자 제재를 받는가?

| 해결 | 입찰 참가 자격 제한 사유로서의 증뢰에 해당하여 제재를 받는다.

증뢰는 부정당업자 제재의 사유가 된다

● 국가계약법 시행령 제76조 제10호는 입찰, 낙찰 또는 계약의 체결, 이행과 관련하여 관계 공무원에게 뇌물을 준 자에 대하여 입찰 참가 자격을 제한하는 사유로 들고 있다. 뇌물을 공여한 자가 수급인 자신이 아니라 수급인의 현장소장인 경우에도 부정당업자의 제재를 받는가? 또한 현장소장의 뇌물 공여 행위가 그 공사의 하도급업자의 부탁을 받고 하도급업자를 위하여 하도급업자의 돈으로 수급인 몰래 증뢰한 것이라면, 부정당업자로서의 제재를 피할 수 있는가?

대법원은 수급인의 현장소장이 금원을 제공한 행위는 수급인의 지시가 없었다거나 그 돈을 수급인이 마련해 주지 않았더라도 부정당업자로서의 제재를 피할 수 없다고 판단하였다.

| 판례 |

●   원고 회사의 현장소장이 하도급업자와 공모하여 그 수급한 공사에 관련하여 편의를 보아 달라는 명목에서 관계 공무원(공사감독관)에게 금원을 제공하였다면, 이는 하도급업자뿐만 아니라 원고 회사를 위한 것으로도 보여지고, 그 증뢰가 원고 회사의 자금 또는 동 회사 대표이사의 지시에 의하여 이루어진 것이 아니라 하더라도 위 증뢰 행위는 공사계약 상대자인 원고 회사의 사용인이 그 계약이행과 관련하여 관계 공무원에게 증뢰한 경우에 해당한다고 봄이 상당하다(대법원 83누574 판결).

＊ 위의 판결은 공사 수급인인 원고 회사가 부정당업자 제재 처분을 한 행정청을 상대로 제재 처분의 취소를 구하는 행정소송을 제기한 사안이다.

공사원가 계산서의 축소 조작과 손해배상

> **| 쟁점 |** 축소 조작된 설계금액에 따른 관급공사의 낙찰자는 국가를 상대로 손해배상을 청구할 수 있는가?
>
> **| 해결 |** 공무원의 과실을 이유로 손해배상을 청구할 수 있다.

공사원가 계산서의 축소, 조작

●   국가나 지방자치단체에서 예산에 맞춰 설계금액을 축소하는 경우가 있다. 즉 설계도면 및 시방서, 수량산출조서는 그대로 둔 채 예산에 맞춰 공사비 내역서만 조작하여 설계금액을 예산의 범위에 맞추는 것이다. 이렇게 되면 입찰에 부치는 예정 가격이 낮아지게 되고, 결과적으로 낙찰금액과 공사 도급금액이 낮아질 수 있다. 공사비 내역서가 축소 조작되어 입찰이 진행되는 바람에 계약 상대방이 손해를 볼 수 있는 것이다. 이 경우 계약 상대방은 국가나 지방자치단체를 상대로 손해배상을 청구할 수 있는가?

그러한 경우, 국가를 상대로 손해배상을 청구하기 위해서는 공무원의 고의 또는 과실이 있어야 하는데, 수량산출조서와 공사비 내역서가 불일치한다는 사실을 발견하지 못하고 그대로 입찰 공고한 공무원에게 과실이 있다고 인정할 수 있느냐가 문제이다. 이에 대하여 대법원은 공무원의 과실을 인정하고, 국가에 대한 손해배상 청구가 가능하다는 취지로 판단하였다.

| 판례 |

●   지방자치단체의 장은 경쟁 입찰에 부칠 사항의 예정 가격을 당해 사항에 관한 규격서, 설계서 등에 의하여 결정하고, 적정한 거래 가격 사례가 없는 공사 계약의 경우 원가 계산에 의한 가격을 예정 가격으로 결정하며, 원가 계산에 의한 가격은 계약의 목적이 되는 공사를 구성하는 재료비, 노무비, 경비, 일반관리비 및 이윤으로 이를 계산하도록 규정되어 있고, 설계금액이란 재료비, 노무비, 경비, 일반관리비 및 이윤 등 공사의 원가를 의미하며, 구 예산회계법 제81조 제1항, 구 지방재정법 제63조에 의하면, 지방자치단체의 장 또는 그 위임을 받은 공무원은 계약 상대자가 계약의 이행을 완료한 때에는 그 이행을 확인하기 위하여 계약서, 설계서, 기타 관계 서류에 의하여 스스로 이를 검사하거나 소속 공무원에게 그 사무를 위임하여 필요한 검사를 하게 하도록 규정되어 있으므로, 설계에 대한 준공 검사, 설계 금액의 공고, 예정 가격의 결정 등 사무를 담당한 피고 소속 공무원으로서는 건축사가 설계용역 계약의 이행을 제대로 완료하였는지 검사, 확인하는 동시에 이 사건 공사 부분의 실제 원가를 산정하기 위하여, 적어도 공사원가 계산서는 공사비 내역서 부분과, 그리고 공사비 내역서 부분은 수량산

출서 부분과 각각 대조하여 상호 상이함이 없이 일치되는지 여부를 확인하여야 할 주의의무가 있다고 할 것이고, 기록에 의하면 이는 건축적산 전문가 또는 건축사가 아니더라도 설계에 대한 준공 검사 또는 공사 입찰에 관한 사무를 처리할 능력이 있는 공무원이라면 쉽게 수행할 수 있는 것으로 보여지는 바, 그럼에도 불구하고 피고 소속 공무원이 앞서 본 바와 같이 수량산출서 부분을 공사비내역서 부분과 전혀 대조하지 아니함으로써 공사원가 계산서가 축소 조작되었음을 간과하여 이 사건 공사 부분의 입찰 공고를 함에 있어서 축소 조작된 공사원가 계산서대로 설계금액을 공고하였다면, 위 담당 공무원에게 사무 집행상의 과실이 있다고 보지 않을 수 없다(대법원 2001다27722 판결).

| 명의 대여와 현장소장 |

02

명의대여자의 책임

| 쟁점 | 을건설 회사는 도급인으로부터 수급한 건설 공사를 직접 시공하지 않고 건설업 면허가 없는 병에게 일괄 하도급을 주었다. 을건설 회사는 직접 자신이 시공하는 것처럼 병에게 을회사 현장소장의 직함을 사용하여 공사를 하게 하였다. 갑은 병이 을회사의 현장소장인 줄로만 알고 병에게 공사 자재를 임대하였다. 이 경우 갑은 을회사에게 자재의 임대료를 청구할 수 있는가?

| 해결 | 명의차용자(병)를 명의대여자(을)로 알고 거래한 거래 상대방(갑)은 명의대여자(을)에게 책임을 물을 수 있다.

명의대여자의 책임

● 　　　상법 제24조에서는 명의대여자의 책임에 대하여 다음과 같이 규정하고 있다. 즉 타인에게 자기의 성명 또는 상호를 사용하여 영업할 것을 허락한 자는 자기를 영업주로 오인하여 거래한 제3자에 대하여 그 타인과 연대하여 변제할 책임이 있다고 정하고 있는 것이다. 따라서 '명의를 대여한 건설업자는 그의 명의를 빌려 실제로 공사를

실행한 자를 자기로 알고 거래한 상대방에 대하여 연대책임이 있는 것이다(대법원 73다642 판결).'

악의 또는 중과실의 경우

● 그렇지만 병이 을의 명의를 차용했다는 사실을 갑이 알았거나 조금만 주의를 기울이면 명의대여 사실을 알 수 있었을 텐데도, 이런 사실을 몰랐다면 을에게 책임을 물을 수 없다. 이에 관한 판례를 살펴보면 다음과 같다.

'상법 제24조의 규정에 의한 명의대여자의 책임은 명의자를 영업주로 오인하여 거래한 제3자를 보호하기 위한 것이므로, 거래 상대방이 명의대여 사실을 알았거나 모른 데에 대하여 중대한 과실이 있는 때에는 명의대여자는 책임을 지지 않는다(대법원 91다18309 판결).'

| 판례 |

● 공사의 수급인이 타인에게 그 공사를 하도급을 주어 그 타인으로 하여금 공사를 시공케 함에 있어 대외관계에 있어서는 그 하수급인을 수급인의 공사 현장에 파견한 현장소장인양 표시하여 행동하게 하였다면, 수급인은 상법상의 명의대여자로서의 책임을 면할 수 없다(대법원 83다카1013 판결).

명의대여 약정의 효력

| 쟁점 | 건설업 명의차용자는 명의대여료를 지급할 의무가 있는가?

| 해결 | 명의대여 약정은 무효이므로 명의대여료는 지급하지 않아도 된다.

명의대여의 금지

● 건설산업기본법 제21조는 건설업 면허의 명의대여를 금지하고 있다. 이를 위반한 건설업자, 그 상대방 및 대여를 알선한 자는 3년 이하의 징역 또는 3천만 원 이하의 벌금에 처하며(제96조 제5호), 또 건설업등록 말소 사유에 해당한다(제83조).

이렇게 면허 대여를 법률에서 엄격하게 금지하고 있기 때문에 명의대여 약정은 무효이다. 따라서 명의차용자는 대가를 지급하기로 하고 명의를 빌렸더라도, 명의대여자에게 명의대여료나 명의대여에 대한 소개 수수료를 지급하지 않아도 된다.

● 　　　건설업 면허를 받은 건설업자가 건설업 면허가 없는 사람에게 건설업 면허를 대여하기로 하는 명의대여 계약은 구 건설업법(1984. 12. 31. 법률 제3765호로 개정되기 전의 것) 제5조, 제6조, 제7조의 4 등의 각 규정에 비추어 무효라고 할 것이므로, 그 명의대여에 대한 대가로 지급되는 명의대여료의 지급 약정이나 명의대여를 소개한 데 대한 대가로 지급되는 소개 수수료의 지급 약정은 모두 무효이다(대법원 86다카2452 판결).

명의차용자의 피용자가 한 행위

| 쟁점 | 명의대여자는 명의차용자의 피용자가 한 행위에 대해서도 책임을 지는가?

| 해결 | 명의대여자의 책임은 명의차용자의 행위에 한정된다.

명의차용자의 행위에 대한 책임은?

●   명의대여자가 명의대여자로서 책임을 지는 것은 명의차용자와 거래한 상대방이 명의차용자를 명의대여자로 오인하도록 했기 때문인 것이다. 명의를 대여함으로써 거래 상대방에게 명의차용자를 명의대여자 자신으로 신뢰하도록 오해를 유발한 것에 대한 책임을 지라는 것이다. 그렇지만 그 책임은 명의차용자 자신의 행위에 한정되는 것이지 명의차용자의 피용자의 행위에 대해서까지 명의대여자가 책임지는 것은 아니라는 것이다.

그렇다고 명의차용자의 피용자가 어떤 행위를 하더라도 명의대여자에게 책임이 미치지 않는 것은 아니다. 예외적으로 명의대여자가 명의차용자의 피용자에 대해서까지도 명의대여자의 명칭을 사용하도록 허용했다면 책임을 피하기 어려울 것이다. 실제 사례를 살펴보면 다음과 같다.

을회사는 도급인으로부터 A상가 신축 공사를 도급받았는데, 실제로는 공사대금의 10%를 명의대여료(이른바 부금)로 받기로 하고 병에게 을회사의 이사로 행세할 수 있도록 해준 것이다. A상가 신축 공사는 병이 을회사의 명의를 빌려 자신의 계산과 책임으로 공사를 하기로 한 것이다. 병은 을회사의 승낙 하에 공사 현장에 '을회사 A상가 신축공사 현장사무실'이라는 간판을 내걸고 을회사의 공사본부장 행세를 하면서 정을 현장소장으로 임명했다. 정은 공사 자금을 차용해오라는 병의 지시를 받고 갑으로부터 돈을 빌렸다. 갑은 정이 을회사의 현장소장인 것으로 알고 돈을 빌려줬다. 갑은 '차용인 : 을회사 A상가 신축 공사 현장소장 정'이라고 기재된 차용증까지 받았다.

이 사례에서 갑은 정에게 빌려준 돈을 을회사로부터 돌려받을 수 있을까? 명의대여자의 책임은 명의차용자의 행위에 제한되기 때문에 돌려받기 어려울 것이다.

| 판례 |

● 상법 제24조의 명의대여자의 책임 규정은 거래상의 외관 보호와 금반언의 원칙을 표현한 것으로서 명의대여자가 영업주(여기의 영업주는 상법 제4조 소정의 상인보다는 넓은 개념이다)로서 자기의 성명이나 상호를 사용하는 것을 허락했을 때에는 명의차용자가 그것을 사용하여 법률행위를 함으로써 지게 된 거래상의 채무에 대하여 변제

의 책임이 있다는 것을 밝히고 있는 것에 그치는 것이므로, 여기에 근거한 명의대여자의 책임은 명의의 사용을 허락받은 자의 행위에 한하고 명의차용자의 피용자의 행위에 대해서까지 미칠 수는 없다(대법원 88다카26390 판결).

명의차용자의 불법행위에 대한 명의대여자의 책임

| **쟁점** | 건설업 면허를 대여한 명의대여자는 건설업 면허를 대여 받은 명의차용자가 저지른 불법행위에 대해서도 책임을 지는가?

| **해결** | 명의대여자는 명의차용자의 사용자로서 명의차용자의 불법행위에 대한 책임을 진다.

명의대여자와 차용자는 사용자 관계

● 　명의차용자가 시공상의 과실로 제3자의 재산 또는 신체에 손해를 끼친 결과 불법행위로 인한 손해배상 책임을 부담하게 될 경우 명의대여자에게도 책임이 있는가?

명의대여자는 명의차용자의 불법행위에 대하여 명의차용자와 연대 책임을 부담하게 된다. 다만 일반적인 상거래에 관해서는 명의대여자의 책임을 규정한 상법 제24조에서 근거를 구하지만, 불법행위의 경우에는 사용자 책임에 관해서 정하고 있는 민법 제756조에 근거를 두고 있다(대법원 97다58538 판결). 명의대여자와 명의차용자의 관계를 사용자-피용자로 보고, 명의대여자에게 명의차용자에 대한 지휘·감독의 책임을 묻는 셈이다.

　명의대여자는 명의차용자에게 명의를 대여했다는 바로 그 사실로부터 명의차용자에 대한 관계에서 명의차용자가 불법행위를 저지르지 않도록 지휘·감독해야 할 의무가 인정되는 것이므로, 단순히 명의를 빌려줬을 뿐 실질적으로 명의차용자의 불법행위에 관여하지 않았다는 사정은 아무런 문제가 되지 않는다.

| 판례 |

● 　타인에게 어떤 사업에 관하여 자기의 명의를 사용할 것을 허용한 경우에 그 사업이 내부 관계에 있어서는 타인의 사업이고 명의자의 고용인이 아니라 하더라도, 외부에 대한 관계에 있어서는 그 사업이 명의자의 사업이고 또 그 타인은 명의자의 종업원임을 표명한 것과 다름이 없으므로, 명의사용을 허용 받은 사람이 업무 수행을 함에 있어 고의 또는 과실로 다른 사람에게 손해를 끼쳤다면, 명의사용을 허용한 사람은 민법 제756조에 의하여 그 손해를 배상할 책임이 있고(대법원 1998. 5. 15. 선고 97다58538 판결 등 참조), 또한 명의대여 관계의 경우 민법 제756조가 규정하고 있는 사용자 책임의 요건으로서의 사용관계가 있느냐 여부는 실제적으로 지휘·감독을 하였느냐의 여부에 관계없이 객관적·규범적으로 보아 사용자가 그 불법행위자를 지휘·감독해야 할 지위에 있었느냐의 여부를 기준으로 결정하여야 하는 것이다(대법원 97다386 판결).

명의차용자의 피용자가 행한
불법행위와 명의대여자의 책임

| 쟁점 | 명의차용자의 피용자가 고의 또는 과실로 제3자의 재산 또는 신체에 손해를 끼친 경우에 명의대여자에게 책임을 물을 수 있는가?

| 해결 | 명의대여자는 명의차용자의 피용자가 저지른 불법행위에 대해서도 사용자 책임을 진다.

불법행위의 책임은 명의차용자의 피용자에게 미친다

명의대여자는 명의차용자의 피용자가 한 행위에 대해서까지 상법 제24조 소정의 명의대여자로서의 책임을 지는 것은 아니다. 그렇다면 명의차용자의 피용자가 저지른 불법행위에 대해서도 명의대여자는 책임을 지지 않아도 되는가?

명의차용자의 피용자가 고의 또는 과실로 제3자에게 손해를 끼쳐 불법행위로 인한 손해배상 책임을 지게 될 경우에는 명의대여자도 책임을 면할 수 없다. 사용자 책임은 직접 피용자의 행위는 물론이고, 그 피용자의 피용자가 행한 행위에까지 미치게 된다.

| 판례 |

● 　　타인에 대하여 어느 사업에 관하여 자기 사업을 자기 이름으로 대행할 것을 허용한 사람은 그 사업에 관하여 자기가 책임을 부담할 지위에 있음을 표시한 것이고, 그 사업을 대행한 사람 또는 그 피용자가 그 사업에 관해서 한 법률행위는 제3자에 대하여 그 책임이 있음은 물론이다. 이제 본 건과 같은 불법행위의 경우에 보더라도 피고는 소외 '갑'에게 피고 자기의 분뇨 수거 사업을 자기 이름으로 대행할 것을 허락한 바에는 '갑'이나 그 피용자의 분뇨 수거 사업 집행에 관한 가해행위에 대하여 피고 자신이 사업주로서 책임을 져야 함은 위 법률행위에 관한 법리와 조금도 다름이 없다(대법원 63다638 판결).

건설업 명의대여의 의미와 판단 기준

| 쟁점 | 어떤 건설업자의 명의로 하도급이 된 건설 공사의 전부 또는 대부분을 다른 사람이 맡아 시공한 경우, 위 건설업자 자신이 그 공사에 실질적으로 관여할 의사로 수급하였고, 또한 시공 과정에 실질적으로 관여한 경우에도 구 건설산업기본법 제21조 소정의 명의대여 금지 조항을 위반하는 것인가?

| 해결 | 그 건설 공사에 실질적으로 관여할 의사로 수급하였고, 또 그 시공 과정에 실질적으로 관여해 왔다면, 명의대여로 볼 수 없다.

1. 건설산업기본법 제21조에서 금지하는 명의대여란?

● 　　　건설산업기본법에서는 건설업등록증 등의 대여 및 알선을 금지하고 있다. 건설업자는 다른 사람에게 자기의 성명 또는 상호를 사용하여 건설 공사를 수급 또는 시공하게 하거나 그 건설업등록증 또는 는 건설업등록수첩을 대여해서는 아니 되고, 누구든지 이러한 행위를

알선하여서도 아니 된다(건설산업기본법 제21조). 그렇다면 건설산업기본법 제21조에서 금지하는 명의대여란 어떤 의미인가?

대법원은 건설산업기본법 제21조에서 금지하는 명의대여란 타인이 자신의 상호나 이름을 사용하여 자격을 갖춘 건설업자로 행세하면서 건설 공사를 시공하리라는 것을 알면서도 그와 같은 목적에 자신의 상호나 이름을 사용하도록 승낙 내지 양해한 경우를 의미한다고 해석한다.

2. 건설산업기본법 제21조가 금지하는 명의대여의 해당 요건

● 　　　건설산업기본법 제21조가 금지하고 있는 '다른 사람에게 자기의 성명 또는 상호를 사용하여 건설 공사를 시공하게 하는 행위'란 타인이 자신의 상호나 이름을 사용하여 자격을 갖춘 건설업자로 행세하면서 건설 공사를 시공하리라는 것을 알면서도 그와 같은 목적에 자신의 상호나 이름을 사용하도록 승낙 내지 양해한 경우를 의미한다고 해석함이 상당하다 할 것이다. 그러므로 어떤 건설업자의 명의로 하도급이 된 건설 공사 전부 또는 대부분을 다른 사람이 맡아서 시공하였다 하더라도, 그 건설업자 자신이 그 건설 공사에 실질적으로 관여할 의사로 수급하였고, 또 그 시공 과정에 실질적으로 관여해 왔다면, 이를 명의대여로 볼 수 없다(대법원 2003도5541 판결).

3. 명의대여의 판단 기준

● 　　　　명의대여를 금지하는 건설산업기본법 제21조를 위반한 건설업자, 그 상대방 및 대여를 알선한 자는 3년 이하의 징역 또는 3천만 원 이하의 벌금에 처하며, 건설업 등록 말소 사유에 해당한다(건설산업기본법 제83조, 제96조 제5호). 따라서 명의대여 행위에 해당하는지 여부는 대단히 중요한 의미를 갖는다. 그렇다면 명의대여 행위가 있는지 여부는 어떻게 판단하는가?

공사에 실질적으로 관여할 의사로 수급하였고, 또 그 시공 과정에 실질적으로 관여해 왔다면 명의대여로 볼 수는 없다. 시공에 실질적으로 관여했는지 여부의 판단 기준에 대해서 대법원은 아래와 같은 기준을 제시한다.

| 판례 |

● 　　　　건설업자가 건설 공사의 수급과 시공에 실질적으로 관여하였는지 여부는 건설 공사의 수급·시공의 경위와 대가의 약속 및 수수 여부, 대가의 내용 및 수수 방법, 시공과 관련된 건설업자와 시공자 간의 약정 내용, 시공 과정에서 건설업자가 관여하였는지 여부, 관여하였다면 그 정도와 범위, 공사 자금의 조달·관리 및 기성금의 수령 방법, 시공에 따른 책임과 손익의 귀속 여하 등 드러난 사실 관계에 비추어 객관적으로 판단하여야 할 것이고, 그 건설업자나 시공자, 기타 관련자가 수사기관이나 법정에서 진술하면서 명의대여 기타 그와 유사한 표현을 사용한 적이 있다 하여 그것만으로 가벼이 명의대여 사실을 인정하여서는 아니 된다(대법원 2002도7425 판결).

현장소장이 체결한
하도급 계약의 효력

| 쟁점 | 현장소장과 하도급 계약을 체결한 계약 상대방이 그 현장소장을 고용한 건설 회사를 하도급 계약의 당사자라고 주장하며 그 계약의 효력을 주장할 수 있는가?

| 해결 | 현장소장은 공사 시공에 관한 부분적 포괄 대리권을 가지고 있으므로, 그 효력이 회사에 미친다.

현장소장의 부분적 포괄 대리권

건설 공사의 경우 현장소장이 하도급 계약을 체결하거나 시공에 필요한 자재의 구입, 장비를 임차하는 경우가 흔히 있다. 이러한 경우에 현장소장과 하도급 계약을 체결한 계약 상대방이 그 현장소장을 고용한 건설 회사를 하도급 계약의 당사자라고 주장할 수 있는가?

현장소장을 고용하여 공사 업무를 수행하고 있는 건설업자는 현장소장이 책임지고 있는 현장의 공사 시공과 관련하여 체결한 하도급 계약상의 책임을 져야 한다.

그렇다면 현장소장이 공사 시공과 관련하여 한 행위를 현장소장을 고용한 건설 회사에서 책임져야 하는 근거는 무엇인가. 그 근거는 바로 '영업의 특정한 종류 또는 특정한 사항에 대한 위임을 받은 사용인은 이에 관한 재판 외의 모든 행위를 할 수 있다'라고 규정한 상법 제15조이다. 현장소장은 '영업의 특정한 종류 또는 특정한 사항에 대한 위임을 받은 사용인'에 해당되는데, 이러한 권한을 부여받은 사용인은 부분적 포괄 대리권을 가지고 있는 것이다.

그렇다면 건설 회사가 책임져야 하는 현장소장의 행위는 어느 범위까지인가? 현장소장이 공사 시공과 관련하여 하는 모든 행위이다. 즉 하도급업체의 선정과 계약의 체결, 자재의 구매 등에 대해서는 비록 현장소장이 독단적으로 결정하였더라도 현장소장을 고용한 건설업자가 책임을 져야 하는 것이다.

왜냐하면 그러한 행위들은 부분적 포괄 대리권을 가진 현장소장의 권한 내에 있기 때문이다. 공사의 시공에 관련된 자재, 노무관리 외에 그에 관련된 하도급 계약의 체결 및 그 공사대금의 지급, 공사에 투입되는 중기 등의 임대차 계약의 체결 및 그 임대료의 지급 등에 관한 모든 행위는 건설공사 현장소장이 가지고 있는 대리권의 범위에 속하는 것이다.

| 판례 |

● 　　　건설업을 목적으로 하는 건설 회사의 업무는 '공사의 수주'와 '공사의 시공'이라는 두 가지로 크게 나눌 수 있는데, 건설 회사의 현장소장은 일반적으로 특정된 건설 현장에서 공사의 시공에 관련한

업무만을 담당하는 자로서 …… 상법 제15조 소정의 영업의 특정한 종류 또는 특정한 사항에 대한 위임을 받은 사용인으로서 그 업무에 관하여 부분적 포괄 대리권을 가지고 있다고 봄이 상당하다.

건설 현장에서 현장소장의 통상적인 업무 범위는 그 공사의 시공에 관련한 자재, 노무관리 외에 그에 관련된 하도급 계약의 체결 및 그 공사대금의 지급, 공사에 투입되는 중기 등의 임대차 계약 체결 및 그 임대료의 지급 등에 관한 모든 행위이다(대법원 94다20884 판결).

현장소장이 체결한
채무보증 계약의 효력

| **쟁점** | 현장소장이 한 채무보증의 효력이 회사에 미치는가?

| **해결** | 회사는 현장소장이 한 채무보증의 책임을 지지 않는다.

현장소장의 대리권을 벗어난 업무

현장소장에게 부여된 부분적 포괄 대리권은 공사의 시공에 관련된 업무에 한정되고, 채무보증이나 채무인수와 같은 업무는 그의 대리권에 속하지 않는다. 실제 사례를 살펴보면 다음과 같다.

을은 발주처로부터 도로확장·포장 공사를 도급받아 시공하면서 병에게 배수 구조물 공사를 하도급하였으며, 병은 갑에게 위 하도급 공사에 필요한 레미콘을 외상으로 납품하여 줄 것을 요청하였다. 갑은 납품을 거절하다가 을의 현장소장의 지휘를 받으면서 노무, 자재, 안전 및 경리 업무를 담당하는 관리 책임자인 병의 기성 공사대금 중에서 갑이 납품하는 레미콘 대금을 공제하여 직접 지급해 주겠다는 약속을 받고 레미콘을 병에게 납품하였다. 이 경우 갑은 을로부터 레미콘 대금을 지급받을 수 있는가?

위 사례에서 현장소장이나 현장소장의 지휘를 받는 현장 관리 관책임자는 부분적 포괄 대리권을 가지고 있지만, 그 통상적인 업무가 공사의 시공에 관련된 노무, 자재, 안전 및 경리 업무에 한정되어 있는 이상 일반적으로 회사의 부담으로 될 채무보증이나 채무인수 등과 같은 행위를 할 권한이 있다고 볼 수는 없다. 결론적으로 갑은 을로부터 레미콘 대금을 받을 수 없다.

하지만 예외적으로 회사가 현장소장이 한 채무보증 행위에 대해 책임을 져야 하는 경우도 있다. 여러 사정에 비추어 현장소장에게 채무보증을 할 권한이 부여되었다고 인정되는 경우에는 현장소장이 행한 채무보증의 효력이 회사에 미치는 것이다.

┃ 판례 ┃

● 　　　도로 건설 공사를 도급받은 회사에서 그 공사의 시공에 관한 업무를 총괄하는 현장소장의 지휘 아래 노무, 자재, 안전 및 경리 업무를 담당하는 관리 책임자는 그 업무에 관하여 상법 제15조 소정의 부분적 포괄 대리권을 가지고 있다고 할 것이지만, 그 통상적인 업무가 공사의 시공에 관련된 노무, 자재, 안전 및 경리 업무에 한정되어 있는 이상 일반적으로 회사의 부담으로 될 채무보증 또는 채무인수 등과 같은 행위를 할 권한이 있다고 볼 수는 없다(대법원 98다34515 판결).

● 　　　일반적으로 건설 회사의 현장소장에게는 회사의 부담으로

될 채무보증 또는 채무인수 등과 같은 행위를 할 권한이 회사로부터 위임되어 있다고 볼 수는 없을 것이지만, 현장소장이 방대한 규모의 공사에 관한 하도급 계약과 그 공사에 소요될 장비에 관한 임대차 계약의 체결 및 그 대금 등의 지급 등 어느 정도 광범위한 권한을 부여받고 있었고, 공사를 함에 있어서도 중기와 같은 장비를 구하기가 어렵고, 장비가 투입되지 않으면 공사에 큰 지장이 초래될 우려가 있기 때문에 공사에 투입되는 중기를 임차하는 데 보증을 하게 되었으며, 그 보증의 내용도 그 공사의 일부를 하도급받은 중장비 임차인에게 지급할 공사대금 중에서 중장비 임대료 등에 해당하는 만큼을 중장비 임대인에게 직접 지급하겠다는 것이어서, 회사로서는 공사대금 중에서 중장비 임대료 등에 해당하는 만큼을 직접 중장비 임대인에게 지급하면 그에 상당하는 하도급 공사대금 채무를 면하게 되고, 그 보증행위로 인하여 별다른 금전적 손해를 입는 것도 아니었다면, 다른 특별한 사정이 없는 한 회사로서는 현장소장에게 위와 같은 보증행위를 스스로 할 수 있는 권한까지 위임하였다고 봄이 상당하고, 설사 그러한 권한이 위임되어 있지 않다고 하더라도 위 보증행위의 상대방으로서는 이러한 권한이 있다고 믿은 데 정당한 이유가 있다고 보아야 한다(대법원 94다20884 판결).

명의차용자의 하도급 거래에 대한 명의대여자의 책임

| 쟁점 | 건설업 면허를 차용한 자를 대리 또는 대행한 자가 면허대여자 명의로 하도급 거래를 한 경우에 명의대여자도 책임을 부담하는가?

| 해결 | 명의대여자로서 책임을 져야 한다.

하도급 거래에 대한 면허대여자의 책임

● 　　　병은 을로부터 건설업 면허를 대여 받아 공사를 수주한 뒤, 그 중 일부를 갑에게 하도급을 주었다면 명의대여자 을은 하수급인 갑에게 하도급 공사대금을 지급할 의무를 부담한다. 대법원은 건설업에서는 공정에 따라 하도급 거래를 수반하는 것이 일반적이어서 건설업 면허를 대여한 것은 명의차용자에게 공사의 일부를 하도급할 것을 허락하였다고 봄이 상당하므로, 면허 대여자는 하도급 거래에 대하여 명의대여자의 책임을 져야 한다고 본다.

또한 명의차용자가 직접 거래 행위를 하지 않고 명의차용자의 대리인이 하도급 계약을 체결하였더라도, 그 행위의 효력은 본인에게 귀속하기 때문에 명의대여자는 책임을 면할 수 없다.

| 판례 |

● 　　　상법 제24조는 명의를 대여한 자를 영업의 주체로 오인하고 거래한 거래 상대방의 이익을 보호하기 위한 규정으로서, 이에 따르면 명의대여자는 명의차용자가 영업 거래를 수행하는 과정에서 부담하는 채무를 연대하여 변제할 책임이 있다. 그리고 건설업 면허를 대여한 자는 자기의 성명 또는 상호를 사용하여 건설업을 할 것을 허락하였다고 할 것인데, 건설업에서는 공정에 따라 하도급 거래를 수반하는 것이 일반적이어서 특별한 사정이 없는 한 건설업 면허를 대여 받은 자가 그 면허를 사용하여 면허를 대여한 자의 명의로 하도급 거래를 하는 것도 허락하였다고 봄이 상당하므로, 면허를 대여한 자를 영업의 주체로 오인한 하도급 받은 자에 대하여도 명의대여자로서의 책임을 진다고 할 것이고, 면허를 대여 받은 자를 대리 또는 대행한 자가 면허를 대여한 자의 명의로 하도급 거래를 한 경우에도 이와 달리 볼 것은 아니다(대법원 2008다46555 판결).

공동 수급체

03

공동수급체의 법적 성질

| 쟁점 | 공동수급체의 법적 성질은 무엇인가?

| 해결 | 공동수급체는 민법상의 조합에 해당한다.

공동수급체의 종류와 법적 성질

● 　　　건설 공사의 경우에는 하나의 공사를 여러 건설 회사가 공동으로 도급받는 경우가 많은데, 이처럼 건설 공사를 공동으로 도급받은 건설업자가 '공동수급체'이다. 국가계약 관련 법령은 공동수급체를 장려하는 태도를 보이고 있는데, 관련 규정을 살펴보면 다음과 같다.

계약의 목적 및 성질상 공동계약에 의하는 것이 부적절하다고 인정되는 경우를 제외하고는 가능한 한 공동계약에 의하여야 하고, 추정가격이 50억 원 미만인 공사에 대해서는 1개 이상의 지방 기업을 의무적으로 공동수급체의 구성원으로 하여야 한다(국가를 당사자로 하는 계약에 관한 법률 시행령 제72조 제3항). 지방자치단체를 당사자로 하는 계약에 관한 법률 시행령 제88조에도 같은 취지의 규정이 있다.

공동수급체에 대한 구체적인 규정은 재정경제부 회계예규인 공동 도급계약 운용 요령과 지방자치단체 공동 도급계약 운영 요령(행정자치부예규 제189호)에 있다.

공동수급체는 과거에는 공동 이행 방식과 분담 이행 방식의 2가지 유형만 있었지만, 지방자치단체 공동 도급계약 운영 요령에서는 주계약자 관리 방식이 새롭게 인정되었다. 공동 도급의 유형에 대하여 지방자치단체 공동 도급계약 운영 요령은 이렇게 정리하고 있다.

가. 공동 이행 방식이라 함은 계약 이행에 필요한 자금·인력 등을 공동수급체의 구성원이 공동으로 출자하거나 파견하여 계약을 수행하고 이에 따른 이익 또는 손실을 각 구성원의 출자비율에 따라 배당하거나 분담하는 공동 도급계약을 말한다.

나. 분담 이행 방식이라 함은 계약 이행을 공동수급체의 구성원별로 분담하여 수행하는 공동 도급계약을 말한다.

다. 주계약자 관리 방식이라 함은 건설산업기본법에 의한 건설 공사를 시행하기 위한 공동수급체의 구성원 중 주 계약자를 선정하고 주 계약자가 계약의 수행에 관하여 종합적인 계획·관리 및 조정을 하는 공동 도급계약을 말한다.

공동 이행 방식에서 공동수급체의 구성원은 발주기관에 대한 계약상의 의무 이행에 대하여 연대하여 책임을 지고, 공동수급체 구성원 중 일부 구성원이 단독으로 하도급계약을 체결하고자 하는 경우에는 다른 구성원의 동의를 받아야 한다. 손익 분배는 출자비율에 따르고,

구성원은 권리의무를 제3자에게 양도할 수 없다. 구성원은 하자에 대해 연대하여 담보책임을 진다.

분담 이행 방식의 경우에는 공동수급체의 구성원은 발주기관에 대한 계약상의 의무 이행에 대하여 분담 내용에 따라 각자 책임을 지고, 공동수급체의 각 구성원은 자기 책임 하에 분담 부분의 일부를 하도급할 수 있다. 구성원은 각자 특정한 공사를 분담하고, 각 구성원이 분담한 공사와 관련하여 제3자에게 손해를 끼친 때에는 당해 구성원이 책임진다. 하자담보책임도 각 구성원은 자기 분담 부분에 한하여 책임진다.

지방자치단체 공동 도급계약 운영 요령(행정자치부예규 제189호)에 첨부된 공동수급 표준 협정서(주 계약자 관리 방식)에 따라 주 계약자 관리 방식의 특징을 살펴보면 다음과 같다.

공동수급체의 구성원은 발주자에 대한 계약상의 의무 이행에 대하여 분담 내용에 따라 각자 책임을 지지만, 주 계약자는 전체 계약의 수행에 관하여 계획·관리 및 조정을 하며, 다른 구성원의 계약 의무 이행에 대하여 연대하여 책임을 진다. 주 계약자를 제외한 공동수급체의 구성원은 원칙적으로 자신이 분담한 부분을 직접 시공해야 한다. 각 구성원의 특정한 공사를 분담하고, 구성원이 분담 공사와 관련하여 제3자에게 끼친 손해는 당해 구성원이 분담한다. 하자에 대해서는 각 구성원의 분담 내용에 따라 그 책임을 지는데, 해당 구성원이 하자담보책임을 이행하지 않은 경우에는 해당 구성원의 연대보증인과 주 계약자가 연대하여 하자담보책임을 진다.

공동수급체의 법적 성질에 관하여 대법원은 공동 이행 방식의 공동수급체가 민법상 조합의 성질을 가지고 있다고 본다. 예컨대, 수급인인 6개 회사가 공동 협정서에 근거해 상호 출자하여 신축 공사 관련 사업을 공동으로 시행하기로 하는 내용을 약정한 경우, 그들 사이에는 민법상 조합이 성립한다(대법원 2000다68924 판결).

분담 이행 방식의 경우에는 민법상 조합이 아니라 개별적인 도급인과 수급인의 법률 관계로 보아도 무방하다.

| 판례 |

●   공동수급체는 기본적으로 민법상 조합의 성질을 가지는 것이므로, 그 구성원의 일방이 공동수급체의 대표자로서 업무 집행자의 지위에 있었다고 한다면 그 구성원들 사이에는 민법상의 조합에 있어서 조합의 업무 집행자와 조합원의 관계에 있었다고 할 것이다(대법원 99다49620 판결).

공동수급체의 공사대금 청구 소송

| 쟁점 | 공동 이행 방식 공동수급체의 구성원은 각자 개별적으로 공사대금 청구 소송을 제기할 수 있는가?

| 해결 | 개별적으로 소송을 제기할 수 없고, 공동수급체의 구성원 전원이 원고로 참여해야 한다.

필요적 공동 소송

우리 대법원은 공동수급체의 법적 성질을 민법상의 조합으로 보고 있는데, 공동수급체의 법적 성질이 민법상의 조합이라는 것에는 어떤 의미가 있는가?

조합에 관해서는 민법 제703조 이하에서 규정하고 있다. 민법상 조합이란 2인 이상이 상호 출자하여 공동 사업을 경영할 것을 약정함으로써 그 효력이 생기는 계약의 일종이다. 이 조합의 재산은 합유로 하고(민법 제704조), 합유물을 처분 또는 변경함에는 합유자 전원의 동의가 있어야 한다(민법 제272조). 그래서 공동수급체가 도급인을 상대로 공사대금을 청구하는 소송을 제기하기 위해서는 원칙적으로 공동수급체 전원이 원고가 되어야 하는 필요적 공동 소송이 된다. 공동수급인들에게 채무 이행을 구하는 소송은 구성원 전원을 피고로 삼는 필요적 공동 소송이 아니지만 조합의 재산을 목적으로 할 때는 구성원 전원을 피고로 삼아야 하는 필요적 공동 소송이다(대법원 96다23238 판결).

다만, 조합의 업무 집행 권한을 수여받은 업무 집행 조합원은 조합의 재산에 관하여 조합원으로부터 임의적 소송 신탁을 받아 자기 이름으로 소송을 수행할 수 있다.

| 판례 |

● 　　　임의적 소송 신탁은 탈법적인 방법에 의한 것이 아닌 한 극히 제한적인 경우에 합리적인 필요가 있다고 인정될 수 있는 것인 바, 민법상의 조합에 있어서 조합 규약이나 조합 결의에 의하여 자기 이름으로 조합 재산을 관리하고, 대외적 업무 집행 권한을 수여받은 업무 집행 조합원은 조합 재산에 관한 소송에 관하여 조합원으로부터 임의적 소송 신탁을 받아 자기 이름으로 소송을 수행하는 것이 허용된다고 할 것이다(대법원 83다카1815 판결).

공사대금 채권에 대한 구성원의
채권자가 한 압류의 효력

| 쟁점 | 공동수급체 구성원 중 어느 한 구성원의 채권자가 공사대
금 채권에 대하여 압류할 수 있는가?

| 해결 | 공동수급체의 공사대금 채권은 조합인 공동수급체의 재산
이지 각 구성원의 재산이 아니기 때문에 압류할 수 없다.

조합 재산과 조합원 재산의 준별

● 　　　　공동수급체의 공사대금 채권은 조합인 공동수급체의 재산
으로서 조합원의 합유에 속하는 것이지 각 조합원에게 지분별로 나누
어지는 게 아니다. 따라서 공동수급체의 각 구성원의 채권자는 공동수
급체의 공사대금 채권을 압류할 수 없다. 이를 간과하고 압류가 이루
어졌더라도 채무자의 재산에 대한 압류가 아니라 채무자 아닌 제3자의
재산에 대해 압류한 것이어서 당연 무효로 된다.

● 　　　　민법상 조합의 채권은 조합원 전원에게 합유적으로 귀속하는 것이어서 특별한 사정이 없는 한 조합원 중 1인에 대한 채권으로써 그 조합원 개인을 집행 채무자로 하여 조합의 채권에 대하여 강제집행을 할 수 없고, 조합의 업무 집행 권한을 수여받은 업무 집행 조합원은 조합의 재산에 관하여 조합원으로부터 임의적 소송 신탁을 받아 자기 이름으로 소송을 수행할 수 있다(대법원 2000다68924 판결).

공동수급체의 공사대금 채권에 대한 부당한 강제집행의 구제 방법

| 쟁점 | 공동수급체의 어느 한 구성원의 채권자가 공사대금 채권을 압류한 경우에는 어떻게 구제받을 수 있는가?

| 해결 | 제3자이의의 소를 제기한다.

부당한 강제집행에 대한 제3자이의의 소

공동수급체의 재산은 조합의 재산으로서 조합원의 합유에 속하므로, 공동수급체의 어느 한 구성원의 채권자가 곧바로 조합 재산에 대하여 강제집행을 할 수 없다. 그럼에도 불구하고 어느 한 구성원의 채권자가 조합 재산인 공사대금 채권에 대하여 가압류나 압류 같은 강제집행을 했다면 어떻게 해야 하는가?

민법상 조합이 원고로서 소송을 하는 경우는 원칙적으로 조합원 전원이 원고로 나서야 하는 것이지만, 공동수급체의 구성원 중 1인이 보존행위로서 원고가 되어 소송을 할 수도 있다. 따라서 강제집행의 불허를 구하는 제3자이의의 소를 제기할 수 있다.

●　　　조합의 채권은 조합원 전원에게 합유적으로 귀속하는 것이어서 특별한 사정이 없는 한 조합원 중 1인이 임의로 조합의 채무자에 대하여 출자 지분의 비율에 따른 급부를 청구할 수 없는 것이므로, 조합원 중 1인의 채권자가 그 조합원 개인을 집행 채무자로 하여 조합의 채권에 대하여 강제집행을 하는 경우, 다른 조합원으로서는 보존 행위로서 제3자이의의 소를 제기하여 그 강제집행의 불허를 구할 수 있다고 할 것이다(대법원 97다4401 판결).

분담 이행 방식과 이행지체의 책임

| **쟁점** | 약정 기한 내에 공사를 완성하지 못해 도급인에게 지체 상금을 납부할 의무가 발생한다면, 공동수급체 구성원들은 공동으로 책임을 져야 하는가? 또한 분담 이행 방식과 공동 이행 방식은 차이는 무엇인가?

| **해결** | 분담 이행 방식은 각자의 책임이고, 공동 이행 방식은 연대책임이다.

분담 이행 방식과 공동 이행 방식의 차이는?

● 　　　공동수급체의 구성원은 원칙적으로 발주자에 대해 연대하여 책임을 지게 되지만, 분담 이행 방식에 의한 경우에는 발주자에 대한 계약상의 의무 이행에 대하여 분담 내용에 따라 각자 책임을 진다. 하도급의 경우에도 공동수급체의 각 구성원은 자기 책임 하에 분담 부분의 일부를 하도급할 수 있다. 구성원 중 일부가 파산 또는 해산, 부도 등으로 계약을 이행할 수 없는 경우에는 연대보증인이 당해 구성원의 분담 부분을 이행해야 하며, 연대보증인이 없거나 연대보증인이 계약을

이행하지 않는 경우에는 잔존 구성원이 이를 이행한다. 하자담보책임도 분담 이행 방식의 경우에는 각자 분담 내용에 따라 그 책임을 진다.

공동수급인이 분담 이행 방식에 의한 계약을 체결한 경우에는 공사의 성질상 어느 구성원의 분담 부분 공사가 지체됨으로써 타 구성원의 분담 부분 공사도 지체될 수밖에 없는 경우라도, 특별한 사정이 없는 한 공사 지체를 직접 발생시킨 구성원만 분담 부분에 한하여 지체상금의 납부 의무를 부담한다고 해석함이 상당하다. 그러나 이는 분담 이행 방식인 경우에 한정되고, 공동 이행 방식의 경우까지 타당한 것으로 볼 수 없다.

| 판례 |

● 　　　　공동수급인이 분담 이행 방식에 의한 계약을 체결한 경우에는 공사의 성질상 어느 구성원의 분담 부분 공사가 지체됨으로써 타 구성원의 분담 부분 공사도 지체될 수밖에 없는 경우라도, 특별한 사정이 없는 한 공사 지체를 직접 야기한 구성원만 분담 부분에 한하여 지체상금의 납부 의무를 부담한다(대법원 98다33888 판결).

공동 이행 방식과 지체의 책임

| 쟁점 | 공동 이행 방식의 공동수급체에서 어느 공동수급인이 이행지체를 한 경우에 지체상금 부과의 기준 금액은 자신의 도급 금액에 한정되는가, 아니면 다른 공동수급인의 도급 금액까지 합친 금액인가?

| 해결 | 지체상금의 부과 기준은 자신의 도급 금액에 한정되지 않으며, 다른 공동수급인의 도급 금액까지 포함한 전체 도급 금액이다.

지체에 대한 연대책임

● 　　공동 이행 방식의 경우에는 도급인에 대한 계약상의 의무 이행에 관하여 연대책임을 지기 때문에 공사 지체를 직접 야기한 구성원만 분담 부분에 한하여 지체상금의 납부 의무를 부담하는 것이 아니라 공동수급체의 다른 구성원까지도 지체의 책임을 진다.

|판례|

● 　　　　갑과 을이 함께 지하차도 확장 공사를 국가로부터 도급받아 갑은 포장을 제외한 전체 공사를, 을은 포장 공사를 각 나누어 받기로 한 경우에 공사 중 갑 및 을이 각 책임지기로 한 부분이 특정되어 있기는 하나, 공사 이행에 관하여 상호 연대보증을 하였으며 도급인의 입장에서 보면 갑 및 을이 맡은 위 각 공사는 전체로서 지하차도 확장 공사라는 하나의 시설 공사를 이루고 있는 것이고, 또한 위 공사의 성질상 을이 맡은 포장 공사는 갑이 맡은 나머지 공사를 완공한 후에 할 수 있는 공사여서, 갑이 자신이 맡은 공사를 완공하지 못하는 경우에는 을도 그가 맡은 포장 공사를 준공 기한 내에 하지 못하는 것이며, 위 도급계약에서 정한 준공 기한도 갑이 맡은 공사만의 준공 기한이 아니라 을이 맡기로 한 포장 공사까지 포함한 공사 전체의 준공 기한이므로, 갑이 자신이 맡은 공사를 위 준공 기한 내에 완공하지 못함으로써 지체상금을 부담하는 경우 그 지체상금의 기준이 되는 계약 금액은 갑이 맡은 부분에 해당하는 공사대금뿐만 아니라 공사의 전체 공사대금으로 보아야 한다(대법원 93다42887 판결).

공동수급체 구성원의
하도급 공사대금 지급 사례

| **쟁점** | 공동수급체의 구성원이 공동수급체의 대표에게 자기 분담비율 상당의 공사대금을 교부하는 것으로써 하수급인에 대한 변제책임을 면하는가?

| **해결** | 공동수급체 내부에서 분담비율을 정산한 것으로는 대외적인 변제의 효과가 없다.

사례 해설

● 을과 병은 택지 조성 공사를 공동으로 수급하여 공사하면서 갑에게 방음벽 설치 공사를 하도급을 주었다. 병은 택지 조성 공사를 시행하면서 을의 의사를 대부분 그대로 수용하여 공사를 시행하면서 을이 추천한 갑과 하도급계약을 체결하였고, 방음벽 설치 공사에 대한 감독과 지시도 전적으로 을이 하였다.

방음벽 설치 공사를 마친 하도급업체 갑은 을로부터 하도급 공사대금 전체 금액 상당을 약속어음으로 지급받고, 병이 부담할 공사 대금에 해당하는 금액에 대해서도 입금표와 세금계산서를 작성하여 을에게 교부하였다. 병은 입금표와 세금계산서를 교부받고 현금으로 을에게 그가 부담하는 하도급 공사 대금을 지급하였다. 그런데 갑이 지급 기일에 약속어음을 지급제시했지만 부도로 인해 지급받지 못했다. 이 경우 갑은 병에게 하도급 공사대금을 달라고 요구할 수 있는가?

채무의 변제를 위하여 약속어음을 교부하였더라도 어음이 현실적으로 결제되지 않은 이상 채무는 소멸하지 않는다. 약속어음을 교부하였더라도 그것은 채무의 변제 방법, 즉 채무의 변제를 위한 것이기 때문에 그 약속어음이 부도가 나서 결제되지 않은 이상 하도급 공사대금 채권은 소멸하지 않고 존속하게 된다.

그렇다면 어음이 부도가 난 이상 갑은 병에게 그가 부담하는 하도급 공사대금을 지급하도록 요구할 수 있는가?

병은 자신이 부담하는 하도급 공사대금을 업무 집행 조합원인 을에게 현금으로 지급하였다. 병은 그 대신 을로부터 하도급업자 갑이 발행한 입금표와 세금계산서까지 교부받았다. 병으로서는 자기가 부담하는 하도급 공사대금 채무를 모두 변제했다고 주장할 수 있는가?

병이 갑에게 직접 현금으로 하도급 공사대금을 변제하지 않은 것은 명백하다. 병이 현금을 건넨 것은 갑이 아닌 을인 것이다. 을에게 건넨 현금이 변제로 인정되어야 하는 것이다.

원심 법원은 이 사안에 대하여 하도급업자 갑이 세금계산서와 입금표를 작성하여 을에게 교부한 것에 착안하여 병에 대한 공사대금의 수령 권한을 을에게 위임하였다고 보았다. 그래서 병이 을로부터 세금계산서와 입금표를 교부받고 병이 부담할 공사대금을 을에게 지급한 이상 병의 공사대금 채무는 적법하게 변제되었다고 판단한 것이다. 그렇지 않더라도 최소한 병은 을이 공사대금을 수령할 권한이 있는 것으로 알았고, 거기에 과실이 있다고 볼 수도 없으므로 병의 변제는 민법 제 471조에 정해진 영수증 소지자에 대한 변제로서의 효력이 있다고 판단한 것이다.

그러나 대법원의 판단은 달랐다. 우선 을이 공동수급체의 대표자로서 업무 집행자의 지위에 있었다면, 을과 병 사이에는 민법상의 조합에 있어서 조합의 업무 집행자와 조합원의 관계에 있다고 보았다. 또한 을이 하수급인인 갑에게 을 자신이 분담해야 할 공사대금 뿐만 아니라 병이 분담하여야 할 공사대금까지도 함께 변제하기 위하여 약속어음을 교부하고 갑으로부터 그에 대한 입금표와 세금계산서를 교부받았다면, 이는 공동수급체의 구성원들인 을과 병의 사무 처리를 위하여 한 것으로 보아야 한다는 것이다. 갑으로부터 병에 대한 대금 수령 권한을 위임받고 채무를 변제받은 것이 아니라는 것이다. 그래서 병이 을에게 지급한 돈은 곧바로 갑에 대한 변제가 아니라 공동수급체의 구성원들 사이의 내부 관계에서 분담 비용을 정산한 것으로 볼 수 있다는 것이다.

| 판례 |

●　　　갑과 을이 공동수급체를 구성한 후 갑이 공동수급체의 업무 집행자로서 을의 부담 부분을 포함한 하도급 공사대금 전액의 변제를 위하여 하수급인인 병에게 약속어음을 교부하자 병은 을의 부담 부분에 해당하는 입금표와 세금계산서를 갑에게 지급하고, 을은 갑으로부터 위 입금표 등을 교부받고 자신이 부담할 공사대금을 갑에게 지급한 경우, 을의 위 대금지급이 공동수급체의 구성원들 사이의 내부 관계에서 분담 비용을 정산한 것으로 볼 여지가 있다(대법원 99다49620 판결).

공동수급체의 하도급 공사대금 채무

| **쟁점** | 공동수급체의 어느 구성원과 사이에 하도급계약을 체결한 하도급업체는 공동수급체의 다른 구성원들을 상대로 공사대금을 청구할 수 있는가?

| **해결** | 분담 이행 방식은 안 되지만, 공동 이행 방식에서는 가능할 수 있다.

하도급 공사대금 채무의 귀속

● 　　　분담 이행 방식의 경우에 각 구성원은 자기 책임 하에 분담 부분의 일부를 하도급할 수 있기 때문에, 각자의 계산과 책임으로 분담 부분의 공사를 하는 것이다. 또한 각 구성원은 하도급계약이나 자재 구매를 단독으로 하기 때문에 다른 구성원이 책임질 일은 거의 없다.

그러나 공동 이행 방식의 경우에는 문제가 다르다. 공동수급체의 대표자에 의하여 공동수급체 명의로 하도급계약이 체결된 경우 하도급 공사대금은 공동수급체의 채무가 된다. 공동수급체는 민법상의 조합이므로, 조합의 채무는 각 조합원이 분담비율에 따라 책임을 지게 된다. 즉 하도급업체는 공동수급체의 각 구성원에게 그 분담비율에 따라서(분담비율을 알 수 없을 때는 균등하게) 책임을 물으면 된다(민법 제712조).

그런데 조합 채무가 조합원 전원을 위하여 상행위가 되는 행위로 인하여 부담하게 된 것이라면, 상법 제57조 제1항에 따라 조합원들이 연대책임을 져야 한다. 요컨대, 공동수급체의 대표자에 의하여 공동수급체 명의로 공동수급체가 도급받은 공사를 위하여 하도급계약이 체결된 경우라면 공동수급체의 구성원들이 연대하여 하도급 공사대금을 지급할 의무가 있는 것이다.

공동수급체의 어느 한 구성원이 그 단독 명의로 하도급계약을 체결한 경우에도 하도급업체는 직접 계약을 체결한 구성원만이 아니라 다른 구성원에게도 책임을 물을 수 있을까?

먼저 공동수급체의 대표자가 아닌 개별 구성원이 그 단독 명의로 계약을 체결했을 경우이다. 이 같은 경우는 계약 당사자는 공동수급체가 아니라 특정한 구성원으로 인정될 여지가 많기 때문에 다른 구성원에게 책임이 미칠 가능성이 높지 않지만, 공동수급체의 대표자가 그 단독 명의로 체결한 계약에 대해서는 조합인 공동수급체의 업무 집행 조합원이 조합을 위하여 조합의 업무를 집행한 것으로 인정하여 다른 구성원의 책임을 인정할 수 있을 것이다.

●   공동수급체의 대표자와 공동수급체의 구성원들은 조달청이 실시한 공사 입찰을 통하여 지방자치단체의 구청사 건립 공사의 수급인으로 결정되었는데, 위 입찰시 특정 건설 회사를 위 공동수급체가 선정한 하도급 예정자로서 부대입찰자에 포함시켰고, 그 대표자와 구성원들은 조달청에 수급인으로 결정될 경우 하도급 예정자에 대하여 기성고에 따라 하도급 부분에 대한 대금을 지체 없이 현금으로 지급하기로 하는 내용의 확약서까지 제출하였으며, 그 후 공동수급체의 대표자와 위 하도급 예정자인 특정 건설 회사의 하도급계약 후에도 공동수급체의 구성원들은 구청사 건립 공사 중 기계 설비 공사를 위 특정 건설 회사가 시공하는 것에 대하여 동의한 경우 공동수급체의 대표자는 대표자의 자격에서 공동수급체를 위하여 위 하도급계약을 체결하였다고 봄이 상당하므로, 위 공동수급체의 구성원들은 상법 제57조 제1항에 의하여 위 하도급계약에 기한 책임을 연대하여 부담한다(대전고법 2003나1388 판결).

출자 의무 불이행 공동수급체
구성원에 대한 이익 분배 여부

> **| 쟁점 |** 건설 공동수급체가 구성원에 대하여 출자 의무의 불이행
> 을 이유로 이익 분배를 거부할 수 있는가?
> ---
> **| 해결 |** 이익 분배를 거부할 수 없다.

조합원의 출자 의무 불이행에 대한 조치

● 　　　건설 공동수급체는 기본적으로 민법상 조합의 성질을 가지므로, 조합의 조합원은 출자 의무를 부담함과 동시에 이익 분배 청구권을 갖는다. 또한 조합원 간에 정한 별도의 약정이 없다면, 이익은 각자의 출자비율에 따라 분배된다. 그렇다면 조합원이 출자 의무를 이행하지 않아도 이익 분배를 요구할 수 있을까?

출자 의무의 이행을 지체하더라도 조합원인 것에는 변함이 없다. 조합은 상호 출자하여 공동 경영할 것을 약정함으로써 성립하기 때문에 출자 의무가 이행되지 않았더라도 이미 조합은 성립되고, 그 조합의 조합원 자격을 갖게 되는 것이다. 다만, 조합원으로서 출자 의무를 지

체하면 지연이자와 손해배상 책임을 지고, 의무를 이행하지 않는 조합원에 대해서는 제명 조치를 취할 수 있다. 하지만 출자 의무를 이행하지 않았더라도 제명 조치를 취하지 않아 조합원의 자격을 유지하는 이상 조합원의 이익 분배 청구권 자체를 부인할 수는 없다.

| 판례 |

●   건설 공동수급체는 기본적으로 민법상 조합의 성질을 가지는 것인데, 건설 공동수급체의 구성원인 조합원이 그 출자 의무를 불이행하였더라도 그 조합원을 조합에서 제명하지 않는 한 건설 공동수급체는 조합원에 대한 출자금 채권과 그 연체이자 채권, 그 밖의 손해배상 채권으로 조합원의 이익 분배 청구권과 직접 상계할 수 있을 뿐이고, 조합계약에서 출자 의무의 이행과 이익 분배를 직접 연계시키는 특약을 두지 않는 한 출자 의무의 불이행을 이유로 이익 분배 자체를 거부할 수는 없다(대법원 2005다16959 판결).

| 선급금 |

04

선급금의 성격

> **| 쟁점 |** 건설 공사에서 수수되는 선급금의 성격은 무엇인가?
>
> **| 해결 |** 공사 이행 전에 미리 지급하는 공사대금의 일부이다.

선급금이란?

● 　　　건설 공사와 관련하여 수수되는 선급금은 막대한 자금이 필요한 건설 공사 계약에서 자금력이 부족한 수급인으로 하여금 자재비와 노임을 선지급하여 원활한 공사 진행이 가능할 수 있도록 도급인이 수급인에게 미리 지급하는 공사대금을 말한다. 따라서 선급금은 도급인이 수급인에게 미리 지급하는 공사대금의 일부로서 구체적인 기성고와 관련하여 지급하는 것이 아니라 전체 공사와 관련하여 지급하는 것이다.

도급인에게 선급금의 지급 의무가 있는 것은 아니지만, 국가에서 발주하는 공사의 경우에는 국고금관리법 제26조와 동법 시행령 제40조에서 3,000만 원 이상의 공사에 대해서 선금을 지급할 수 있도록 하고 있다. 선급금의 지급에 관한 구체적인 내용은 회계예규의 '선급금 지급 요령'에 규정되어 있다.

민간에서 발주하는 공사의 경우, 도급인에게 선급금의 지급 의무가 있는 것은 아니지만 원수급인이 선급금을 지급받았을 때는 그 내용과 비율에 따라 하수급인에게 선급금을 지급할 의무가 있다(건설산업기본법 제34조 제4항, 하도급 거래 공정화에 관한 법률 제6조).

선급금의 정산 방법

● 　　　　선급금은 공사대금을 미리 지급하는 것이기 때문에 선급금의 정산 방법이 자주 문제된다. 정산 방법에 관한 계약이 있다면 당연히 그에 따라야 할 것이지만, 통상 도급인은 기성고 확정 당시의 전체 선급 금액에서 기성고의 비율에 해당하는 선급금을 공제함으로써 공사대금의 지급에 갈음하고, 수급인에게 선급금 공제액을 제외한 나머지 기성금만을 현실로 지급하는 방법이 많이 쓰이는 것으로 보인다.

민간 건설 공사 표준 도급계약서 일반 조건 제4항에서는 '선금은 기성 부분에 대한 대가를 지급할 때마다 [선급액 × 기성 부분의 대가 / 계약 금액]의 방식으로 정산한다'라고 정하여 마찬가지 방법으로 정산하도록 하고 있다. 판례도 같은 입장이다.

● 　　　공사 도급계약에서 지급되는 선금은 자금 사정이 좋지 않은 수급인으로 하여금 자재 확보, 노임 지급 등에 어려움이 없이 공사를 원활하게 진행할 수 있도록 하기 위하여 도급인이 장차 지급할 공사대금을 수급인에게 미리 지급하여 주는 선급 공사대금이라고 할 것인데, 만약 선금을 수급인이 지급받을 기성고 해당 중도금 중 최초분부터 전액 우선 충당하게 되면 위와 같은 선급 지급의 목적을 달성할 수 없는 점을 감안하면, 선금이 지급된 경우에는 특별한 사정이 없는 한 기성 부분 대가 지급시마다 계약 금액에 대한 기성 부분 대가 상당액의 비율에 따라 안분 정산하여 그 금액 상당을 선급 중 일부로 충당하고, 나머지 공사대금을 지급받도록 함이 상당하다(대법원 2001다1386 판결).

계약 해제시 선급금의 정산 방법

| 쟁점 | 공사 도급계약의 해제 또는 해지 등으로 수급인이 도중에 선급금을 반환해야 할 사유가 발생한 경우, 별도로 상계의 의사표시가 없어도 남은 선급금은 기성고 상당의 공사대금에 당연히 충당되는가?

| 해결 | 발주자가 별도로 상계의 의사표시를 하지 않더라도 당연 충당된다.

당연 충당

● 　　선급금 정산 방법이 특히 문제되는 것은 공사가 중도에 해제 또는 해지된 경우이다. 공사가 중도에 해제된 경우 정산되지 않고 남은 선급금이 있고, 미지급 공사대금이 있을 때 이미 정산한 선급금의 처리가 문제인데, 발주자가 별도의 의사표시를 해야만 미정산 선급금을 미지급 공사대금에 충당할 수 있는가?

하수급인이나 수급인의 채권자는 발주자가 상계의 의사표시를 하기 전에 공사대금 채권을 압류 또는 가압류하여 자기 채권의 만족을 꾀할 수 있다. 반면 별도의 의사표시가 없더라도 미정산 선급금이 당연히 미지급 공사대금에 충당된다고 해석하면, 발주자는 미지급 공사대금에서 미정산 선급금을 공제한 차액만 수급인에게 지급할 의무를 부담하게 된다.

판례는 발주자가 특별히 상계의 의사표시를 하지 않더라도 미정산 선급금은 당연히 미지급 공사대금에 충당된다는 입장이다.

| 판례 |

● 　　　선급금을 지급한 후 도급계약이 해제 또는 해지되거나 선급금 지급 조건을 위반하는 등의 사유로 수급인이 도중에 선급금을 반환해야 할 사유가 발생하였다면, 특별한 사정이 없는 한 별도로 상계의 의사표시 없이도 그때까지의 기성고에 해당하는 공사대금 중 미지급액은 당연히 선급금으로 충당되고, 도급인은 나머지 공사대금이 있는 경우 그 금액에 한하여 지급할 의무를 부담하게 된다(대법원 99다55519 판결).

공동수급체와 선급금 반환 채무

> **| 쟁점 |** 공동수급체의 구성원은 다른 구성원의 선급금 반환 채무
> 에 대하여 연대책임을 지는가?
>
> -
>
> **| 해결 |** 공동 이행 방식이더라도 다른 구성원의 선급금 반환 채무
> 에 대한 연대책임을 지지 않는다.

선급금 반환 채무의 독자성

●　　　관급공사의 경우에는 공사를 공동으로 수급하는 경우가 많
은데, 선급금을 반환해야 할 경우에 공동수급체의 모든 구성원이 연대
하여 선급금 반환 의무를 져야 하는가? 아니면 공동수급체의 구성원으
로서는 특별한 사정이 없는 한 다른 구성원의 선급금 반환 채무에 관
하여는 책임을 부담하지 않는가?

　분담 이행 방식이 공동도급일 경우는 크게 문제될 것이 없다. 각 구
성원이 개별 책임을 지므로 각자의 선급금을 개별적으로 정산하면 되
는 것이다. 즉 분담 이행 방식에서는 다른 구성원의 선급금 반환 의무

에 대하여 책임을 지지 않아도 된다.

공동 이행 방식의 경우는 어떤가? 공동 이행 방식이더라도 다른 구성원의 선급금 반환 채무에 대해서는 연대책임을 지지 않는다는 것이 판례의 입장이다.

| 판례 |

● 　　　공동수급체의 구성원이 발주자에 대한 계약상의 의무 이행에 대하여 연대하여 책임을 진다고 규정되어 있다 하더라도, 도급계약의 내용에 선급금 반환 채무 등에 관한 다른 구성원의 의무에 관하여는 명시적인 규정이 없고, 선급금에 관하여는 별도의 규정을 두어 그 반환 채무의 담보 방법으로 수급인이 제출하여야 할 문서로써 보험 사업자의 보증보험 증권이나 건설공제조합의 지급보증서 등 그 담보력이 충분한 것으로 제한하고 있다면, 공동수급체의 각 구성원의 연대책임의 범위는 선급금 반환 채무에까지는 미치지 아니한다고 봄이 상당하므로, 공동수급체의 구성원으로서는 특별한 사정이 없는 한 다른 구성원의 선급금 반환 채무에 관하여는 책임을 부담하지 않는다(대법원 2001다61623, 2002다68362 판결 등).

선급금 반환에 충당되는 공동수급체 공사대금의 범위

| 쟁점 | 공동수급체의 일부 구성원이 선급금을 반환하지 않을 경우, 다른 구성원이 지급받을 공사대금에서 공제할 수 있는가?

| 해결 | 선급금 반환에 충당되는 공사대금은 해당 구성원의 지분 상당에 한정된다.

충당은 해당 구성원의 지분 상당에 한정

● 　　정부나 지방자치단체가 공동수급체에게 공사를 도급하고 선급금을 지급했다가 선급금 반환 사유가 발생하였는데, 일부 구성원이 선급금을 반환하지 않는 경우, 선급금의 반환에 충당되는 공사대금은 공동수급체의 공사대금 전부인가, 아니면 공사대금 중 해당 구성원의 지분비율에 해당하는 부분에 한정되는가? 이 경우는 해당 구성원의 지분비율로 한정된다는 것이 대법원 판례의 입장이다.

●   정부나 지방자치단체의 공사도급계약에 있어서는 선급금과 공사대금은 각 구성원별로 따로 따로 정산되는 것으로 보이고, 이에 따라 공동수급체의 구성원은 다른 구성원이 반환하여야 할 선급금에 대하여 아무런 책임을 부담하지 아니하고, 다른 구성원의 지분비율에 해당하는 공사대금의 지급을 구할 아무런 권리가 없다 할 것이므로, 기성 공사대금을 가지고 선급금을 반환하여야 할 구성원의 선급금을 충당함에 있어서는 그 공사대금 중 해당 구성원의 지분비율에 해당하는 금액에만 충당되는 것으로 볼 것이지 이와 달리 다른 구성원의 몫까지 포함한 총공사대금에서 충당할 수 있는 것은 아니다(대법원 99다68584 판결).

선급금과 하도급대금의 직불

| 쟁점 | 하도급대금 직불 사유가 발생해도 발주자는 선급금 상당을 상계하고 남은 금액만 지급해도 되는가?

| 해결 | 발주자는 원사업자에게 지급한 선급금 상당액을 공제한 후 남은 금액만 직접 지급하면 된다.

하도급대금 직불과 선급금 상계의 우선 관계

●   발주자는 원사업자(수급인)의 부도나 파산의 경우에는 하수급인에게 하도급대금을 직접 지급할 의무가 있다(하도급거래 공정화에 관한 법률 제14조). 대법원도 이 조항에 의하여 '원사업자의 부도로 원사업자가 하도급대금을 지급할 수 없어 수급사업자가 발주자에게 하도급대금의 직접 지급을 요청하면 발주자는 수급사업자에게 하도급공사대금을 직접 지급해야 할 의무가 있는 것으로 본다(대법원 2001다64769 판결).'

그런데 도급인은 원사업자에게 지급한 선급금에 해당하는 금액만큼은 상계한 것으로 주장하며 하수급인에게 직접 지급하지 않을 수 있을까? 선급금 상당액을 먼저 상계하고 남은 금액만을 하도급대금으로 지급하면 된다. 판례는 선급금에 해당하는 공사대금은 별도의 의사표시가 없더라도 당연히 상계된다고 보기 때문에 선급금에 해당하는 금액만큼은 직접 지급할 의무가 없다.

｜판례｜

● 　　　하도급을 주었는지 여부를 불문하고 선금은 별도의 상계 의사표시 없이 그때까지의 기성고에 해당하는 공사대금에 당연 충당되고 하도급 대금 직불에 관한 조항이 직접 지급해야 한다고 규정하고 있는 것은 선금급으로써 기성고에 대한 공사대금에 충당하고 남은 공사대금이 있을 경우에 그 중 하도급대금을 하수급인에게 직접 지급하여야 함을 규정한 것으로 봄이 타당하다(대법원 97다5060 판결).

선급금 반환 채무에 대한
연대보증인의 보증 책임 여부

| 쟁점 | 공사 도급계약의 연대보증인은 수급인의 선급금 반환 채무에 대해서도 보증 책임을 지는가?

| 해결 | 연대보증인의 보증 책임은 수급인의 공사 시행에 관한 의무에 한정된다.

관급공사 연대보증인의 보증 책임의 범위는?

● 　　　관급 공사도급계약의 연대보증인은 선급금 반환 채무에 대해서까지 연대보증인으로서 책임을 져야 하는가? 보증인의 보증 책임의 범위는 구체적인 보증계약의 내용에 따라 결론이 달라질 수 있겠지만, 국가를 당사자로 하는 계약법(및 지방자치단체를 당사자로 하는 계약법)이 적용되는 경우는 어떤가?

대법원 판례는 공사 도급계약상 연대보증인의 의무는 선급금 반환 채무에는 미치지 않기 때문에 선급금 반환 채무에 대해서는 보증 책임을 지지 않는다고 본다. 관급공사의 연대보증인의 보증 책임은 시공 보증에 한정되고, 선급금 반환 채무에 대한 보증 책임은 없다는 것이다. 이에 관한 대법원 판례를 살펴보면 다음과 같다.

'국가를 당사자로 하는 계약에 관한 법률 시행령 및 시행규칙의 관계 규정이 연대보증의 자격을 당해 공사에 관하여 입찰 참가 자격이 있는 자로 제한하고 있고, 보증 의무를 이행한 연대보증인에게 대금청구권이 있음을 전제로 하고 있으며, 공사 도급계약과 그에 관한 연대보증계약 내용의 일부로 된 공사계약의 일반 조건 및 특수 조건도 계약 상대자가 불이행한 공사의 완성을 연대보증인에게 청구할 수 있고, 연대보증인은 그에 대한 대금을 청구할 수 있다고 규정하고 있을 뿐, 선급금 반환 채무 등에 관한 연대보증인의 의무에 관하여는 아무런 규정이 없고, 선급금에 관하여는 별도의 규정을 두어 그 반환 채무의 담보 방법으로서 금융기관의 보증 등 그 담보력이 충분한 것으로 제한하고 있는 점 등에 비추어 볼 때, 지방자치단체와 건설업체 사이에 체결된 공사 도급계약에 관하여 수급인과 연대하여 도급계약상의 의무를 이행하기로 한 연대보증인의 보증 책임의 범위는 수급인의 공사 시행에 관한 의무의 보증에 한정되고, 수급인의 선급금 반환 채무에까지는 미치지 아니한다고 봄이 상당하다(대법원 99다20773 판결).'

'도급인이 수급인의 채무 불이행을 이유로 공사 도급계약을 적법하게 해지한 이상, 수급인과 그 계약 보증인은 그에 대한 원상회복 의무를 부담하는 것이고, 또한 공사 보증인은 피보증인이 완료하지 못한 공사를 마무리할 의무가 있는 것이지 피보증인의 선급금 반환 채무까지 부담하는 것은 아니다(대법원 2000다13016 판결).'

실제 사례를 통해서 다시 한 번 살펴보도록 한다.

H건설은 A지방자치단체와 도로공사에 관한 도급계약을 체결하고,

D건설은 H건설과 연대하여 도급계약상의 의무를 이행할 것을 확약하는 취지의 연대보증을 하였다. H건설은 선급금 반환을 담보하기 위해 S보증보험사와 A를 위하여 선급금 보증보험계약을 체결하였다. 그런데 H건설의 부도로 도급계약이 해지되고 S보험사는 A에게 보험금을 지급한 후, D건설에 대하여 연대보증인으로서의 책임이 있다며 구상금 청구 소송을 제기하였다. 이 경우 연대보증인인 D건설은 보험사의 구상청구에 응해야 하는가?

위의 판례를 통해서 알 수 있듯이 대법원은 책임을 부정한다. 따라서 연대보증인은 구상 청구에 응할 필요가 없다.

민간공사의 연대보증인이 부담하는 책임의 범위

● 　　이와 같이 관급공사 도급계약에서 연대보증인의 보증 책임은 특별한 사정이 없는 한 시공 보증에 한정되지만, 민간에서 발주하는 공사의 도급계약에서 연대보증인이 부담하는 보증 책임은 사정이 다를 수 있다. 대법원 판례도 민간공사 도급계약의 경우에는 관급 공사 도급계약과 달리 선급금 반환 채무에 대한 연대보증 책임을 질 수도 있다는 점을 판시하였다.

| 판례 |

● 　　국가를 당사자로 하는 계약에 관한 법률 시행령 제52조에 의하면, 중앙관서의 장 또는 계약담당 공무원은 공사계약을 체결하고자 하는 경우 계약 상대자로 하여금 당해 계약상의 의무 이행을 보증하는

1인 이상의 연대보증인을 세워야 하는데, 이와 같은 관급공사 도급계약에서 연대보증인의 보증 책임은 특별한 사정이 없는 한 시공 보증에 한정되지만, 민간공사 도급계약에서 연대보증인의 보증 책임은 각종 보증서의 구비 여부, 도급계약의 내용, 보증 경위 등을 참작하여 개별적으로 구체적인 사안에 따라 법률행위의 해석에 의하여 판단되어야 하는 것이지만, 특별한 약정이 없다면 수급인의 책임과 마찬가지로 금전채무 보증과 시공 보증을 포함한다고 보아야 할 것이다(대법원 2003 다55134 판결).

선급금 보증계약의 취소 사유

| **쟁점** | 수급인이 보험자에게 선급금의 액수와 지급 방법 및 선급금의 정해진 용도를 허위로 고지한 경우, 보험자가 보험계약을 취소할 수 있는가?

| **해결** | 이와 같은 사실들은 보험계약의 중요한 사항들이기 때문에 취소할 수 있다.

보증계약의 취소 사유

● 　　보증보험계약을 체결하면서 보험 계약자가 공사 도급계약의 내용 및 보험의 목적에 관하여 보험자를 기망하거나 보험자에게 착오가 있었다면, 보험자는 보험계약을 취소할 수 있다. 보증계약을 체결하면서 공사계약 체결일이나 실제 착공일, 공사 기간, 공사대금 등과 같은 계약상의 중요한 사항에 관하여 수급인이 보험자에게 허위로 고지하면 보험자는 법률행위의 중요한 부분에 착오가 있었음을 이유로 보증계약을 취소할 수 있는 것이다.

그렇다면 선급금 반환 보증보험계약을 체결하면서 보험계약자인 수급인이 보험자에게 선급금의 액수와 지급 방법 및 선급금의 정해진 용도를 허위로 고지한 경우, 보험자가 보험계약을 취소할 수 있는가?

취소할 수 있다. 그러므로 선급금을 당해 공사대금이 아니라 공사용 부지 매수대금이나 다른 공사의 자금으로 전용한 경우, 선급금의 액수를 실제와 다르게 보험자에게 알린 경우, 선급금을 현금이 아닌 대물로 지급하면서도 대물이라는 사실을 밝히지 않고 현금가로만 고지한 경우 등에도 보험계약을 취소할 수 있다. '공사계약 체결일이나 실제 착공일, 공사 기간도 공사대금 등과 함께 그 계약상의 중요한 사항으로서 수급인 측에서 이를 허위로 고지함으로써 보험자가 그 실제 공사의 진행 상황을 알지 못한 채 보증보험계약을 체결한 경우에는 법률행위의 중요 부분에 관한 착오로 인정되어 민법의 일반 원칙에 따라 보험자가 그 보험계약을 취소할 수 있다(대법원 2001다36450 판결).'

| 판례 |

● 　　　건설산업기본법에 의하여 설립된 공제조합이 그 조합원과의 보증위탁계약에 따라 조합원이 도급받은 공사 등과 관련하여 수령하는 선급금의 반환 채무를 보증하기 위하여 선급금 지급보증서를 발급하는 방법으로 그 도급인과 보증계약을 체결하는 경우, 보증 사고에 해당하는 수급인의 채무 불이행이 있는지 여부는 보증계약의 대상인 도급공사의 내용과 공사 금액·공사 기간 및 지급된 선급금 등을 기준으로 판정해야 한다. 이러한 보증계약에서 선급금의 액수와 지급 방법 및 선급금이 정하여진 용도로 실제 사용될 것인지 여부 등은 계약상

중요한 사항으로서 조합원 등이 이를 거짓으로 고지하는 것은 공제조합에 대한 기망행위에 해당할 수 있고, 기망행위에 해당하는 경우 공제조합은 민법의 일반 원칙에 따라 그 보증계약을 취소할 수 있다(2002다34727 판결).

기성금 과다 지급과 선급금 반환 보증

| **쟁점** | 약정과 달리 기성금을 과다 지급했더라도 도급인은 잔존 선급금 전액을 보험금으로 받을 수 있는가?

- -

| **해결** | 보험자는 과다 지급한 금액 상당의 면책을 주장할 수 있으므로, 그 한도에서 도급인은 보험금을 지급받을 수 없다.

면책의 가능성

● 도급인이 기성금의 지급 방법에 관한 도급계약상의 약정에 어긋나게 기성금을 과다 지급한 경우에는 선급금 반환을 보증한 보험자는 그 범위 내에서 면책을 주장할 수 있다.

| 판례 |

● 피보험자가 기성금의 지급 방법에 관한 주 계약상의 약정에

따라 기성금을 지급하였더라면 보험 사고 발생시에 잔존하는 선급금을 미정산 금액과 상계하여 선급금 반환 채권이 존재하지 않았을 것임에도 주 계약상의 약정에 어긋나게 기성금을 과다 지급함으로써 선급금과 상계할 미정산 금액이 존재하지 않게 됨으로써 선급금을 반환받지 못하게 되었다면, 피보험자가 선급금을 반환받지 못하게 된 손해는 위 선급금 이행 보증보험 약관 소정의 보험자의 면책 사유인 '피보험자의 책임 있는 사유로 생긴 손해'에 해당한다고 보아야 한다(대법원 99다3693 판결).

선급금을 대위변제한 공동수급인의 연대보증인에 대한 구상

> | 쟁점 | 선급금을 대위변제한 분담 이행 방식의 공동수급인은 다른 공동수급인의 연대보증인에게 구상할 수 있는가?
>
> | 해결 | 구상할 수 없다.

| 판례 |

● 갑과 을이 도로 개수 및 포장 공사를 분담 이행 방식에 의하여 공동수급하면서 갑은 토목 공사 부분을, 을은 포장 공사 부분을 각 분담 시공하기로 약정한 후 을이 도산하여 공사계약상 갑과 을 양인의 연대보증인인 병이 을의 분담 부분을 이행한 경우, 병은 갑에 대한 연대보증인으로서의 지위를 상실하지 않고, 따라서 공사도급계약의 주채무자의 지위에 있는 갑으로서는 을의 선급금을 발주자에게 대위변제하였더라도 도급계약상 갑과 을의 연대보증인의 지위에 있는 병에게 구상권을 행사할 수 없다(대법원 95다56606, 56613 판결).

기성고와 추가 공사대금

05

기성고 산정 방법

합리적인 기성고 산정 방법은?

약정 공사를 완성하지 못한 채 중도에 공사계약이 해제되면
(흔히 현장에서는 '중간 타절'이라고 한다) 기성고를 둘러싸고 도급인과
수급인 사이에 분쟁이 발생하기 쉽다. 공사대금을 기성고에 따라 여러
차례 나누어 지급하기로 약정한 경우에도 기성고의 확정이 문제된다.

기성고란 완성된 부분의 공사비를 의미하고, 기성고율은 이미 완성
된 부분에 투입된 공사비와 아직 시공하지 못한 부분을 완성하는 데
필요한 공사비를 합친 전체 공사비 중에서 이미 완성된 부분에 투입된
공사비의 비율을 의미한다. 그런데 실제 현장에서는 '기성고'와 '기성

고율'이라는 용어를 엄격하게 구분하지 않고 사용하는 것으로 보인다.

그렇다면 기성고의 산정 방법은 어떤가? 당연한 얘기지만, 당사자 사이에 약정된 산정 방법이 있다면 그에 따르면 된다. 이론상으로는 3가지 방법을 생각할 수 있다. 첫째는 기시공 부분에 실제로 투입한 비용을 기성고로 보는 방법, 둘째는 약정 총공사비에서 미시공한 부분의 완성에 실제로 소요될 공사비를 공제한 금액을 기성고로 보는 방법, 셋째는 약정 총공사비에 기성고 비율을 곱하여 산정하는 방법이다.

대개 수급인은 기성고를 첫 번째 방법으로 생각하기 쉽다. 자기가 실제로 투입한 비용을 '기성고'라고 생각하고, 타절 정산 금액은 자기가 투입한 비용이 되어야 한다고 생각하는 것이다. 그러나 이 방법은 수급인에게는 유리한 반면 도급인에게 불리할 수 있기 때문에 공정하지 못하다. 이에 관한 판례를 소개하면 다음과 같다.

'건축 공사 도급계약이 중도 해제된 경우 도급인이 지급해야 할 미완성 건물에 대한 보수는 특별한 사정이 없는 한 당사자 사이에 약정한 총공사비를 기준으로 하여 그 금액에서 수급인이 공사를 중단할 당시의 공사 기성고 비율에 의한 금액이 되는 것이지 수급인이 실제로 지출한 비용을 기준으로 할 것은 아니다(대법원 91다42630 판결).'

두 번째 방법은 거꾸로 도급인에게 유리하고 수급인에게 불리할 수 있기 때문에 마찬가지로 공정하지 못하다. 이에 관한 판례를 소개하면 다음과 같다.

'정액 도급계약에 있어서는 통상 수급인이 추산한 실공사비에 적당한 이윤을 더하여 공사대금이 정하여진다는 점에 비추어 보면, 약정 공사대금에서 기시공 부분에 대한 객관적 공사비용을 공제하는 방법으로 미시공 부분의 공사비를 산정하여 기성고 비율을 정하는 것은 부당하게 미시공 공사비가 다액으로 되어 수급인에게 불리한 결과를 초래하기 때문에 부당하다(대법원 96다21393, 21409 판결).'

따라서 대법원 판례는 일관되게 세 번째 방법을 채택하고 있다. 알기 쉽게 정리하면 이렇게 된다.

기성고 = 약정 총공사비 × 기성고율

기성고율 = 기시공 부분에 소요된 공사비 / (기시공 부분에 소요된 공사비 + 미시공 부분에 소요될 공사비)

| 판례 |

● 　도급인이 수급인(또는 하수급인)에게 약정된 공사 도급금액 중 기성고의 비율에 따라 공사대금을 지급하기로 하였다면, 도급인이 지급하여야 할 공사대금은 약정된 도급금액을 기준으로 하여 여기에 기성고 비율을 곱하는 방식으로 산정하여야 하고, 그 기성고 비율은 우선 약정된 공사의 내역과 그 중 이미 완성된 부분의 공사 내용과 아직 완성되지 아니한 공사 내용을 확정한 뒤, 공사대금 지급 의무가 발생한 시점을 기준으로 이미 완성된 부분에 관한 공사비와 미완성된 부분을 완성하는 데 소요될 공사비를 평가하여 그 전체 공사비 가운데 이미 완성된 부분에 소요된 비용이 차지하는 비율을 산정하여 확정하여야 한다(대법원 94다31631, 31648 판결).

설계 변경의 경우 기성고의 산정 방법

| 쟁점 | 설계 변경이 이루어진 경우, 기성고는 어떻게 산정하는가?

| 해결 | 변경된 공사대금에 기성고율을 곱하여 산출한다.

설계 변경시 기성고의 산정은?

● 기성고는 공사대금에 기성고율을 곱하여 산출하는데, 설계 변경에 따른 공사대금의 변경이 있는 경우에도 기성고를 산출하는 방법은 변함이 없다. 다만, 설계 변경에 따라 공사대금이 변경되었으므로 그 변경된 공사대금에 기성고율을 곱하면 되는 것이다. 판례 역시 변경된 설계 및 사양에 따라 시공이 이루어진 경우에는 변경된 공사대금에 기성고율을 곱하여 기성고를 산정해야 한다고 판단한다.

기성고 산정의 기준 시점

● 　　기성고를 산정하는 기준 시점은 언제로 하는가? 공사대금 분쟁에서 기성고를 감정할 때 분명히 해야 할 사항이다. 공사비는 공사대금의 약정 지급일 또는 계약 해제시, 즉 대금 지급 의무가 발생한 때의 공사 단가(자재비, 노임 등)를 기준으로 하여 산정한다. 이때 기성 부분의 공사비와 미시공 부분의 공사비는 반드시 동일한 시점을 기준으로 하여야 한다. 그렇지 않고 공사비를 산정하는 기준 시점이 달라지면 어느 한쪽에게 부당하게 유리하거나 불리한 결과를 초래하게 된다.

ㅣ 판례 ㅣ

● 　　수급인이 공사를 완공하지 못한 채 공사 도급계약이 해제되어 기성고에 따른 공사비를 정산하여야 할 경우, 기성 부분과 미시공 부분에 실제로 소요되거나 소요될 공사비를 기초로 산출한 기성고 비율을 약정 공사비에 적용하여 그 공사비를 산정하여야 하고, 기성고 비율은 이미 완성된 부분에 소요된 공사비에 미시공 부분을 완성하는 데 소요될 공사비를 합친 전체 공사비 가운데 이미 완성된 부분에 소요된 공사비가 차지하는 비율이라고 할 것이고, 만약 공사 도급계약에서 설계 및 사양의 변경이 있는 때에는 그 설계 및 사양의 변경에 따라 공사대금이 변경되는 것으로 특약하고, 그 변경된 설계 및 사양에 따라 공사가 진행되다가 중단되었다면 설계 및 사양의 변경에 따라 변경된 공사대금에 기성고 비율을 적용하는 방법으로 기성고에 따른 공사비를 산정해야 한다(대법원 2000다40995 판결).

기성고 산정에 관한 약정 우선

| **쟁점** | 당사자 사이에 기성고 산정 방법에 관한 합의가 있는 경우에 그 합의가 우선하는가?

| **해결** | 당사자 사이에 기성고 산정 방법에 관한 합의가 있다면, 그 합의가 무엇보다 우선한다.

기성고 산정 방법에 관한 약정 우선

● 　　　당사자 사이에 기성고 산정 방법에 관한 합의가 있다면 그 합의가 무엇보다 우선한다. 기성고의 산정 방법에 관한 판례는 당사자 사이에 그에 관한 특약이 없었을 경우에 대한 것이다. 이와 같은 내용은 대법원 판례에서도 확인할 수 있는데, 기성고의 산정 방법에 관해서 당사자 사이에 약정이 있으면 그대로 따르면 된다는 취지로 판시하고 있다.

● 도급인이 지급해야 할 미완성 건물에 대한 보수는 특별한 사정이 없는 한 당사자 사이에 약정한 총공사비를 기준으로 하여 그 금액에서 수급인이 공사를 중단할 당시의 공사 기성고 비율에 의한 금액이 되는 것이나, 이 사건과 같이 공사를 중단할 당시 당사자 사이에 미완성 건물에 대한 미시공 공사비를 예정하여 정한 경우에 있어서는 도급인이 지급하여야 할 미완성 건물(기성 부분)에 대한 보수는 다른 특별한 사정이 없으면 당초의 약정 총공사비에서 예정한 미시공 공사비를 공제한 금액이 된다고 봄이 상당하다고 할 것이다(대법원 93다25080 판결).

추가 공사대금의 발생

| 쟁점 | 정액 도급계약에서 수급인이 추가 공사대금을 청구하기 위한 요건은 무엇인가?

| 해결 | ① 수급인의 추가 공사 사실과 ② 추가 공사비 지급에 관한 약정이 있어야 추가 공사대금을 청구할 수 있다.

정액 도급계약에서 추가 공사대금 청구의 요건

갖가지 건설 분쟁이 벌어지는데, 그 중에서 추가 공사대금을 둘러싼 분쟁이 큰 비중을 차지한다. 특히 소규모 주택이나 상가 등 건물을 건축하는 공사의 경우에는 추가 공사대금에 관한 분쟁이 많이 발생한다. 애초 설계 자체가 상세하지 못한데다가 공사를 진행하면서 도급인이 수시로 설계를 변경하는 경우가 많고, 심지어 설계 변경도 하지 않고 갖가지 추가 공사를 요구하는 경우가 비일비재하기 때문이다.

수급인으로서는 공정 초기에는 공사를 원만하게 진행하기 위해서 도급인의 이러저러한 요구를 수용하다가도 공정이 어느 정도 진척되면 추가 공사대금을 요구하지 않을 수 없게 된다. 이때 서로 추가 공사의 내역과 공사대금에 관한 명시적인 합의가 있으면 문제가 없지만, 현실은 그렇지 않다. 거의 대부분이 구두로 이루어지고, 계약서를 작성하지 않는 경우가 많아서 나중에 추가 공사대금 지급을 둘러싼 분쟁이 발생하는 것이다.

그리고 실제 공사 진행 과정에서 이러저러한 사정으로 공사비가 당초의 예상을 초과하는 바람에 생각지도 못했던 적자를 본 수급인은 도급인을 상대로 추가 공사대금을 요구하는 경우도 심심찮게 볼 수 있다.

그렇다면 수급인은 언제 추가공사대금을 청구할 수 있을까?

우선 단가계약이나 실비 정산계약의 경우에는 실제로 추가 공사가 있었다면, 증가된 물량만큼 당연히 추가 공사대금을 지급해야 할 것이다. 그러나 공사 도급계약은 대부분 정액 도급계약으로서 총공사대금을 정해 둔 총액계약이다. 이러한 정액 도급계약의 경우에는 언제 추가 공사대금을 청구할 수 있고, 지급할 의무가 발생하는가?

정액 도급계약에서는 원칙적으로 추가 공사대금을 청구할 수 없다. 또한 정액 도급계약에서는 미리 정한 금액에 공사를 완성하기로 약정한 것이다. 따라서 수급인이 예상치 못한 사정으로 공사 물량이 많아졌더라도, 혹은 공사비가 증가했더라도 추가 공사대금을 요구할 수 없는 것은 당연하다. 대법원 역시 '총공사대금을 정하여 한 공사 도급계약의 경우, 도급인은 특별한 사정이 없는 한 수급인에게 당초의 공사대금을 초과하는 금액을 공사대금으로 지급할 의무가 없다'는 점을 분명하게 밝히고 있다.

따라서 '재료비 등으로 당초 예상보다 많은 공사비용을 들였다고 하여도 특별한 사정이 없는 한 도급인으로서는 수급인에게 계약상의 공사대금을 초과하는 금원을 공사대금으로 지급할 의무가 없다(대법원 2005다63870 판결).' 대법원은 또 다른 판결에서도 '추가 공사에 관하여 원·피고 사이의 사전 합의가 없었던 이상 일부 변경 시공으로 공사비가 증가되었다고 하더라도, 그 증가분을 당연히 공사대금으로 청구할 수 있는 것은 아니라 할 것(대법원 95다38066, 38073 판결)'이라고 판단했다.

이러한 판결로 볼 때, 당초의 공사대금을 초과하는 금액에 대해서는 도급계약을 잘못한 수급인이 감수할 수밖에 없는 것이다. 정액 도급계약에서는 수급인이 선의로 추가 공사를 해주었더라도 추가 공사대금을 청구할 수는 없다.

그렇다고 언제나 추가 공사대금을 청구할 수 없는 것은 아니다. ① 수급인이 당초의 약정을 초과하는 추가 공사를 실제로 했다는 사실과 ② 도급인이 추가공사비를 지급하기로 약정했다는 사실이 인정되면 추가 공사대금을 청구할 수 있다.

| 판례 |

● 　　　　원고가 실제로 추가 공사를 한 사실이 있는지 여부, 추가 공사를 한 것이 사실이라면 추가 공사비를 지급하기로 원·피고 사이에 합의가 이루어진 것인지 여부에 관하여 추가로 심리, 확정한 후 피고에게 추가 공사비 지급 의무가 있는지 여부를 판단해야 한다(대법원 2005다63870 판결).

추가 공사대금과 압류의 효력

> | 쟁점 | 공사대금 채권에 대한 가압류나 압류의 효력은 추가 공사대금 채권에 미치는가?
> --
> | 해결 | 추가 공사대금 채권에는 공사대금 채권의 가압류나 압류의 효력이 미치지 않는다.

압류와 추가 공사대금

수급인 A건설사는 도급인 B와 공사 도급계약을 체결한 후 공사를 진행하던 중 공사대금을 증액하는 변경계약을 체결하였다. 변경 전에 채권자들이 A건설사를 채무자로 도급인 B를 제3채무자로 하여 공사대금 청구권에 채권 압류 또는 가압류를 하였다.

이러한 경우 채권자들이 한 압류 또는 가압류는 변경계약으로 증액된 공사대금 청구권에도 미치는가? 대법원은 당초의 공사대금에 대한 압류의 효력은 물가 변동으로 인하여 증액되는 계약 금액에 미친다고 보지만, 당초의 공사대금에 대해 집행한 압류의 효력은 추가 공사대금에는 미치지 않는 것으로 본다.

판례는 '채권에 대한 압류명령은 압류 목적 채권이 현실로 존재하는 경우에 그 한도에서 효력을 발생할 수 있는 것이고, 그 효력이 발생된 후 새로 발생한 채권에 대해서는 압류의 효력이 미치지 아니한다(대법원 88다카13394 판결)'는 이유로 변경 계약을 체결하기 전에 채권자들이 한 압류 또는 가압류의 효력은 변경 전의 공사대금 청구권에만 미친다고 판단하였다.

| 판례 |

● 　　　채권에 대한 압류명령은 압류 목적 채권이 현실로 존재하는 경우에 그 한도에서 효력을 발생할 수 있는 것이고, 그 효력이 발생된 후 새로 발생한 채권에 대해서는 압류의 효력이 미치지 아니하고, 따라서 공사금 채권에 대한 압류 및 전부명령은 그 송달 후 체결된 추가 공사계약으로 인한 추가 공사금 채권에는 미치지 아니한다(대법원 2001다62640 판결).

| 계약 금액의 조정 |

06

물가 변동으로 인한
계약 금액 조정을 배제하는 특약의 효력

| 쟁점 | 국가나 지방자치단체와의 계약에서 물가 변동이 있더라도 계약 금액을 조정하지 않기로 하는 약정을 할 수 있는가?

| 해결 | 사인 간의 계약과 마찬가지로 유효한 약정이다.

물가 변동으로 인한 계약 금액 조정의 요건

● 　　　국가가 당사자인 계약에서 계약 금액을 조정하는 사유는 3가지가 있다. ① 물가 변동(국가를 당사자로 하는 계약에 관한 법률 시행령 제64조), ② 설계 변경(동법 시행령 제65조), ③ 기타 계약 내용의 변경(동법 시행령 제66조)이 그것이다.

물가 변동에 관하여는 계약 체결일부터 90일 이상 경과하고, 동시에 입찰일 기준 품목조정률이나 지수조정률이 3/100 이상 증감된 때에 계약 금액을 조정한다. 조정 기준일부터 90일 이내에는 다시 조정하지 못하지만, 천재지변 또는 원자재의 가격이 급등한 경우에는 90일 이내에도 조정이 가능하다. 특정 자재의 가격 증감률이 15/100 이상인 때에는 그 자재에 한하여 계약 금액을 조정한다.

조정 금액은 조정 기준일 이후에 이행되는 부분의 대가(물가 변동 적용 대가)에 품목조정률이나 지수조정률을 곱하여 산출하되, 계약상 조정 기준일 이전에 이행이 완료되어야 할 부분은 제외한다.

계약 금액의 증액은 계약 상대방의 청구에 의해야 하고, 계약 상대방은 준공 대가(장기 계속 계약의 경우에는 각 차수별 준공 대가) 수령 전까지 조정신청을 해야 한다(일반 조건 제22조 제3항). 청구일부터 30일 이내에 조정한다(국가를 당사자로 하는 계약에 관한 법률 제19조, 동법 시행령 제64조, 동법 시행규칙 제74조, 공사계약 일반 조건 제22조, 정부 입찰·계약 집행 기준 제67조 내지 제70조의 2 ; 지방자치단체를 당사자로 하는 계약에 관해서는 지방자치단체를 당사자로 하는 계약에 관한 법률에 같은 내용의 규정이 있다).

위와 같은 물가 변동으로 인한 계약 금액의 조정을 배제하는 당사자 사이의 특약은 가능한가?

물가 변동에 관한 국가 계약 법령의 규정은 당사자의 의사로 그 적용을 배제할 수 없는 강행 규정이고, 물가 변동으로 인한 계약 금액 조정은 발주 기관의 의무이기 때문에 계약 당사자 간에 물가 변동으로 인한 계약 금액 조정을 배제하는 특약은 무효라는 견해도 있다. 특약이 무효라는 근거로 계약 당사자 간에 물가 변동으로 인한 계약 금액 조정을 배제하는 특약은 국가 계약 법령에 위배된다는 재경부의 유권 해석을 들기도 한다. 이러한 견해를 지지하는 중재 판정도 있었는데, 그 내용은 다음과 같다.

'국가기관이 체결하는 계약에 있어서 국가를 당사자로 하는 계약에 관한 법률의 규정에 의한 물가 변동으로 인한 계약금 조정은 의무 사항으로써 계약 당사자 사이에 동 계약 금액 조정을 배제하는 특약 등을 규정할 수 없다고 한 점에 비추어 보면, 신청인 및 피신청인 사이의 이 사건 물품 공급 계약이 국가를 당사자로 하는 계약에 관한 법률이 정한 계약 금액 조정 요건을 구비한 경우에는 계약 금액을 조정하는 것이 공평의 원칙에 따라 타당하다고 할 것이다(사건번호 : 제99111-0061호).' 같은 판정에서 대한상사중재원은 더 나아가 당사자 사이에 '입찰자가 견적한 가격은 입찰자의 계약 수행 기간 동안 고정되어야 하며, 어떠한 사유로도 변동되어서는 안 된다'라는 특약이 국가 계약 법령이 정한 물가 변동에 따른 계약 금액 조정 규정까지 배제하는 것으로 볼 수 없다고 판단했다.

그러나 똑같은 사안에 대하여 법원은 전혀 다른 판단을 내렸다. 대법원은 '입찰자가 견적한 가격은 입찰자의 계약 수행 기간 동안 고정되어야 하며, 어떠한 사유로도 변동되어서는 안 된다'라는 특약은 물가 변동이 있더라도 계약 금액을 조정하지 않기로 하는 계약 금액 고정의 특약이라고 판단하였다. 그리고 당사자 사이에 '물가 변동으로 인한 계약 금액 조정은 없다'라는 특약은 무효가 아니라고 판단하였다. 사적 자치의 영역에 속하는 대등한 당사자 사이의 계약이기 때문에 계약 금액 고정 특약은 유효한 계약 조항이라는 것이다.

대법원은 국가 계약 법령상 계약 금액 조정에 관한 조항은 강행 규정이 아니라 임의 규정으로 보는 것이다. 따라서 계약 금액 조정 조항에 반하는 당사자 사이의 약정도 유효하다고 보는 것이다.

● 　　　국가 계약 법령의 내용, 외자 물품계약의 특성, 이 사건 물품 공급계약 체결 및 계약 금액 고정 특약의 내용과 그 특약의 설정 경위 등을 종합해 보면, 이 사건 계약 금액 고정 특약은 국제 입찰에 의한 외자 물품계약의 당사자 사이의 합의에 따른 것으로서 유효하다고 할 것이고, 그것이 물가 변동 등에 의한 계약 금액 조정을 규정하고 있는 국가를 당사자로 하는 계약에 관한 법률 제19조에 위반되어 무효라고 볼 수는 없다(대법원 2003다318 판결).

계약금액 조정 청구권의 권원

| 쟁점 | 당사자 사이에 물가 변동으로 인한 계약 금액 조정에 관한 특약을 맺지 않더라도 국가 계약 법령만을 근거로 계약 금액의 조정을 청구할 수 있는가?

| 해결 | 당사자 사이의 약정이 없다면 청구할 수 없는 것으로 본다.

계약상의 권리

국가를 당사자로 하는 계약에 관한 법률 제19조, 동법 시행령 제64조, 동법 시행규칙 제74조에는 물가 변동으로 인한 계약 금액 조정에 관한 규정이 있다. 이에 근거하여 대부분의 관급 공사에는 일정한 물가 변동이 있는 경우에는 계약 금액을 조정하기로 하는 계약 조항을 두고 있다. 관급 공사의 계약서로 첨부되는 공사계약 일반 조건에도 물가 변동으로 인한 계약 금액 조정에 관한 계약 조항이 포함되어 있다.

그렇다면 당사자 사이에 물가 변동으로 인한 계약 금액 조정에 관한 특약을 맺지 않더라도 국가 계약 법령만을 근거로 계약 금액의 조정을 청구할 수 있을까? 이에 대해 대법원은 부정적으로 본다. 대법원 판례에 의하면, 물가 변동으로 인한 계약 금액의 조정을 배제하는 특약이 있는 이상 국가 계약 법령에 물가 변동으로 인한 계약 금액 조정의 근거가 있다고 하더라도, 그 법령을 근거로 곧바로 계약 금액의 조정을 요구할 수 없다는 점을 분명히 밝힌 것이다. 물가 변동으로 인한 계약 금액의 조정을 요구하기 위해서는 당사자가 체결한 계약에 그 근거가 있어야 된다는 것이다.

한편 물가 변동으로 인한 계약 금액 조정을 배제하는 특약은 '약관의 규제에 관한 법률'에 위반되어 무효라는 주장도 있지만, 대법원은 이러한 주장도 받아들이지 않았다.

국가를 당사자로 하는 계약에 관한 법률 제19조와 동법 시행령 제64조 및 동법 시행규칙 제74조에 물가 변동으로 인한 계약 금액 조정의 근거 조항이 있더라도 그 법령에 근거하여 곧바로 계약 금액의 조정을 요구할 수는 없다. 계약 금액의 조정을 청구하기 위해서는 당사자가 체결한 계약서 등에 별도로 그 근거가 있어야 한다. 또한 물가 변동으로 인한 계약 금액 조정에 관한 특약을 두지 않거나 물가 변동으로 인한 계약 금액 조정을 배제하는 특약은 무효가 아니며, 오히려 대등한 당사자 사이의 계약으로서 그 계약 내용은 유효하다. 이것이 법원의 태도인 것이다.

● 　　　이 사건 계약 금액 고정 특약이 유효한 이상 피고에게 위 규정에 기하여 계약 금액의 조정을 요구할 수 있는 권리가 있다고는 볼 수 없다(대법원 2003다318 판결).

* 위 소송은 국가가 원고로서 계약 상대방인 피고를 상대로 채무 부존재 소송을 제기한 것이다.

● 　　　국가를 당사자로 하는 계약에 관한 법률 제19조는 '각 중앙 관서의 장 또는 계약 담당 공무원은 공사·제조·용역 기타 국고의 부담이 되는 계약을 체결한 다음 물가의 변동, 설계 변경, 기타 계약 내용의 변경으로 인하여 계약 금액을 조정할 필요가 있을 때는 대통령령이 정하는 바에 의하여 그 계약 금액을 조정한다'라고 규정하고 있으나, 이 규정은 국가와 사인 간의 계약 관계에서 관계 공무원이 지켜야 할 계약 사무 처리에 필요한 사항을 규정한 것으로 국가의 내부 규정에 불과한 것이어서, 서로 간에 계약 금액을 조정하지 않기로 하는 특약을 하였다고 하여 그 특약이 무효가 되는 것이 아니고, 위 규정이 계약 상대방에게 계약 금액 조정 요구권을 부여하는 것도 아니며, 오히려 위 법률에 기한 국가와 사인 간의 계약도 그 본질적인 내용은 사인 간의 계약과 다를 바가 없어 특별한 규정이 있는 경우를 제외하고는 사법의 규정 내지 법원리가 적용되는 것인데, 원고와 피고 간의 이 사건 물품 공급계약에서 계약 기간 동안 계약 금액을 조정하지 않기로 하는 계약 금액 고정 특약이 있었던 사실은 앞서 인정한 바와 같으므로, 이 사건 물품 공급계약상 계약 금액 고정 특약은 당사자의 합의에 의한 것으로서 사법의 일반 원칙에 따라 유효하다(서울고등법원 2001나

73093 판결).

* 이 판결은 앞에서 인용한 '대법원 2003다318 판결'의 원심 판결로서 그대로 유지된 것이다.

●　　　원심 판결 이유에 의하면, 원심은 이 사건 계약 금액 고정 특약 조항은 신의성실에 반하여 공정을 잃은 조항이고, 고객에 대하여 부당하게 불리한 조항이며, 법률의 규정에 의한 고객의 항변권, 상계권 등의 권리를 상당한 이유 없이 배제 또는 제한하는 조항이므로, 약관의 규제에 관한 법률 제6조 제1항, 제2항 제1호, 제11조 제1호 등에 위반되어 무효라는 피고의 주장에 대하여 이 사건 계약 금액 고정 특약이 계약 상대방에게 부당하게 불리한 내용이라고 할 수 없고, 계약 상대방에게 계약 금액 조정 요구권이 있는 것이 아니어서 그러한 권리를 배제 또는 제한하는 것도 아니므로, 약관의 규제에 관한 법률 제6조 등에 위반되어 무효라고 볼 수 없다는 이유로 이를 받아들이지 아니하였는바, 관계 법령 및 기록에 비추어 살펴보면, 원심의 위와 같은 판단은 옳고, 거기에 상고 이유에서 주장하는 바와 같은 약관의 규제에 관한 법률에 관한 법리 오해 등의 위법이 있다고 할 수 없다(대법원 2003다318 판결).

당사자의 신청에 의한 조정

| 쟁점 | 국가는 계약 상대방이 신청하지 않더라도 계약 금액을 조정할 의무가 있는가?

| 해결 | 당사자가 계약 금액의 조정을 신청하지 않으면 상대방은 계약 금액을 조정할 의무가 없다.

신청에 따른 조정

●　　　 물가 변동으로 인하여 계약 금액의 조정 사유가 발생하였다 하더라도 그 자체로써 자동적으로 계약 금액의 조정이 이루어지는 것이 아니다. 따라서 계약의 일방 당사자가 상대방에 대하여 적법한 계약 금액 조정신청을 해야 한다. 재경부가 정한 '공사계약 일반 조건'에서는 계약 금액의 증액은 계약 상대방의 청구에 의해야 하고, 계약 상대방은 준공 대가의 수령 전까지 조정신청을 해야 하는 것으로 규정하고 있다(제22조 제3항). 대법원도 같은 태도를 취하고 있다. 즉 당사자가 계약 금액의 조정을 신청하지 않으면 상대방은 계약 금액을 조정할

의무가 없다.

●   국가를 당사자로 하는 계약에 관한 법률 제19조와 동법 시행령 제64조, 동법 시행규칙 제74조에 의한 물가 변동으로 인한 계약 금액 조정에서 계약 금액의 조정은 계약 체결일부터 일정한 기간이 경과함과 동시에 품목조정률이 일정한 비율 이상 증감함으로써 조정 사유가 발생했다 하더라도, 그 자체로 자동적으로 이루어지는 것이 아니라 계약 당사자의 상대방에 대한 적법한 계약 금액 조정신청에 의하여 비로소 이루어진다고 할 것이다(대법원 2004다28825 판결).

이미 지급한 대가의 조정 대상 여부

| 쟁점 | 이미 지급받은 기성 대가도 물가 변동 적용 대가에 포함 되는가?

| 해결 | 이의를 유보하지 않은 채 지급 받은 기성 대가는 물가 변동 적용 대가에서 제외된다.

개산급 제도의 활용

●　　　계약 금액의 조정 사유가 발생한 최초의 날인 조정 기준일 이후에 이행된 부분의 대가(기성 대가)라 할지라도 계약 금액이 조정되기에 앞서 이미 대가가 지급된 경우에는 물가 변동 적용 대가에서 공제되어 계약 금액 조정의 대상이 되지 않는다. 이는 계약 금액의 증액 사유에 해당되건 감액 사유에 해당하건 모두 적용된다는 것이다.

　그러므로 계약 금액의 조정 사유에 해당되는지 여부가 불분명한 경우에는 불이익을 피하기 위하여 대가를 개산급(槪算給)으로 지급받거나 우선 계약 금액의 조정을 신청한 이후에 대가를 지급받음으로써 차

후 계약 금액의 조정을 신청하겠다는 의사를 분명히 해두는 것이 필요할 것이다.

개산급에 대한 근거는 재정경제부 회계예규인 '공사 계약 일반 조건 제39조의 2에 있다. 이에 근거하여 기성 대가를 개산급으로 청구하고 지급할 수 있다. 즉 물가 변동 등으로 인하여 계약 금액의 증감이 예상되는 경우에는 당초의 산출 내역서를 기준으로 산출한 기성 대가를 개산급으로 지급할 수 있으며, 계약 상대방이 기성 대가를 개산급으로 지급받고자 할 경우 개산급 신청 사유를 서면으로 작성한 후 첨부해야 한다.

개산급 제도를 둔 것은 계약 상대방을 보호하고자 하는 취지로 보인다. 국가 계약 법령 및 공사 계약 일반 조건 등에서는 계약 공무원으로 하여금 계약 상대방에게 기성 대가와 준공 대가를 신속하게 지급하도록 하고, 정당한 이유 없이 대가의 지급을 지연할 경우 지연이자를 부과하도록 규정하고 있다.

하지만 물가 변동, 설계 변경 등으로 인하여 계약 금액의 증감이 예상되는 경우에는 그 증감액을 신속하게 확정하지 못하는 특성이 있다. 따라서 개산급 제도는 대가의 지급이 지연됨으로써 오히려 계약 상대방의 불이익이 되지 않도록 기성 대가의 정확한 확정은 추후로 유보하고, 당초의 산출 내역서에 근거하여 대가를 지급할 수 있도록 하기 위한 것이다.

기성 대가의 지급을 신청하거나 계약 금액의 조정을 청구할 때 청구 금액을 확정할 근거가 있다면 굳이 개산급으로 청구할 이유가 없지만, 물가 변동 등으로 인하여 계약 금액의 증가가 예상되는데 증액 금액을 확정할 수 없을 때는 우선 개산급으로 청구하여 불이익이 없도록 해야 할 것이다.

기성 대가를 개산급으로 청구하여 지급받지 않았다면 물가 변동으로 인하여 계약 금액이 증액될 사유가 발생했더라도 아무런 이의 없이 기성 대가를 지급받은 것으로 인정되어 계약 금액의 조정을 청구할 수 없다는 것이다. 그래서 앞의 판결은 계약금계약 금액의 조정 사유가 발생한 최초의 날인 조정 기준일 이후에 이행된 부분의 대가(기성 대가)라 할지라도 계약 금액이 조정되기에 앞서 이미 대가가 지급된 경우에는 물가 변동 적용 대가에서 공제되어 계약 금액 조정의 대상이 되지 않는다고 한 것이다. 위와 같은 사정으로 기성 대가를 개산급으로 지급받았는지 여부가 첨예하게 다투어지기도 한다. 개산급으로 지급받았다면 계약 금액의 증액을 청구할 수 있지만, 아무런 이의 없이 기성 대가를 받았다면 계약 금액의 증액을 청구할 수 없는 것이다.

특히 기성 신청서에는 개산급을 신청한다는 취지의 기재를 하였지만, 개산급 신청 사유를 서면으로 제출하지 않은 경우에는 어떻게 될까? 계약 상대방은 기성 대가를 개산급으로 지급받고자 할 경우에 개산급 신청 사유를 서면으로 작성하여 첨부해야 하는데도 기성 대가를 신청하면서 별도로 개산급 신청 사유서를 제출하지 않고, 단지 기성 대가를 청구하는 신청서에 개산급으로 청구한다는 취지만을 기재하였다면 개산급으로 지급받은 것으로 인정받을 수 있을까?

강제 조정이긴 했지만 '개산급 신청 사유서가 없더라도 개산급으로 청구한 것으로 보아야 한다'는 취지로 판단한 사례가 있다(의정부 지방법원 2004가합718 판결).

●   조정 사유가 발생한 최초의 날인 조정 기준일 이후에 이행된 부분의 대가(기성 대가)라 할지라도, 그 대가가 조정에 앞서 이미 지급된 경우에는 증액 조정이나 감액 조정을 불문하고 그것이 개산급(槪算給)으로 지급되었거나 계약 당사자가 계약 금액 조정을 신청한 이후에 지급된 것이라면, 이는 차후 계약 금액의 조정을 염두에 두고 일단 종전의 계약 내용에 따라 잠정적으로 지급된 것으로서 물가 변동 적용 대가(계약 금액 중 조정 기준일 이후에 이행되는 부분의 대가)에 포함되어 계약 금액 조정의 대상이 된다고 할 것이나, 이와 달리 당사자 사이에 계약 금액 조정을 염두에 두지 않고 확정적으로 지급을 마친 기성 대가는 당사자의 신뢰 보호 견지에서 물가 변동 적용 대가에서 공제되어 계약 금액 조정의 대상이 되지 않는다고 보아야 할 것이다(대법원 2004다28825 판결).

품목조정률 산출 방법

품목조정률의 산출

●　　　물가 변동으로 인한 계약 금액 조정의 기준이 되는 조정률은 '품목조정률'과 '지수조정률'의 2가지가 있는데, 계약서에 계약 금액 조정의 방법을 명시해야 한다. 품목조정률 산출 계산식은 다음과 같다.

- 품목조정률 = 각 품목 또는 비목의 수량에 등락폭을 곱하여 산출한 금액의 합계액 / 계약 금액
- 등락폭 = 계약 단가 × 등락율
- 등락율 = 물가 변동 당시 가격 - 입찰 당시 가격 / 입찰 당시 가격

'물가 변동 당시 가격'이라 함은 물가 변동 당시 산정한 각 품목 또는 비목의 가격을, '입찰 당시 가격'이라 함은 입찰서 제출 마감일 당시에 산정한 각 품목 또는 비목의 가격을 말한다.

물가 변동 당시 가격을 산정함에 있어서는 입찰 당시 가격을 산정할 때 적용한 기준과 방법을 동일하게 적용해야 한다.

당사자 사이에 물가 변동으로 인한 계약 금액의 조정은 품목조정률을 따르기로 약정이 된 사안에서 물가 변동으로 인한 계약 금액 조정의 대상인 물품에 대한 계약 단가를 그 계약 체결 당시의 가격으로, 그 물품의 실제 구입 가격을 물가 변동 당시의 가격으로 보고 이에 기초하여 등락폭을 산출하고, 나아가 품목조정률 및 계약 조정 금액, 그리고 공제 금액을 산출해도 될 것인가?

대법원은 객관적인 거래 가격이 없는 품목에 있어서는 실제의 계약 단가 또는 실제 구입 가격 그 자체가 계약 체결 당시의 가격 또는 물가 변동 당시의 가격으로 인정될 수 있는 여지가 있지만, '물가 변동 당시 가격'은 물가 변동 당시의 객관적인 거래 가격을, '계약 체결 당시 가격'은 계약 체결 당시의 객관적인 거래 가격을 말하는 것이라고 본다.

따라서 물가 변동으로 인한 계약 금액 조정의 대상인 물품에 대한 계약 단가를 그 계약 체결 당시의 가격으로, 그 물품의 실제 구입 가격을 물가 변동 당시의 가격으로 보고 이에 기초하여 등락폭을 산출해야 하고, 나아가 품목조정률 및 계약 조정 금액, 그리고 공제 금액을 산출해서는 안 되는 것이다.

지수조정률의 산출 방법에 관해서는 '정부 입찰·계약 집행 기준' 제68조와 제69조에 규정되어 있다.

●   '물가 변동 당시 가격'이나 '계약 체결 당시 가격' 또는 '계약 단가'는 각기 별개의 개념으로서 '물가 변동 당시 가격'은 물가 변동 당시의 객관적인 거래 가격을, '계약 체결 당시 가격'은 계약 체결 당시의 객관적인 거래 가격(입찰의 경우에는 입찰 예정 가격이 계약 체결 당시의 가격으로 될 수 있을 것이다)을 말하는 것으로 보아야 할 것이다(다만, 객관적인 거래 가격이 없는 품목에 있어서는 실제 계약 단가 또는 실제 구입 가격 그 자체가 계약 체결 당시 가격 또는 물가 변동 당시 가격으로 인정될 수는 있을 것이다(대법원 2002다4948 판결).

＊ 시행규칙의 개정으로 현재는 '계약 체결 당시 가격'이 '입찰 당시 가격'으로 변경되었다.

조정 기준일 이후에 한 압류가 증액 공사대금에 미치는지 여부

> **| 쟁점 |** 공사대금 채권에 대한 압류가 조정 기준일 이후에 집행되었다면, 그 압류의 효력은 물가 변동으로 인하여 증액되는 공사대금에도 미치는가?
>
> **| 해결 |** 압류의 효력은 증액된 부분에도 미친다.

사례 해설

●   예컨대, 조정 기준일이 1996년 9월 1일이고, 같은 달 16일에 공사대금의 조정(증액)을 신청했다. 그 사이인 같은 달 11일에 채권자가 공사대금 채권에 대하여 압류하였다. 이 경우 채권자가 한 압류의 효력은 증액된 공사대금에도 미치는가? 대법원은 당초의 공사대금에 대하여 한 압류의 효력은 추가 공사대금 채권에는 미치지 않는 것으로 보지만, 물가 변동으로 인하여 증액되는 공사대금 채권에는 미치는 것으로 본다.

● 계약 금액 조정에 있어서 조정 기준일 이후에 채권자가 공사
대금에 대하여 압류 및 전부명령을 받은 후 회사의 공사대금조정신청
에 따라 공사대금이 증액된 경우, 그 증액된 부분은 채권자가 전부받
은 공사대금에 포함되므로 그 일부를 수령하였더라도 양도할 수 있다
(2001다3771 판결).

설계 변경과 계약 금액의 조정

| 쟁점 | 준공 대가 수령 이후 설계 변경에 따른 물량 증가를 이유로 계약 금액의 조정을 청구할 수 있는가?

| 해결 | 준공 대가 수령 이후에는 어려울 것으로 보인다.

계약 금액 조정 청구의 시한

●   설계 변경으로 인하여 공사비의 증감이 발생한 때에는 당해 계약 금액을 조정한다(국가를 당사자로 하는 계약에 관한 법률 제19조, 동법 시행령 제65조).

증감된 공사비의 단가는 계약 단가(산출 내역서상의 단가)로 하고, 계약 단가가 없는 신규 비목의 단가는 설계 변경 당시를 기준으로 산정한 단가에 낙찰률을 곱한 금액이다.

계약 상대자의 책임 없는 사유 또는 정부의 요구에 의한 설계 변경의 경우는 증가된 물량 또는 신규 비목의 단가는 설계 변경 당시를 기준으로 산정한 단가와 동 단가에 낙찰률을 곱한 금액의 범위에서 협의하되 협의가 안 되면 위의 두 금액을 합한 금액의 50/100으로 한다.

설계 변경은 그 설계 변경이 필요한 부분의 시공 전에 완료하여야 한다(국가를 당사자로 하는 계약에 관한 법률 시행규칙 제74조의2). 계약 금액 조정 청구는 준공 대가(장기 계속계약의 경우에는 각 차수별 준공 대가) 수령 전까지 해야만 조정 금액을 지급받을 수 있다(공사계약 일반조건 제20조 제9항). 따라서 아무런 이의도 유보하지 않은 채, 준공 대가를 수령한 다음에는 설계 변경에 따른 물량의 증가를 원인으로 한 계약 금액의 증액 청구는 어려울 것으로 보인다.

기타 계약 내용의 변경으로 인한
계약 금액의 조정

| **쟁점** | 계약 금액 조정 청구는 이행에 착수하기 전까지 해야 하
는가?

| **해결** | 계약 내용의 변경은 이행에 착수하기 전까지 해야 하지
만, 계약 금액 조정 청구는 준공 대가 수령 전까지만 하
면 된다.

계약 내용의 변경과 계약 금액의 조정

● 　　　공사 기간·운반 거리의 변경 등 물가 변동과 설계 변경 이외
의 계약 내용의 변경으로 계약 금액을 조정해야 할 필요가 있는 경우
에는 그 변경된 내용에 따라 실비를 초과하지 아니하는 범위 안에서
조정한다(국가를 당사자로 하는 계약에 관한 법률 시행령 제66조).

　계약 내용의 변경은 그 계약의 이행에 착수하기 전에 완료해야 한다
(동법 시행규칙 제74조의 3). 설계 변경은 그 설계 변경이 필요한 부분의
시공 전에 완료해야 하는 것과 마찬가지다. 이행에 착수하기 전에 완

료해야 하는 것은 공사 기간이나 운반 거리와 같은 계약 내용의 변경이며, 그 계약 내용의 변경으로 인하여 조정되는 계약 금액이 아니다.

계약 금액의 증액 조정은 상대방의 신청에 의해 조정해야 하고(공사계약 일반 조건 제23조 제4항), 계약 금액 조정 청구는 준공 대가(장기 계속계약의 경우에는 각 차수별 준공 대가) 수령 전까지 해야만 조정 금액을 지급받을 수 있다(공사계약 일반 조건 제5항, 제20조 제9항).

특히 '당사자 사이에 계약 금액 조정을 염두에 두지 않고 확정적으로 지급을 마친 기성 대가는 당사자의 신뢰 보호 견지에서 물가 변동 적용 대가에서 공제되어 계약 금액 조정의 대상이 되지 않는다(대법원 2004다28825 판결)'는 판결이 있다.

또한 '계약 금액 조정은 계약 체결일부터 일정한 기간이 경과함과 동시에 품목조정률이 일정한 비율 이상 증감함으로써 조정 사유가 발생하였다 하더라도, 그 자체로서 자동적으로 이루어지는 것이 아니라 계약 당사자의 상대방에 대한 적법한 계약 금액 조정 신청에 의하여 비로소 이루어진다(대법원 2004다28825 판결)'는 판결도 있다.

위의 두 판결로 볼 때, 공사 기간이나 운반 거리와 같은 계약 내용을 변경하는 계약을 체결하였더라도 이를 원인으로 하는 계약 금액의 조정을 청구하지 않은 채, 아무런 의사표시도 없이 준공 대가를 수령하였다면 계약 금액의 증액 청구를 하지 못할 것으로 보인다.

실비의 산정 기준에 관해서는 '정부 입찰·계약 집행 기준' 제71조 내지 제76조에 상세하게 규정되어 있다.

| 판례 |

●   H와 피고 사이의 이 사건 도급계약 당시 단지 내 잔토 운반 및 되메우기 토량 운반 등의 운반 거리는 계약의 내용에 편입된 사실, 한편 위 도급계약서에 첨부된 공사계약 일반 조건 제23조 제1항은 '공사(公社)는 공사계약에 있어서 제20조 및 제22조의 규정(설계 변경 내지 물가 변동으로 인한 계약 금액의 조정에 관한 규정이다)에 의한 경우 외에 공사 기간·운반 거리의 변경 등 계약 내용의 변경으로 계약 금액을 조정하여야 할 필요가 있는 경우에는 그 변경된 내용에 따라 실비를 초과하지 아니하는 범위 안에서 이를 조정한다.'라고 규정하고 있는 사실을 알 수 있는 바, 사정이 이러하다면 앞서 본 바와 같은 단지 내 잔토 운반 및 되메우기 토량 운반의 운반 거리 증가는 위 일반 조건 제23조 제1항 소정의 계약 금액의 조정이 필요한 계약 내용의 변경 사항에 해당한다고 할 것이므로, 이러한 상황을 용인한 피고는 운반 거리의 증가에 상응하는 만큼 증액된 공사대금을 지급해야 할 것이다 (2004다64050 판결).

지체상금의 법적 성질

| 쟁점 | 법원은 지체상금이 부당하게 과다하다는 이유로 적당히 감액할 수 있는가?

| 해결 | 지체상금 약정은 손해배상액 예정으로 추정되기 때문에 법원에서 감액할 수 있다.

지체상금의 법적 성질

●　　대부분의 공사 도급계약에는 지체상금 약정이 있다. 민간 건설 공사 표준 도급계약서에도 지체상금 규정이 있으며, 국가를 당사자로 하는 계약에 관한 법률(제26조)과 지방자치단체를 당사자로 하는 계약에 관한 법률(제30조)에도 지체상금에 관한 규정을 두도록 하고 있다. 이에 따라 공사 계약 일반 조건(회계예규) 제25조와 지방자치단체 공사 계약 일반 조건(행정자치부예규) 제31조에는 지체상금에 관한 상세한 규정이 있다.

이와 같은 지체상금 약정의 법적 성격은 무엇인가? 지체상금 약정은 손해배상액 예정의 성질을 가진 것도 있을 수 있고, 위약벌의 성질을 가진 경우도 있다. 어느 쪽인가는 중요한 의미가 있다. 손해배상액의 예정이라면 부당하게 과다하다고 인정되는 경우에 법원은 적당히 감액할 수 있지만(민법 제398조 제2항), 위약벌로 인정되면 약정된 금액이 과다하더라도 법원에서 감액할 수 없기 때문이다. 위약벌이란 계약 위반에 따른 손해배상 책임과는 별개로 계약 위반에 대한 제재의 성질을 갖는 것을 말한다.

우리 대법원은 이러한 지체상금 약정의 법적 성격은 손해배상액의 예정이라고 일관되게 해석하고 있다. 따라서 법원은 지체상금 약정이 부당하게 과다하다고 인정하는 경우에는 적당하게 감액할 수 있다.

| 판례 |

●   지체상금에 관한 약정은 수급인이 그와 같은 일의 완성을 지체한 데 대한 손해배상액의 예정이므로, 수급인이 약정된 기간 내에 그 일을 완성하여 도급인에게 인도하지 아니하여 지체상금을 지급할 의무가 있는 경우, 법원은 민법 제398조 제2항의 규정에 따라 계약 당사자의 지위, 계약의 목적과 내용, 지체상금을 예정한 동기, 실제의 손해와 그 지체상금액의 대비, 그 당시의 거래 관행 및 경제 상태 등 제반 사정을 참작하여 약정에 따라 산정한 지체상금액이 일반 사회인이 납득할 수 있는 범위를 넘어 부당하게 과다하다고 인정하는 경우에 이를 적당히 감액할 수 있다(대법원 2001다1386 판결).

지체상금과 동시이행의 관계

| 쟁점 | 수급인이 공사대금을 지급받지 못하였더라도 준공 기한을 넘기면 지체상금이 발생하는가?

| 해결 | 도급인의 준공 대가 지급 의무와 수급인의 완성된 공사 목적물의 인도 의무는 동시이행 관계에 있으므로, 도급인이 공사대금을 지급하지 않는 동안은 수급인이 목적물을 인도하지 않더라도 지체상금이 발생하지 않는다.

도급인의 준공 대가 지급 의무와 수급인의 목적물 인도 의무는 동시이행 관계

●   지체상금을 청구하기 위해서는 그에 관한 약정이 있어야 한다. 따라서 공사 도급계약서에 지체상금에 관한 약정이 없다면, 약정 준공 기한을 넘겨 공사가 완료되었다 하더라도 지체상금을 청구할 수는 없고, 실제의 손해를 입증하여 손해배상을 받아야 한다. 즉 지체상금 약정의 존재가 지체상금을 청구하기 위한 첫 번째 조건이다.

다음은 수급인이 이행을 지체한 사실이 있어야 한다. 공사 도급계약에서 수급인은 약속한 공사를 완성하여 도급인에게 인도해 줄 의무가 있다. 따라서 수급인이 약정한 준공 기한 내에 공사를 완성하지 못하거나 공사를 완성했더라도 인도를 지체하면 지체상금이 발생한다.

한편 도급인의 준공 대가 지급 의무와 수급인의 완성된 공사 목적물의 인도 의무는 동시이행 관계에 있다(민법 제665조 제2항). 따라서 도급인이 공사대금을 지급하지 않는 동안은 수급인이 목적물을 인도하지 않더라도 이행지체에 해당되지 않으므로 지체상금이 발생하지 않는다.

| 판례 |

● 　　　　공사 현장을 인도받은 날까지의 지체상금을 구하는 피고의 주장에 목적물의 인도 지연으로 인한 손해배상을 구하는 취지가 포함되어 있다고 하더라도, 원고도 미지급 공사대금을 수령할 때까지는 이 사건 건물의 인도를 거절할 수 있다고 할 것이므로, 원고에게 인도 지연으로 인한 손해배상 책임이 발생한다고 보기 어렵다(대법원 95다38066, 38073 판결).

사례 03

지체상금의 면제 사유 여부

| **쟁점** | 이례적으로 잦은 강우 혹은 혹한 등의 날씨 관계로 약정한 준공 기한을 넘겼다는 것이 불가항력의 사유인가?

| **해결** | 이와 같은 사유는 지체상금의 면제 사유인 불가항력이 아니다.

불가항력의 사유란?

● 수급인이 책임질 수 없는 사유로 인하여 준공 기한을 넘긴 경우에도 지체상금이 발생하는가? 표준 도급계약서나 공사 계약 일반 조건 등에는 불가항력이나 수급인의 귀책사유가 없는 경우에는 수급인에게 지체상금을 지급할 의무가 없다고 정하고 있어 크게 문제되지는 않는다.

그렇지만 이러한 면제 사유를 정하지 않은 경우에는 어떤가? 의견이 엇갈리고 있지만, 특별히 지체상금의 발생 요건을 정하지 않았더라도 지체상금의 지급을 요구하기 위해서는 수급인의 귀책사유가 필요하다. 따라서 불가항력이나 준공 기한을 넘긴 것에 수급인의 귀책사유가 없다면, 지체상금은 발생하지 않는 것으로 해석된다.

수급인이 약정한 준공 기한을 넘겼다고 해서 언제나 지체상금을 지급할 의무가 있는 것은 아니다. 약정된 준공 기한을 넘겼더라도 수급인이 책임질 수 없는 사유로 인하여 준공 기한을 맞추지 못했다면 지체상금을 지급할 이유가 없는 것이다. 즉 천재지변이나 이에 준하는 경제 사정의 급격한 변동 등 불가항력으로 인하여 목적물의 준공이 지연되었다면, 수급인은 지체상금을 지급할 의무가 없는 것이다. 그래서 약정 준공 기한을 지키지 못한 수급인은 지체상금 지급 의무를 면하기 위하여 수급인이 책임질 수 없는 불가항력적인 사유로 인하여 준공 기한을 지키지 못했다고 항변하곤 한다.

그렇다면 어떤 사유로 준공기한을 맞추지 못한 경우에 천재지변이나 기타 불가항력으로 인하여 준공이 지연된 것으로 볼 것인가? 흔히 수급인들은 잦은 우천으로 인하여 실제로 공사할 수 있는 날이 예상보다 훨씬 적었다거나 철근과 같은 원자재 파동으로 인하여 자재를 수급하지 못해 공사를 지연된 경우까지도 지체상금을 면제받을 수 있는 것으로 생각한다. 실제로 지체상금을 둘러싼 건설 분쟁에서 흔히 수급인은 이례적으로 비가 내렸다거나 이례적인 폭설과 혹한으로 공사가 불가능했다는 등의 이유로 면책을 주장하지만, 법원에서는 거의 받아들이지 않는다.

| 판례 |

● 　　　천재지변이나 이에 준하는 경제 사정의 급격한 변동 등 불가

항력으로 인하여 목적물의 준공이 지연된 경우에 수급인은 지체상금을 지급할 의무가 없다고 할 것이지만, ① 상고 이유에서 주장하는 이른바 IMF 사태 및 그로 인한 자재 수급의 차질 등은 그와 같은 불가항력적인 사정이라고 볼 수 없고, ② 일반적으로 수급인이 공사 도급계약상 공사 기간을 약정함에 있어서는 통상 비가 와서 통상적으로 작업하지 못하는 상황까지 감안하고 이를 계약에 반영하는 점에 비추어 볼 때, 천재지변에 준하는 이례적인 강우가 아니라면 지체상금의 면책 사유로 삼을 수 없다고 할 것인데, 기록에 의하여 살펴보면, 동절기의 이상 강우로 인하여 이 사건 공사가 어느 정도 지연되었을 것으로 보이지만, 그것이 공사 기간 내에 공사 진행을 도저히 할 수 없는 천재지변에 준하는 불가항력적인 이상 강우라고 볼 만한 자료는 찾기 어려우므로, 그것을 가지고 지체상금의 감액 사유로 삼을 수 있을지언정 지체상금의 면책 사유로 삼을 수는 없다고 할 것이고, ③ 그 밖에 피고들의 부당한 시공 요구 및 공사 수행의 간섭 등으로 인하여 이 사건 공사가 중단되거나 지연되었다는 원고의 주장에 대하여는 원심이 적법하게 배척한 증거들 외에는 기록상 이를 인정할 만한 자료를 찾아볼 수 없다(대법원 2001다1386 판결).

귀책사유와 입증 책임

> | 쟁점 | 공사 완성의 지연에 귀책사유가 없다는 점에 대한 입증 책임은 누구에게 있는가?
>
> | 해결 | 지체의 책임을 면하려는 수급인이 자신에게 귀책사유가 없다는 점을 입증해야 한다.

수급인의 입증 책임

●   수급인이 책임질 수 없는 사유로 인하여 공사가 지연된 경우에는 그 기간에 해당하는 일수에 대해서는 지체상금을 지급하지 않아도 되는데, 이러한 이유로 수급인이 지체 책임을 면하기 위해서는 단순히 불가항력적인 사유로 공사가 지연되었다는 주장만으로는 부족하다. 수급인 자신이 불가항력적인 사유로 공사가 지연되었다는 점을 입증해야 하는 것이다. 대법원도 아래 판례에서 알 수 있듯이 수급인에게 입증 책임이 있는 것으로 보고 있다.

● 　　　수급인이 책임질 수 없는 사유로 인하여 공사가 지연된 경우에는 그 기간만큼 지체 일수에서 제외되어야 할 것이나, 지체 일수가 공제되는 수급인에게 책임지울 수 없는 사유란 공사 도급계약에서 예상하지 못하였던 사정이 발생하였고, 그 사정으로 인하여 일정한 기간 동안 예정된 공사를 진행할 수 없어 공사의 지연이 불가피하였음을 입증하였어야 하는 것이지, 단지 어떤 사유가 수급인의 귀책사유와 경합하여 공사 기간이 연장될 가능성만 있는 때에는 배상 예정액의 감액에서 고려할 수 있을 뿐이다(대법원 2003다60136 판결).

지체상금의 시기와 종기

| **쟁점** | 공사 도급계약이 중도에 해제된 경우, 지체상금은 일이 실제로 완성된 날까지 부과되는가?

| **해결** | 지체상금이 발생하는 기간은 계약을 해제할 수 있었던 때를 기준으로 도급인이 다른 업자에게 의뢰하여 같은 건물을 완공할 수 있었던 시점까지이다.

지체상금의 시기와 종기

● 　수급인이 지체상금을 지급할 의무가 있는 경우, 지체상금을 지급해야 하는 일수는 어떻게 계산하는가? 그 시기와 종기의 문제이다. 지체상금의 시기, 즉 지체상금이 부과되기 시작하는 일자는 당연히 약정된 준공 기일 다음날이 된다. 수급인이 준공 기한을 넘겨 공사를 완성한 경우는 물론, 수급인이 완공 기한 내에 공사를 완성하지 못한 채 완공 기한을 넘긴 상태에서 도급계약이 해제된 경우에도 지체상금의 발생 시기(始期)는 완공 기한 다음날인 것이다.

대법원도 수급인이 완공 기한 내에 공사를 완성하지 못한 채 완공 기한을 넘겨 도급계약이 해제된 경우에 지체상금의 발생 시기(始期)는 완공 기한 다음날이라는 점을 분명하게 밝히고 있다. '수급인이 완공 기한 내에 공사를 완성하지 못한 채 완공 기한을 넘겨 도급계약이 해제된 경우에 있어서 지체상금의 발생 시기(始期)는 완공 기한 다음날이다(대법원 2001다1386 판결).'

　그렇다면 종기(終期)는 어떤가? 여기서 종기는 '공사 완공일'이다. 당초의 도급계약이 해제되지 않은 채 수급인이 약정 기한을 넘겨 공사를 완성한 경우라면, 실제로 공사를 완성한 날이 종기가 되는 것이 당연하다.

　공사 도급계약이 중도에 해제된 경우는 어떤가? 수급인이 완공 기한 내에 공사를 완성하지 못한 채 완공 기한을 넘긴 상태에서 도급계약이 해제되어 다른 수급인이 나서 공사를 완성한 경우에도 실제로 공사가 완료된 날까지를 지체 일수로 보아야 하는가? 만약 이렇게 해석한다면 수급인에게 지나치게 불리한 결과가 발생할 수 있다. 도급인이 수급인과의 계약을 뒤늦게 해제하여 공사 완공을 늦추게 할 수도 있기 때문이다.

　이처럼 불합리한 점을 없애기 위해서 대법원은 공사 도급계약의 종기를 수급인이나 도급인이 건물을 준공할 때까지 무한히 계속되는 것으로 볼 수 없다고 하여 다음과 같이 해석한다.

　'종기는 수급인이 공사를 중단하거나 기타 해제 사유가 있어 도급인이 이를 해제할 수 있었을 때(현실로 도급계약을 해제한 때가 아니다)를 기준으로 하여 도급인이 다른 업자에게 의뢰하여 같은 건물을 완공할 수 있었던 시점이다(대법원 2000다19410 판결).'

| 판례 |

●   이 사건의 경우에 있어서와 같이 약정된 기일 이전에 그 공사의 일부만을 완료한 후 공사가 중단된 상태에서 약정 기일을 넘기고, 그 후에 도급인이 계약을 해제함으로써 일을 완성하지 못한 것이라고 하여 지체상금에 관한 위 약정이 적용되지 아니한다고 할 수는 없을 것이고, 다만 이와 같은 경우에 있어서 그 지체상금 발생의 시기는 특별한 사정이 없는 한 약정 준공일 익일인 1983. 7. 1.이 될 것이나 그 종기는 원고나 피고가 건물을 준공할 때까지 무한히 계속되는 것이라고 할 수 없고, 원고가 공사를 중단하거나 기타 해제 사유가 있어 피고가 이를 해제할 수 있었을 때(실제로 해제한 때가 아니고)부터 피고가 다른 업자에게 의뢰하여 이 사건 건물을 완성할 수 있었던 시점까지로 제한되어야 할 것이다(대법원 88다카6273, 88다카6280 판결).

＊ 위 판결에서 원고는 도급인이며 피고는 수급인이다.

●   수급인이 완공 기한 내에 공사를 완성하지 못한 채 완공 기한을 넘겨 도급계약이 해제된 경우에 있어서 그 지체상금 발생의 시기(始期)는 완공 기한 다음날이고, 종기(終期)는 수급인이 공사를 중단하거나 기타 해제 사유가 있어 도급인이 이를 해제할 수 있었을 때를 기준으로 하여 도급인이 다른 업자에게 의뢰하여 같은 건물을 완공할 수 있었던 시점이므로(대법원 1999. 10. 12. 선고 99다14846 판결 참조), 이 사건에서 원고의 귀책사유로 인하여 공사가 지체된 기간은 완공 기한 다음날부터 원고가 공사를 중단할 때까지의 기왕에 원고에 의하여 지체된 기간(1997. 10. 16.부터 1997. 10. 25.까지)과 원고의 공사 중단에 따라 피고가 원고에 대하여 상당한 기간을 정하여 공사 도급계약의 이행

을 최고하여 원고의 공사 거절의 의사를 확인하고 다른 공사업자에게 공사를 맡길 때까지의 상당한 기간(1997. 10. 26.부터 1997. 10. 31.까지) 및 다른 공사업자가 적절하게 공사를 완공함에 소요된 기간(1997. 11. 1.부터 1997. 12. 5.까지)을 모두 포함하여 1997. 10. 16.부터 1997. 12. 5. 까지의 51일로 봄이 옳다(대법원 2000다56112 판결).

지체상금 과다 여부의 판단 기준

> | 쟁점 | 지체상금이 과다한지 여부는 어떤 기준으로 판단하는가?
> --
> | 해결 | 지체상금 총액을 기준으로 하여 지체상금이 과다한지 여부를 판단해야 한다.

지체상금 과다 여부에 대한 판단 기준과 방법

●　　　　　지체상금을 계약 총액에 지체상금률을 곱하여 산출하기로 정한 경우, 지체상금의 과다 여부는 지체상금률 그 자체를 가지고 판단하는가 아니면 계약 총액에 지체상금률을 곱하고 다시 지체일수를 곱하여 산출된 지체상금 총액을 기준으로 하여 판단하여야 하는가? 이에 관해 대법원 판례는 지체상금 총액을 기준으로 하여 지체상금이 과다한지 여부를 판단해야 한다고 본다.

그렇다면 손해배상액의 예정에 해당되는 지체상금이 부당하게 과다한 경우란 어떤 의미이고, 부당하게 과다한지 여부는 어떻게 판단할 것인가?

이에 관해서 대법원은 '손해배상액의 예정이 부당하게 과다한지의 여부는 계약 당사자의 지위, 계약의 목적과 내용, 손해배상액을 예정한 동기, 실제 손해와 그 예정액의 대비, 그 당시의 거래 관행 및 경제 상태 등 제반 사정을 참작하여 일반 사회인이 납득할 수 있는 범위를 넘는지의 여부에 따라 결정해야 한다(대법원 95다24975 판결 등)'라고 판시하였다.

따라서 판례는 지체상금 과다 여부의 판단 기준으로 ① 계약 당사자의 각 지위, ② 계약의 목적 및 내용, ③ 손해배상액을 예정한 동기, ④ 채무액에 대한 예정액의 비율, ⑤ 예상 손해액의 크기, ⑥ 그 당시의 거래 관행 등을 판단의 기준으로 제시하고 있다.

민사소송에서는 일반적으로 자신에게 유리한 사실은 소송 당사자가 주장하지 않으면 법원에서 인정받지 못하는데, 지체상금이 부당하게 과다하다는 사실도 당사자가 적극적으로 주장해야만 감액될 수 있을까? 그렇지 않다. 대법원은 지체상금액이 부당하게 과다한 것으로 인정될 경우 법원은 소송 당사자가 적극적으로 그 사실을 주장하지 않더라도 직권으로 감액할 수 있다고 보는 것이다.

지체상금의 과다 여부를 판단하는 기준 시점은?

● 　　손해배상의 예정액이 부당하게 과다한지 여부와 그에 대한 적당한 감액의 범위를 판단하는 데 있어서는 법원이 구체적으로 그 판단을 하는 때, 즉 '사실심의 변론 종결 당시'를 기준으로 할 것이다.

● 지체상금을 계약 총액에 지체상금률을 곱하여 산출하기로 정한 경우, 민법 제398조 제2항에 의하면 손해배상액의 예정액이 부당히 과다한 경우에 법원은 적당히 감액할 수 있다고 규정되어 있고, 여기의 손해배상의 예정액이란 문언상 그 예정한 손해배상액의 총액을 의미한다고 해석되므로, 손해배상의 예정에 해당하는 지체상금의 과다 여부는 지체상금 총액을 기준으로 하여 판단하여야 하고(대법원 1996. 4. 26. 선고 95다11436 판결 참조), 손해배상 예정액이 부당하게 과다한 경우에는 법원은 당사자의 주장이 없더라도 직권으로 이를 감액할 수 있으며, 여기서 '부당히 과다한 경우'라고 함은 채권자와 채무자의 각 지위, 계약의 목적 및 내용, 손해배상액을 예정한 동기, 채무액에 대한 예정액의 비율, 예상 손해액의 크기, 그 당시의 거래 관행 등 모든 사정을 참작하여 일반 사회 관념에 비추어 그 예정액의 지급이 경제적 약자의 지위에 있는 채무자에게 부당한 압박을 가하여 공정성을 잃는 결과를 초래한다고 인정되는 경우를 뜻하는 것으로 보아야 하고, 한편 위 규정의 적용에 따라 손해배상의 예정액이 부당하게 과다한지 및 그에 대한 적당한 감액의 범위를 판단하는 데 있어서는 법원이 구체적으로 그 판단을 하는 때, 즉 사실심의 변론 종결 당시를 기준으로 하여 그 사이에 발생한 위와 같은 모든 사정을 종합적으로 고려하여야 할 것이나(대법원 1999. 4. 23. 선고 98다45546 판결, 대법원 2000. 7. 28. 선고 99다38637 판결 등 참조), 위와 같은 사정을 고려하더라도 지체상금이 부당하게 과다하다고 인정되지 아니하는 경우에는 이에 대하여 당사자의 주장이 없다면 법원이 직권으로 지체상금이 부당하게 과다하지 않다는 것을 판단할 필요까지는 없다고 할 것이다(대법원 200다54536 판결).

관급 공사에 대한 지체상금의 감액 가능성

| **쟁점** | 지체상금이 과다하다면 관급 공사의 경우도 감액할 수 있는가?

| **해결** | 관급 공사에 대해서도 지체상금이 과다하면 법원은 감액할 수 있다.

국가 계약상 지체상금도 감액 가능

● 지체상금 약정에 따라 산정한 지체상금액이 부당하게 과다하다고 인정되는 경우에 법원은 적당히 감액할 수 있다. 그것은 지체상금 약정의 성격을 손해배상액의 예정으로 보고 민법 제398조 제2항을 적용하기 때문이다.

그렇다면 관급 공사의 경우에도 지체상금의 약정을 손해배상액의 예정으로 보고 민법 제398조 제2항을 근거로 적당하게 감액할 수 있을까? 국가를 당사자로 하는 계약에 관한 법률이나 지방자치단체를 당사자로 하는 계약에 관한 법률이 적용되는 관급 공사의 경우에는 사인 간의 도급계약과 달리 지체상금이 부당하게 과다한 경우에도 법원이 적당하게 감액할 수 있는가?

대법원은 국가 계약 관련법이 적용되는 계약도 그 본질은 사인 간의 계약과 다를 바가 없다는 점을 분명히 하고 있다.

'국가를 당사자로 하는 계약에 관한 법률의 규정은 국가와 사인 간의 계약 관계에서 관계 공무원이 지켜야 할 계약 사무 처리에 관한 필요한 사항을 정한 국가의 내부 규정에 불과할 뿐만 아니라, 동법이 적용되는 계약도 그 본질은 사인 간의 계약과 다를 바가 없으므로, 그 법령에 특별한 규정이 있는 경우를 제외하고는 사법의 규정 내지 법 원리가 그대로 적용된다(대법원 2002다73852 판결)'라고 판시한 바 있다.

그래서 관급 공사에 관한 도급계약에 대해서도 사법의 규정 내지 법원리가 그대로 적용되므로, 국가 계약 법령 소정의 지체상금에 관한 규정이 손해배상액의 예정으로 인정되는 이상 그 예정액이 부당히 과다한 경우에는 민법 제398조 제2항에 의하여 법원은 적당히 감액할 수 있다고 보는 것이다.

| 판례 |

● 　　　　구 예산회계법 제94조(1995. 1. 5. 법률 제4868호로 삭제되기 전의 것), 같은 법 시행령 제129조(1995. 7. 6. 대통령령 제14710호로 삭제되기 전의 것), 계약 사무 처리 규칙(1995. 7. 6. 총리령 제511호로 폐지되기 전의 것) 제75조 제1호의 각 규정에 의하면 중앙 관서의 장 또는 그 위임을 받은 공무원은 계약 상대자가 계약상의 의무를 지체한 때에는 지체상금으로서, 물품의 제조 및 구매에 대하여는 계약 금액에 1,000

분의 1.5의 비율과 지체 일수를 곱한 금액을 계약 상대자로 하여금 현금으로 납부하게 하도록 규정되어 있는 바, 이 규정은 국가와 사인 간의 계약 관계에서 관계 공무원이 지켜야 할 계약 사무 처리에 관한 필요한 사항을 규정한 것으로서 국가의 내부 규정에 불과할 뿐만 아니라, 그 본질적인 내용은 사인 간의 계약과 다를 바가 없어 위 법령에 특별한 규정이 있는 경우를 제외하고는 사법의 규정 내지 법 원리가 그대로 적용된다고 할 것이므로, 위 법령 소정의 지체상금에 관한 규정이 손해배상액의 예정으로 인정되는 이상 그 예정액이 부당히 과다한 경우에는 민법 제398조 제2항에 의하여 법원은 적당히 감액할 수 있다고 보아야 할 것이다(대법원 95다11436 판결).

지체상금의 감액과 과실상계의 적용 여부

> | 쟁점 | 지체상금을 감액하면서 별도로 과실상계를 할 수 있는 가?
>
> | 해결 | 과실상계는 불필요하다.

과실의 중복 참작 여부

●   지체상금 약정은 손해배상액의 예정으로 추정되므로, 법원은 지체상금 약정이 부당하게 과다하다고 인정하는 경우 적당하게 감액할 수 있다. 공사 지체에 도급인의 과실이 개입되어 있는 경우 지체상금의 감액과는 별도로 도급인의 과실을 참작하여 감액할 수 있는가? 이에 대해 대법원은 약정 지체상금을 적당하게 감액하는 이상 별도로 과실상계를 할 필요는 없다고 판단한다.

● 　　조달청이 체결하는 물품 구매계약의 일반 조건 및 특수 조건
에서 정부 측 사정으로 인하여 납품이 지연된 경우에는 그 해당 일수
의 지체상금은 면제된다는 취지의 규정이 있고, 구 예산회계법시행령
제129조 제1항 후문(현 국가를 당사자로 하는 계약에 관한 법률 시행령
제74조 제1항 후문)에서도 수급인이 책임질 수 없는 사유로 이행이 지
연된 경우에는 그 해당 일수만큼 지체상금을 공제할 수 없다는 취지의
규정을 두고 있다 할지라도, 그 지체상금이 손해배상의 예정으로 인정
되어 이를 감액함에 있어서는 채무자가 계약을 위반한 경위 등 제반
사정이 참작되므로 손해배상액의 감경에 앞서 채권자의 과실 등을 들
어 따로 감경할 필요는 없다(대법원 99다57126 판결).

지체상금과 함께 규정된 계약 보증금의 성격

| 쟁점 | 지체상금과 계약 이행 보증금이 함께 약정되어 있다면, 도급인은 지체상금과 계약 이행 보증금은 무조건 몰취할 수 있는가?

| 해결 | 위약벌로 인정되지 않으면 전액 몰취할 수 없다.

계약 보증금의 성격

● 　　　대부분의 공사 도급계약에서는 계약 보증금과 지체상금을 함께 규정하고 있다. 민간 건설 공사 표준 도급계약서도 그렇고, 공공 공사에 적용되는 공사계약 일반 조건의 경우도 그렇다.

이처럼 공사 도급계약서에 지체상금 규정뿐만 아니라 계약 이행 보증금의 규정도 함께 있는 경우에 수급인이 제때에 공사를 완료하지 아니한 상태에서 수급인의 귀책사유로 계약이 해제되었을 때, 도급인은 계약 이행 보증금을 위약벌로 인정하여 무조건 몰취할 수 있는가?

과거 대법원 판례는 도급계약에 있어 계약 이행 보증금과 지체상금의 약정이 있는 경우에는 특별한 사정이 없는 한 '계약 이행 보증금'은 '위약벌'로, '지체상금'은 '손해배상의 예정'으로 보았다. 계약 이행 보증금을 위약벌로 본다면, 도급인으로서는 계약 이행 보증금을 위약벌로서 전액 몰취하고 이와 별도로 지체상금을 손해배상으로 주장할 수 있을 것이다.

그러나 근래의 판례는 그렇게 기계적으로 보지 않고 있다. 요즘은 도급계약에 있어 계약 이행 보증금과 지체상금의 약정이 있는 경우에도 계약 이행 보증금을 쉽게 위약벌로 인정하지 않는다. 계약 보증금이 손해배상액의 예정인지 위약벌인지는 구체적 사건에서 개별적으로 결정할 의사 해석의 문제이고, 계약 보증금이 위약벌로 해석되기 위해서는 특별한 사정이 주장·입증되어야 한다는 것이다. 오히려 근래의 판례에서는 계약 이행 보증금을 위약벌이 아닌 손해배상의 예정으로 보는 경우가 일반적이다. 따라서 계약 보증금이 부당하게 과다하다고 인정되는 경우에는 법원이 적당히 감액할 수 있다.

ㅣ판례ㅣ

● 도급계약서 및 그 계약 내용에 편입된 약관에 '수급인의 귀책사유로 인하여 계약이 해제된 경우에는 계약 보증금이 도급인에게 귀속한다'는 조항이 있는 경우, 그 계약 보증금이 손해배상액의 예정인지 위약벌인지는 도급계약서 및 위 약관 등을 종합하여 개별적으로 결정할 의사 해석의 문제이고, 위약금은 민법 제398조 제4항에 의하여 손해배상액의 예정으로 추정되므로 위약금이 위약벌로 해석되기 위해서는 특별한 사정이 주장·입증되어야 하는 바, 도급계약서에 계

약 보증금 외에 지체상금도 규정되어 있다는 점만을 이유로 하여 계약 보증금을 위약벌이라고 보기는 어렵다 할 것이다(대법원 2004다40597 판결).

성질상 분할 가능한 공사의 지체상금

| 쟁점 | 성질상 분할 가능한 공사의 일부를 도급인이 사용하고
있다면 지체상금 부과의 기준 금액은 어떻게 되는가?

| 해결 | 사용하는 부분에 상당한 금액을 계약 금액에서 공제한
금액을 기준으로 지체상금을 부과한다.

인수 또는 사실상 사용 부분의 제외

● 　　약정 준공 기한을 지키지 못하면 지체상금은 반드시 전체 계약 금액에 지체 일수와 지체상금률을 곱하여 계산해야 할까? 예컨대, 3개 동으로 이루어진 건축물 공사에 대한 도급계약이 있는데, 그 중 1개 동만 준공 기한을 지키지 못하고 나머지 동은 기한 내에 준공하여 건축주에게 넘겨주었다면 어떻게 될까?

지체상금을 약정할 때 지체상금을 산정하는 기준 금액에 대하여 보통은 약정한 공사대금 전액을 기준으로 한다. 하지만 그렇지 않은 경우가 있는데, 특히 관급 공사의 경우 이에 관한 명시적인 규정이 있다.

국가를 당사자로 하는 계약에 관한 법률 시행령 제74조 제2항이 그러한 규정이다. 즉 기성 부분에 대하여 검사를 거쳐 이를 인수하는 경우(인수하지 아니하고 관리·사용하는 경우를 포함한다)에는 그 부분에 상당하는 금액을 계약 금액에서 공제한 금액을 기준으로 지체상금을 계산하도록 하되, 인수는 성질상 분할할 수 있는 공사에 대한 완성 부분에 한정한다.

같은 내용이 재정경제부 회계예규인 '공사계약 일반 조건' 제25조 제2항에도 규정되어 있다. 지방자치단체를 당사자로 하는 계약에 관한 법률 시행령 제90조 제2항과 행정자치부 예규인 '공사계약 일반 조건'에도 같은 내용이 있다.

이 규정을 좀 더 알기 쉽게 앞의 예를 가지고 설명한다면, 3개 동 가운데 2개 동은 도급인이 인수하여 본래의 용도에 맞게 사용하고, 나머지 1개 동만 약정 준공 기한을 지키지 못했다면 전체 계약 금액이 아니라 1개 동의 계약 금액이 지체상금을 계산하는 기준이 된다는 것이다.

이 조항이 실제로 문제가 된 사례가 있다. S건설은 N교육청으로부터 초등학교 교실 및 운동장 신축 공사를 도급받아 준공 기한 내에 교실과 운동장을 인도해 주고, N교육청은 이를 인도받아 초등학교를 개교하였다. 다만, 진입로 공사가 약정 준공 기한보다 10일 정도 늦어졌다. 이에 대하여 N교육청이 전체 계약 금액을 기준으로 지체상금을 부과하자 S건설은 위 조항을 근거로 진입로 공사 부분에 해당하는 계약 금액을 기준으로 지체상금을 계산해야 한다며 소송을 제기했다. 교실과 운동장은 실제로 인수하여 사용하고 있으므로 쟁점은 진입로 부분의 공사가 성질상 분할 가능한 것인가 하는 점이었다.

법원은 N교육청이 교실 및 운동장을 인수하여 사용·관리하였으며,

위 부분과 시공되지 않은 나머지 진입로 부분은 성질상 분할할 수 있다고 판단하며 N건설의 손을 들어주었다(의정부지방법원 2002가단 57256 공사대금 판결).

비슷한 사례가 또 하나 있다. B건설은 A시로부터 상수도관 교체 공사를 도급받아 약정 준공 기한 이내에 통수 시험까지 마쳤다. A시는 교체된 상수도관을 이용하여 수돗물을 공급하고 있다. 그런데 A시 공무원은 B건설이 상수도관 교체 공사에 부수된 공사인 도로 포장 등의 마무리 공사를 기한 내에 마치지 못했다며 전체 공사금액에 대하여 지체상금을 부과하였다.

이에 대해서도 법원은 건설 회사의 손을 들어주었다. 통수 시험까지 마치고 교체된 상수도관을 이용하여 수돗물을 공급하는 이상 실제로 기성 부분을 인수하여 사용·관리하고 있으므로, 지체상금을 부과해서는 안 된다고 판단한 것이다(이 사례는 1심에서는 건설사가 패소했지만, 항소심에서는 건설사의 항소를 인용하는 취지로 조정이 성립된 사안이다).

정리하면 성질상 분할 가능한 공사 부분을 기성 부분으로 인수한 경우, 수급인이 약정 준공 기한을 지키지 못했더라도 지체상금은 인수한 부분을 제외한 나머지 공사 부분에 대해서만 부과해야 한다는 것이다.

준공 기한 전 해제와
지체상금 약정의 존속

| **쟁점** | 수급인이 약정한 준공 기일 이전에 공사의 일부만을 완료한 후 공사가 중단된 상태에서 약정 기일을 넘기고, 그 후에 도급인이 계약을 해제한 경우에도 지체상금 약정이 적용되는가?

| **해결** | 준공 기한 이전에 계약이 해제되더라도 지체상금 약정은 영향이 없다.

준공 기한 전에 해제된 경우 지체상금 약정의 효력

●　　공사 도급계약이 중도에 해제되는 경우가 적지 않은데, 수급인이 약정한 준공 기일 이전에 공사의 일부만을 완료한 후 공사가 중단된 상태에서 약정 기일을 넘기고, 그 후에 도급인이 계약을 해제한 경우에도 지체상금 약정이 적용되는가? 또는 수급인이 약정한 준공 기일 이전에 공사의 일부만을 완료한 후 공사가 중단된 상태에서 계약이 해제되었지만, 다른 수급인이 원래 약정된 기한 내에 공사를 완성하지 못한 경우에도 지체상금에 관한 약정이 적용된다고 할 수 있는가? 또

한 공사 도급계약이 수급인의 채무 불이행을 이유로 법정 해제된 경우에도 지체상금 약정이 적용되는가?

지체상금 약정은 수급인이 약정한 기간 내에 공사를 완공하지 아니한 경우는 물론 수급인의 귀책사유로 인하여 도급계약이 해제되고, 그에 따라 도급인이 수급인을 다시 선정하여 공사를 완공하느라 완공이 지체된 경우에도 적용된다는 것이 대법원의 확고한 태도이다.

| 판례 |

●   건물 신축의 도급계약은 그 건물의 준공이라는 일의 완성을 목적으로 하는 계약으로서, 그 지체상금에 관한 약정은 수급인이 이와 같은 일의 완성을 지체한데 대한 손해배상액의 예정을 한 것이라고 보아야 할 것이므로, 수급인이 약정된 기간 내에 그 일을 완성하여 도급인에게 인도하지 아니하는 한 특별한 사정이 있는 경우를 제외하고는 지체상금을 지급할 의무가 있게 되는 것이라고 보아야 할 것이고, 이 사건의 경우에 있어서와 같이 약정된 기일 이전에 그 공사의 일부만을 완료한 후 공사가 중단된 상태에서 약정 기일을 넘기고, 그 후에 도급인이 계약을 해제함으로써 일을 완성하지 못한 것이라고 하여 지체상금에 관한 위 약정이 적용되지 아니한다고 할 수는 없을 것이고, 다만 이와 같은 경우에 있어서 그 지체상금의 발생 시기는 특별한 사정이 없는 한 약정 준공일 익일인 1983. 7. 1.이 될 것이나 그 종기는 원고나 피고가 건물을 준공할 때까지 무한히 계속되는 것이라고 할 수 없고, 원고가 공사를 중단하거나 기타 해제 사유가 있어 피고가 이를 해제할 수 있었을 때(실제로 해제한 때가 아니고)부터 피고가 다른 업자에게 의

뢰하여 이 사건 건물을 완성할 수 있었던 시점까지로 제한되어야 할 것이고, 또 원고가 책임질 수 없는 사유로 인하여 공사가 지연된 경우에는 그 기간만큼 공제되어야 할 것이며, 그렇게 하여 산정된 지체상금액이 부당히 과다하다고 인정되는 경우에는 법원이 민법 제398조 제2항에 의하여 적당히 감액할 수 있다고 보아야 할 것이다(대법원 88다카6273, 6280 판결).

● 　　　도급계약에 있어서 지체상금 약정의 적용 범위를 정하는 것은 도급계약에 나타난 당사자 의사의 해석 문제로서, 당사자의 의사가 명확하지 아니한 경우, 그 약정의 내용과 약정이 이루어지게 된 동기 및 경위, 당사자가 이로써 달성하려는 목적, 거래의 관행 등을 종합적으로 고려하여 보고, 특히 건설 공사 도급계약의 경우 지체상금 약정을 하는 것은 공사가 비교적 장기간에 걸쳐 시행되기 때문에 그 사이에 공사의 완성에 장애가 되는 사정이 발생할 가능성이 많으므로, 이러한 경우에 대비하여 도급인의 손해액에 대한 입증 곤란을 덜고 손해배상에 관한 법률 관계를 간이화 할 목적이라는 점을 감안하여 당사자의 의사를 합리적으로 해석한 다음 그 적용 여부를 결정하여야 한다.

　　같은 취지에서 원심이 이 사건 지체상금 약정은 소외 회사가 약정한 기간 내에 공사를 완공하지 아니한 경우는 물론 소외 회사의 귀책사유로 인하여 도급계약이 해제되고, 그에 따라 원고가 수급인을 다시 선정하여 공사를 완공하느라 완공이 지체된 경우에도 적용된다고 판단한 것은 옳다(대법원 96다6158 판결).

지체상금 부과가 부당한 경우

> | 쟁점 | 공사의 완공이 불가능할 정도로 공기 단축을 요구하였다
> 가 그 단축된 준공 기한 위반을 이유로 지체상금의 지급
> 을 요구할 수 있는가?
>
> | 해결 | 준공 기한을 앞당기기로 하는 위 합의는 준공에 절대적
> 으로 필요한 최소한의 기간에 해당하는 지체상금 부분에
> 한하여 무효이다.

준공에 필요한 최소한의 공사 기간 보장

●　　　공기에 쫓겨 돌관 작업까지 했는데도 약정한 준공 기한을 맞
추지 못했다면, 그대로 지체상금을 부과 받아야 하는가? 도급인이 우
월적 지위를 이용하여 아예 공사의 준공이 불가능한 기일을 준공기한
으로 약정한 경우에도 지체상금을 물어야 한다면, 형평의 원칙에서 벗
어난다. 따라서 대법원은 애초에 불가능한 공사 기간을 강요했다가 준
공 기한을 어겼다고 지체상금을 부과하는 것은 선량한 풍속, 기타 사
회질서에 위반되어 무효라고 본다. 이에 관한 사례를 살펴보면 다음과

같다.

원고와 피고는 당초의 입찰 참가 통지나 낙찰 후 도급계약 체결시 이 사건 공사 기간을 착공 후 300일로 하여 준공 기한을 약정하였다. 원고는 이 사건 공사 기간을 300일로 예상하여 입찰에 참가하고, 공사 계획을 수립하여 시공 중이었다. 그런데 피고 측의 일방적인 요구로 공사 기간을 210일 정도로 단축하게 되었다. 피고가 행사에 지장이 없도록 준공되어야 한다는 이유로 일방적으로 공기를 단축하여 원고에게 통보한 것이다. 그러나 이 사건 공사에 가장 적절한 공사 기간은 공사 기간이 동절기와 겹치는 점 등을 참작할 때, 약 279일 내지 298일 정도이다. 공사 기간을 단축할 당시 이 사건 공사의 기성 공정률은 67.1%에 불과했다.

이러한 사실 관계에 기초하여 원심은 원고에게 지체상금을 부과한 피고의 조치가 정당하다고 판단하였다. 원고가 전문 건설 회사로서 이 사건 공사가 조기에 완공되어야 한다는 사실을 잘 알고 있었고, 공시 기한의 변경에 맞추어 모든 서류를 작성하고 공사대금을 청구 수령해 온 점 등을 참작해 볼 때, 당초의 준공 기한을 약 석 달 앞당긴 합의가 선량한 풍속, 기타 사회질서에 반하는 무효의 법률행위라고는 하기 어렵다고 판단한 것이다.

그러나 대법원의 판단은 달랐다. 대법원은 우선 이 사건 공사가 단축된 준공 기한 내에 준공될 수 있는 것인지가 매우 의심스럽다고 보았다. 나아가 준공이 물리적으로 가능하다고 할지라도 준공 기한을 앞당기는 것이 총체적으로 부실 공사를 강요하지 않는 것으로 단정하기도 어렵다고 보았다.

그러면서 대법원은 애초에 불가능한 공사 기간을 강요했다가 준공 기한을 어겼다고 지체상금을 부과하는 것은 선량한 풍속, 기타 사회질서에 위반된다고 판단한 뒤, 준공에 절대적으로 필요한 최소한의 기간에 해당하는 지체상금 부분에 한하여 무효라고 판시하였다.

| 판례 |

● 　　도급인의 지위에 있는 행정기관인 피고가 당초의 입찰이나 계약 체결시에 약정한 공사 기간을 그 후 행정상의 이유로 일방적으로, 수급인이 당초 전혀 예상하지 못했을 정도로 상당한 기간의 단축을 요구하여 수급인인 원고로 하여금 이에 부득이 응하게 한 경우에, 그와 같이 공사 기간을 단축할 당시에 있어서의 기성 공정률에다가 그 공사의 완공에 필요한 총기간 및 남은 공사 기간 등을 참작하여 그 단축된 기간 내에 공사를 준공하는 것이 물리적으로 불가능하거나 총체적으로 부실 공사를 강요하는 것이 될 수밖에 없는 사정이라면, 당초의 지체상금에 관한 약정을 그대로 적용하여 위와 같이 준공이 불가능할 정도로 단축된 준공 기한을 기준으로 일률적으로 계산한 지체 일수 전부에 대하여 당초의 약정에 의한 지체상금의 배상을 그대로 물게 하는 것은 선량한 풍속, 기타 사회질서에 비추어 허용할 수 없는 것이라 할 것이고, 따라서 준공 기한을 앞당기기로 하는 위 합의는 준공에 절대적으로 필요한 최소한의 기간에 해당하는 지체상금 부분에 한하여 무효라고 할 것이다(대법원 97다2221 판결).

입주 지연과 지체상금

| 쟁점 | 입주 지연에 따른 지체상금을 산정할 때 중도금 납부를 연기한 일수만큼 공제하는 것이 타당한가?

| 해결 | 형평에 맞는 것이다.

지체상금의 산정 방법은?

● 　　　공동 주택의 입주 지연에 따른 지체상금을 산정할 때, 분양자가 중도금의 납부를 연기해 준 사정이 있다면, 수분양자들로서는 연기된 기간만큼 중도금에 대한 이자 상당액의 이득을 보게 되는 것이므로, 입주 지연에 따른 지체상금을 산정할 때 이를 고려하는 것이 형평에 맞다. 즉 입주 지연 일수에서 중도금 납부 연기 일수를 공제하는 방법으로 고려하는 것이 가능하다.

　한편 대법원은 반드시 이와 같은 방법만이 옳은 것은 아니고 예정된 지체상금액을 감액하는 방식으로 고려하는 것도 가능하다고 본다. 그래서 입주 지연 일수에서 중도금 납부 연기 일수를 공제하지 않고 약정 지체상금을 산정한 뒤 30%를 감액한 것을 위법하다고 볼 수 없다고 판단하였다.

|판례|

●　주택건설업자가 당초 아파트 분양 계약시 정해진 중도금 납부 기일을 연기해 주어 수분양자들이 연기된 기일에 중도금을 납부한 경우, 중도금 납부 기일의 연기가 주택건설업자의 귀책에 의한 입주 지연으로 말미암은 것이라고 하더라도, 수분양자들로서는 연기된 기간만큼 중도금에 대한 이자 상당액의 이득은 보게 되는 것이므로 입주 지연 지체상금의 산정에 있어 이를 고려하는 것이 형평에 맞을 것이고, 구 주택공급에 관한 규칙(1995. 11. 6. 건설교통부령 제39호로 개정되기 전의 것) 제27조 제3항, 제4항과 같이 수분양자들이 이미 납부한 입주금에 대하여 수분양자들의 입주금 납부 지체의 경우에 적용되는 연체율을 입주 지연 기간에 적용하는 방식으로 입주 지연 지체상금을 산정하는 때에는 그 고려의 한 방법으로 중도금 연기 일수를 입주 지연 일수에서 공제하는 방식도 수긍할 수 있다 할 것이나, 반드시 위와 같은 방식으로 고려해야만 하는 것은 아니고, 예정된 지체상금액을 감액하는 방식으로 고려하더라도 경험칙과 공평의 원칙에 비추어 현저히 불합리하지 않는 한, 이를 위법하다고 볼 수는 없다(대법원 2005다 59475, 59482, 59499 판결).

계약 해제

08

공사 완료 전 도급인의 해제권

> **| 쟁점 |** 다른 계약과 마찬가지로 수급인의 귀책사유가 없으면 도
> 급인도 공사 도급계약을 해제할 수 없는가?
>
> **| 해결 |** 공사를 완성하기 전이라면, 도급인은 일방적으로 계약을
> 해제할 수 있다.

도급계약에 특유한 해제 사유

무릇 계약은 지켜져야 한다. 그래서 일단 체결된 계약은 쉽게 해제할 수 없다. 계약의 구속력에서 벗어나기 위해서는 상호 합의하여 계약을 해제하거나(합의 해제), 약정 또는 법률에 정한 해제 사유가 발생해야 계약을 해제할 수 있다. 계약의 당사자는 자기의 책임 하에 계약의 구속력을 받아들인 이상 그 구속력에서 함부로 벗어날 수 없도록 한 것이다.

그런데 도급계약의 경우에는 다른 계약과 달리 특유한 해제 사유가 인정되고 있다. 즉 '수급인이 일을 완성하기 전에는 도급인은 손해를

배상하고 계약을 해제할 수 있다'는 민법 제673조의 규정이 그것이다. 계약은 어느 일방이 임의로 해제할 수 없는 것이 원칙이다. 그런데도 도급계약은 특별한 이유가 없더라도 도급인이 일방적으로 계약을 해제할 수 있다.

이렇게 도급인에게 일방적인 해제권을 인정한 것은 계약 성립 후에 도급인이 일의 완성을 원하지 않는 경우에 군이 계약을 강제하여 일을 완성하는 것은 도급인에게 무의미하고 사회경제적으로도 낭비가 될 수 있기 때문이다. 다만, 도급인에 의한 일방적인 계약 해제로 인하여 수급인은 손해를 볼 수도 있기 때문에 도급인은 손해를 배상할 의무를 지게 된다. 또한 계약의 해제는 언제까지나 인정되는 것이 아니라 일의 완성 전까지만 인정된다.

도급인이 배상해야 할 손해는 무엇인가? 도급계약의 해제와 상당한 인과관계에 있는 모든 손해이다. 통상 수급인이 이미 공사에 지출한 비용 및 공사를 완성했더라면 얻었을 이익을 합한 금액에서 공사를 중지함으로써 절약하게 되는 비용을 공제한 금액을 손해로써 배상해야 할 것이다.

민법 제673조로 근거로 도급계약을 해제한 도급인은 수급인에 대한 손해배상에 있어서 과실상계나 손해배상 예정액의 감액을 주장할 수 있을까?

특별한 사정이 없는 한 도급인은 수급인에 대한 손해배상에 있어서 과실상계나 손해배상 예정액의 감액을 주장할 수는 없다. 도급계약의 특수성으로 인하여 도급인에게 일방적으로 계약해제권을 부여한 것에 더하여 과실상계까지 인정한다면, 아무런 귀책사유도 없는 수급인에게 심히 균형을 잃은 가혹한 처사가 될 것이다.

손익상계는 어떻게 될까? 수급인의 손해액을 산정할 때 손익상계는 적용해야 하는가?

채무 불이행이나 불법행위 등이 채권자 또는 피해자에게 손해가 발생하는 동시에 이익을 가져다 준 경우에는 공평의 관념상 그 이익은 당사자의 주장을 기다리지 아니하고 손해를 산정함에 있어서 공제되어야만 하는 것이므로, 민법 제673조에 의하여 도급계약이 해제된 경우에도 손익상계는 적용되어야 한다.

| 판례 |

●   민법 제673조에서 도급인으로 하여금 자유로운 해제권을 행사할 수 있도록 하는 대신 수급인이 입은 손해를 배상하도록 규정하고 있는 것은 도급인의 일방적인 의사에 기한 도급계약 해제를 인정하는 대신, 도급인의 일방적인 계약 해제로 인하여 수급인이 입게 될 손해, 즉 수급인이 이미 지출한 비용과 일을 완성하였더라면 얻었을 이익을 합한 금액을 전부 배상하게 하는 것이라 할 것이다. 따라서 위 규정에 의하여 도급계약을 해제한 이상은 특별한 사정이 없는 한, 도급인은 수급인에 대한 손해배상에 있어서 과실상계나 손해배상 예정액의 감액을 주장할 수는 없다.

채무 불이행이나 불법행위 등이 채권자 또는 피해자에게 손해를 생기게 하는 동시에 이익을 가져다 준 경우에는 공평의 관념상 그 이익은 당사자의 주장을 기다리지 아니하고 손해를 산정함에 있어서 공제되어야만 하는 것이므로, 민법 제673조에 의하여 도급계약이 해제된 경우에도 그 해제로 인하여 수급인이 그 일의 완성을 위하여 들이지 않게 된 자신의 노력을 타에 사용하여 소득을 얻었거나 또는 얻을 수 있었음에도 불구하고, 태만이나 과실로 인하여 얻지 못한 소득 및 일의 완성을 위하여 준비하여 둔 재료를 사용하지 아니하게 되어 타에 사용 또는 처분하여 얻을 수 있는 대가 상당액은 당연히 손해액을 산정함에 있어서 공제되어야 한다(대법원 2000다37296, 37302 판결).

공사 도급계약 해제의 소급효 제한

> | 쟁점 | 공사 도급계약이 중도에 해제되면 수급인은 공사대금을
> 받을 수 없는가?
> ---
> | 해결 | 해제 시점까지의 기성 대가는 지급받을 수 있다.

공사 도급계약에 특유한 소급효의 제한

● 　　　　공사 도급계약도 계약인 이상 약정 해제 사유 또는 법정 해제 사유가 발생하면 해제할 수 있다. 계약이 해제되는 때에는 계약 관계가 소급적으로 해소되고, 계약의 당사자는 상대방에 대하여 원상회복 의무를 부담하게 된다(민법 제548조). 즉 계약이 해제되면 소급적으로 계약이 없었던 것과 같은 상태로 복귀하게 되는 것이다. 그러므로 매매계약이 해제된 경우에 매수인은 인도받은 물건을 매도인에게 반환해야 하고, 매도인은 매수인으로부터 받은 매매대금을 반환해야 한다.

　그렇다면 건축 공사 도중 도급인이 수급인의 채무 불이행을 이유로 도급계약을 해제한 경우의 법률관계도 일반적인 계약의 해제와 같을

까? 만약 공사 도급계약이 해제된 효과가 일반 계약의 해제와 같다면 해제의 소급효로 인하여 수급인은 해제 시점까지 시공된 부분을 철거해야 하는 것은 물론이고, 이미 수령한 공사대금을 도급인에게 반환해야 할 것이다.

이미 시공된 공사 부분을 철거하는 것은 사회경제적으로 커다란 낭비일 뿐만 아니라, 수급인에게 지나치게 가혹한 처사가 아닐 수 없다. 이런 이유로 공사 도급계약이 해제되는 경우의 법률관계는 일반적인 계약의 해제와 다르다.

건축 도급계약은 해제되더라도 소급효가 제한되고, 계약은 해제의 시점부터 실효되게 된다. 그래서 수급인의 채무 불이행을 이유로 도급인이 그 도급계약을 해제한 때에는 미완성 부분에 대해서만 도급계약이 실효되고, 결과적으로 기성 부분에 대한 계약의 효력은 유지된다. 따라서 이 경우 수급인은 해제한 때의 상태 그대로 그 건물을 도급인에게 인도하면 되고, 이미 시공한 부분을 철거할 의무에서 벗어날 수 있다. 도급인은 이미 시공한 부분을 인수받아야 하고, 그 건물의 완성도 등을 참작하여 인도받은 건물에 상당한 보수를 지급해야 할 의무가 있다.

| 판례 |

●　　　　건축 도급계약에 있어서 미완성 부분이 있는 경우라도 공사가 상당한 정도로 진척되어 그 원상회복이 중대한 사회적, 경제적 손실을 초래하게 되고, 완성된 부분이 도급인에게 이익이 되는 경우에 수급인의 채무 불이행을 이유로 도급인이 그 도급계약을 해제한 때에는 그

미완성 부분에 대해서만 도급계약이 실효된다고 보아야 할 것이고, 따라서 이 경우 수급인은 해제한 때의 상태 그대로 그 건물을 도급인에게 인도하고, 도급인은 그 건물의 완성도 등을 참작하여 인도받은 건물에 상당한 보수를 지급해야 할 의무가 있다(대법원 85다카1751 판결).

공사 도급계약 해제시
소급효가 인정되는 사례

> | **쟁점** | 공사 도급계약이 해제되는 경우는 언제나 소급효가 제한
> 되는가?
> -
> | **해결** | 소급효가 제한되는 것은 예외적이며, 소급효가 인정되는
> 경우도 있다.

소급효 제한의 예외

●   공사 도급계약이 중도에 해제된 경우 언제나 소급효가 제한
되는가? 만약 시공한 부분의 공사가 조잡하여 이미 완성된 부분이 도
급인에게 이익이 되기는커녕 철거가 불가피한 경우에도 소급효가 제
한된다면, 오히려 도급인에게 불공평한 결과가 초래될 것이다. 도급인
은 자신에게 아무런 이익도 되지 않기 때문에 이미 시공한 부분의 철
거비용까지 떠맡으면서 수급인에게는 기성 대가를 지급해야 하는 모
순이 발생할 것이다.

그렇기 때문에 소급효가 제한되는 것은 예외적인 경우에 한정된다.

대법원 판례도 공사 도급계약의 소급효가 제한되는 것은 공사가 상당한 정도로 진척되어 그 원상회복이 중대한 사회적, 경제적 손실을 초래하게 되고 완성된 부분이 도급인에게 이익이 되는 경우에 한정된다는 취지로 판시하고 있다. 완성된 부분이 도급인에게 이익이 되지 않는 경우에, 공사 도급계약은 장래를 향해서만 실효되는 것이 아니라 해제의 소급효로 인하여 소급적으로 실효된다고 판시하였다.

| 판례 |

● 　　　건축 공사가 상당한 정도로 진척되어 그 원상회복이 중대한 사회적, 경제적 손실을 초래하게 되고 완성된 부분이 도급인에게 이익이 되는 경우에는 도급인이 그 도급계약을 해제하는 경우에도 그 계약은 미완성 부분에 대해서만 실효되고, 수급인은 해제한 때의 상태 그대로 그 건물을 도급인에게 인도하고, 도급인은 완성 부분에 상당한 보수를 지급해야 한다는 것이 당원의 견해이다.

그러므로 완성된 부분이 도급인에게 이익이 되지 않는 경우에는 위의 견해가 그대로 적용될 수 없다고 할 것이고, 도급인이 완성된 부분을 바탕으로 하여 다른 제3자에게 공사를 속행시킬 수 없는 상황이라면 완성 부분이 도급인에게 이익이 된다고 볼 수 없을 것이므로, 건물 외벽의 수선을 내용으로 하는 이 사건 공사계약에 무조건 소급효를 제한하는 위 견해의 결론만을 적용할 수는 없다 할 것이다(대법원 92다30160 판결).

공사 도급계약의 해제를 위한 최고

| 쟁점 | 상대방의 이행지체를 이유로 공사 도급계약을 해제하기 위해서도 최고가 필요한가?

| 해결 | 최고가 필요하다.

최고의 필요성

도급계약도 계약인 이상 계약 일반의 해제 사유가 적용된다. 따라서 도급계약도 이행지체나 이행불능과 같은 채무 불이행이 있으면 계약을 해제할 수 있다. 즉 채무 불이행이 있으면 당사자 사이에 특별히 약정한 해제 사유가 없더라도 계약을 해제할 수 있는데, 그것을 '법정 해제'라고 한다.

그래서 수급인이 약정한 공사 기한을 경과하고도 공사 완공을 지체할 경우, 도급인은 수급인에 대하여 상당한 기간을 정하여 이행을 최고하고, 그 기간 내에 이행이 없으면 이행지체를 이유로 공사 도급계약을 해제할 수 있다. 즉 수급인이 준공 기한을 넘긴 경우에 도급인은 일정 기간 내에 공사를 마치도록 독촉하고, 그 기간 내에 공사를 마치지 못하면 공사 도급계약을 해제할 수 있는 것이다.

또한 수급인이 공사를 완료할 능력이 명백하게 없거나(이행불능) 아예 공사를 포기하겠다는(이행의 거절) 의사를 분명히 한 경우에도 도급인은 공사 도급계약을 해제할 수 있다.

이행지체를 이유로 계약을 해제하기 위해서는 상대방에게 상당한 기간을 정하여 이행을 최고하여야 한다(민법 제544조). 이행불능이나 이행을 거절한 경우에는 최고 없이 곧바로 해제할 수 있다(민법 제546조).

| 판례 |

● 　　　수급인의 이행지체를 이유로 한 도급계약의 해제도 다른 계약의 해제와 마찬가지로 도급인이 상당한 기간을 정하여 이행을 최고하였음에도 불구하고, 수급인이 그 이행을 하지 아니하거나 수급인이 미리 이행하지 아니할 것을 표시한 경우라야 적법하다(대법원 93다45480, 45497 판결).

이행불능과 최고의 요부

| 쟁점 | 수급인이 약정 준공 기한에 공사를 완공하는 것이 명백
한데도 최고가 필요한가?

| 해결 | 상대방이 이행을 거절하는 의사표시를 분명하게 한 경우
를 제외하고는 최고가 필요하다.

이행불능이라도 최고가 필요

● 　　　이행지체를 이유로 계약을 해제하기 위해서는 상대방에게
상당한 기간을 정하여 이행을 최고해야 하지만(민법 제544조), 이행불
능이나 이행을 거절한 경우에는 최고 없이 곧바로 해제할 수 있다(민법
제546조). 공사 도급계약의 경우에도 이행불능을 이유로 계약을 해제
할 때 최고를 요하지 않을까?

대법원은 공사 도급계약에 대해서는 다른 계약과 다르게 본다. 대법
원은 수급인이 미리 이행하지 아니할 의사를 표시한 때에는 최고 없이
도 계약을 해제할 수 있지만, 수급인의 공사 중단이나 공사 지연으로

인하여 약정된 공사 기한 내의 공사 완공이 불가능하다는 것이 명백해
진 경우에도 최고가 필요하다고 본다. 도급인은 수급인에 대하여 약정
한 준공 기한으로부터 상당한 기간 내에 완공할 것을 최고하고, 그래
도 공사를 이행하지 않으면 공사 도급계약을 해제할 수 있는 것이다.

| 판례 |

● 　　　공사 도급계약에 있어서 수급인의 공사 중단이나 공사 지연
으로 인하여 약정된 공사 기한 내의 공사 완공이 불가능하다는 것이
명백해진 경우에는 도급인은 그 공사 기한이 도래하기 전이라도 계약
을 해제할 수 있지만, 그에 앞서 수급인에 대하여 위 공사 기한으로부
터 상당한 기간 내에 완공할 것을 최고하여야 하고, 다만 예외적으로
수급인이 미리 이행하지 아니할 의사를 표시한 때에는 위와 같은 최고
없이도 계약을 해제할 수 있다(대법원 96다21393, 21409 판결).

합의 해제시 손해배상

> | 쟁점 | 어느 당사자 일방의 채무 불이행이 있는 경우에는 계약
> 을 합의 해제하더라도 귀책사유 있는 상대방에게 채무
> 불이행을 이유로 손해배상을 청구할 수 있는가?
>
> | 해결 | 당사자 일방이 상대방에게 손해배상을 하기로 특약하거
> 나 손해배상 청구를 유보하는 의사표시를 하는 등 특별
> 한 사정이 있어야 손해배상을 청구할 수 있다.

합의 해제

● 　　　공사 도급계약은 당사자의 합의로 해제할 수 있다. 공사 도급계약을 해제하기로 하는 별도의 계약에 의해 기존 계약의 구속력에서 서로 벗어나는 것이다. 해제에 관한 합의는 당사자의 의사가 명시적으로 합치되는 경우뿐만 아니라 묵시적인 의사의 합치를 통해서도 성립할 수 있다. 명시적으로 당사자가 계약을 해제하기로 합의한 경우에는 문제가 없지만, 묵시적인 합의에 의한 해제 여부를 판단하는 것

은 쉽지 않다.

어떤 경우에 계약이 묵시적 합의에 의하여 해제된 것으로 볼 수 있는 가? 이에 대하여 대법원이 제시하는 기준은 이렇다.

'계약 당사자 쌍방이 합의에 의하여 기존 계약의 효력을 소멸시켜 당초부터 계약이 체결되지 않았던 것과 같은 상태로 복귀시킬 것을 내용으로 하는 계약의 합의 해제는 당사자 쌍방의 묵시적인 의사표시에 의하여도 성립될 수 있는 것이지만, 당사자 쌍방이 계약을 이행하지 아니한 채 장기간 방치하였다고 하더라도 그와 같은 사유만으로 당사자 쌍방의 계약을 실현하지 아니할 의사의 합치로 계약이 묵시적으로 합의 해제되었다고 볼 수는 없고, 당사자 쌍방이 계약을 실현할 의사가 있었는지의 여부는 계약이 체결된 후의 여러 가지 사정을 종합적으로 고려하여 판단해야 한다(대법원 93다19030 판결).'

따라서 매매계약 후 대금 일부가 지급된 상태에서 당사자 쌍방이 장기간에 걸쳐 잔대금 지급 의무나 소유권 이전등기 의무를 이행하지 않고 이를 방치하였다 하더라도, 그 계약이 묵시적으로 합의 해제되었다고 할 수 없다.

'매매계약을 체결한 후 그 대금의 일부가 지급된 상태에서 당사자 쌍방이 장기간에 걸쳐 잔대금을 지급하지 아니하거나 소유권 이전등기 절차를 이행하지 아니함으로써 이를 방치하였다고 하여도, 그와 같은 사유만으로는 그 계약이 당사자 쌍방의 계약을 실현하지 아니할 의사의 일치로 보아 묵시적으로 합의 해제되었다고 할 수 없고, 계약 당사자 쌍방이 계약을 실현할 의사가 있었는지 여부는 계약 후의 여러 가지 정황을 종합적으로 고찰하여 판단하여야 한다(대법원 92다10197, 92다10203 판결).'

그러므로 단순히 장기간 동안 당사자 쌍방이 계약의 이행을 방치했다는 사정만으로는 계약이 합의 해제된 것으로 인정되지 않는다. 장기간 계약이 이행되지 않는 것이 당사자 쌍방 모두에게 계약을 이행하려는 의사에 기인한 것으로 인정되어야 하는 것이다.

명시적이든 묵시적이든 합의에 의해 계약을 해제하는 경우에는 계약을 지속시킬 수 없는 사정이 있을 수밖에 없는데, 어느 일방의 잘못으로 인한 경우가 흔하다. 공사 수행 능력이 부족하여 공기를 맞추지 못한다거나 계약 조건을 어기고 품질이 떨어지는 자재를 사용하는 경우 등 계약 관계를 지속하기 어려운 사정이 있는 것이다. 이런 경우라면 합의 해제가 아니라도 채무 불이행을 이유로 해제할 수도 있는 것이다.

이렇게 어느 당사자 일방의 채무 불이행이 있는 경우에는 계약을 합의 해제하더라도 귀책사유 있는 상대방에게 채무 불이행을 이유로 손해배상을 청구할 수 있는가? 대법원은 원칙적으로 부정한다. 당사자 일방이 상대방에게 손해배상을 하기로 특약하거나 손해배상 청구를 유보하는 의사표시를 하는 등 특별한 사정이 있어야 손해배상을 청구할 수 있다는 것이다.

그러므로 공사 도급계약을 해제하더라도 어떤 사유로 해제하는 것인지를 분명히 해야 한다. 상대방의 책임을 추궁하여 손해배상을 청구하기 위해서는 채무 불이행을 이유로 해제한다는 뜻을 분명히 하거나 합의에 따라 해제하더라도 손해배상 청구권은 포기하지 않겠다는 뜻을 분명히 해두어야 한다.

●   계약이 합의 해제된 경우에는 그 해제 시점에 당사자 일방이 상대방에게 손해배상을 하기로 특약하거나 손해배상 청구를 유보하는 의사표시를 하는 등 다른 사정이 없는 한, 채무 불이행으로 인한 손해배상을 청구할 수는 없다(대법원 86다카1147, 86다카1148 판결).

합의 해제 시점에서 기성 대가의 지급 의무

> | **쟁점** | 보수 지급에 관한 약정 없이 공사를 합의 해제한 경우에 반드시 공사대금을 지급할 의무가 있는가?
>
> | **해결** | 합의 해제의 경우, 도급인이 언제나 공사대금 지급 의무를 면하는 것은 아니다.

사례 해설

● 　　　　수급인은 도급인으로부터 건물 신축 공사 중 건물 외부석 공사를 도급받았는데, 공사대금은 1억 원으로 하고 석종(石種)은 운천석으로 하여 광택이 나도록 시공하기로 하였다. 수급인이 도급받은 외부석 공사에 착공하여 공정이 약 55%에 이르렀을 무렵 도급인은 수급인에게 시공된 외부석의 색상이 균일하지 못하다면서 공사 포기를 요구하고, 이미 시공한 공사대금까지도 주지 못하겠다고 주장하는 바람에 분쟁이 발생했다.

수급인은 공사대금을 포기하지 못하겠다고 버티다가 도급인에게

'본인은 공사를 계약하고 시공하는 도중 석종은 동일한 운천석이나 색상을 균일하게 시공할 수 없으므로(원석 조달 불능) 본 공사를 포기합니다'라는 내용의 공사 포기서를 작성하여 제출했다. 기성고 공사금에 관하여는 당사자 사이에 특별히 합의한 바 없는 상태에서 수급인은 공사를 중단하였다. 그 이후 도급인은 수급인이 시공한 부분을 모두 철거하고 새로이 외부석 공사를 시행하여 공사를 완공하였다. 이 경우 도급인은 수급인에게 기성 대가를 지급할 의무가 있는가?

이 사례에서 공사 도급계약은 도급인과 수급인 쌍방의 합의에 의하여 해제되었다. 이와 같은 사례에서는 합의 해제가 아니더라도 도급인은 수급인의 채무 불이행을 이유로 공사 도급계약을 해제할 수도 있을 것이며, 채무 불이행을 이유로 해제되었다면 손해배상이 문제될 수 있는 사안이다. 하지만, 이 사례는 도급인이 특별히 수급인의 채무 불이행을 문제 삼지 않고 공사 포기를 요구한 데 대하여 수급인이 공사 포기에 동의함으로써 공사 도급계약이 합의 해제된 사례인 것이다.

이와 같은 사안에 대하여 원심법원은 당사자 사이의 공사 도급계약은 공사 포기서의 작성 교부 또는 이의 없는 중단으로 합의 해제되었으므로, 도급인은 수급인에게 약정 공사대금 중 기성고 비율에 상당한 금원을 지급할 의무가 있다고 판단하였다.

그렇지만 대법원은 이미 시공한 공사비를 지급하기로 하는 약정 없이 합의 해제된 이상, 원칙적으로는 이미 시공된 외부석 공사에 대한 보수를 지급할 의무가 있다고 할 수는 없다고 판단하였다.

그렇다고 합의 해제의 경우 도급인이 언제나 공사대금 지급 의무를 면하는 것은 아니다. 공사 도급계약의 특수성으로 인하여 이미 시공한 공사의 내용이 도급인에게 이익이 되는 한편, 철거가 사회경제적인 손실을 초래하는 경우에는 수급인의 귀책사유로 인하여 공사 도급계약이 중도에 해제되는 경우에도 해제의 소급효가 제한된다. 합의 해제의 경우에도 마찬가지이다.

따라서 수급인이 공사 중단 당시까지 시공한 공사가 상당한 정도로 진척되었기 때문에 그것을 철거하여 원상회복하는 것이 상당한 경제적 손실을 초래하게 되고, 또한 이미 완성한 공사 부분이 도급인에게 이익이 된다면 민법 제668조 단서의 취지나 신의칙에 비추어 도급인은 그 기성고에 상응하는 보수 지급 의무가 있다.

| 판례 |

●   공사 중단 당시 수급인과 도급인이 공사 중단 전에 시행된 공사에 대한 공사비를 지급하기로 약정하였다는 등 특별한 사정이 없는 한, 기성고 대금에 관하여는 언급하지 아니한 채 이후의 공사만을 포기하기로 수급인과 도급인이 상호 합의한 후 수급인이 도급인에게 공사 포기서를 작성 교부하고 공사를 중단했다는 사정만으로는 도급인이 수급인에게 공사 중단 이전에 이미 시공된 공사에 대한 보수를 지급할 의무가 있다고 할 수 없고, 다만 공사 중단 당시 공사가 상당한 정도로 진척되어 이를 철거하여 원상회복하는 것이 상당한 경제적 손실을 초래하게 되고, 또한 이미 완성한 공사 부분이 도급인에게 이익이 된다면, 민법 제668조 단서의 취지나 신의칙에 비추어 도급인은 수급인에게 기성고에 상응하는 보수 지급 의무가 있다(대법원 93다42320 판결).

법정 해제시 손해배상의 범위

> | 쟁점 | 수급인의 채무 불이행을 이유로 도급계약이 해제된 경우
> 수급인은 손해배상 의무가 있는가?
> --
> | 해결 | 상당인과관계에 있는 모든 손해를 배상할 의무가 있다.

수급인의 귀책사유로 인한 법정 해제의 효과

● 　　수급인의 귀책사유로 도급계약이 해제되더라도 해제의 소급효가 제한되어 수급인은 해제 당시의 기성고율 상당의 공사대금을 지급받을 수 있다. 그렇다고 채무 불이행 책임까지 면제되는 것은 아니다. 수급인은 공사 중단으로 인하여 도급인이 입은 손해를 배상해야 한다.

수급인은 채무 불이행과 상당인과관계가 있는 도급인의 모든 손해를 배상하여야 한다. 대법원은 수급인이 공사를 중단함으로써 도급인은 미시공 부분에 대하여 비용을 들여 다른 방법으로 공사를 시행할 수밖에 없고, 그 비용이 수급인과 약정한 공사대금보다 증가되는 경우

라면 증가된 공사비용 중 합리적인 범위 내의 비용은 수급인의 공사 도급계약 위반으로 인한 손해라고 한다.

또한 수급인이 공사를 중단하여 도급인이 제3의 시공자로 하여금 같은 규모의 공사를 하게 하였으나, 그 비용이 수급인과 약정한 공사대금보다 증가하게 되어 도급인의 자금 사정상 부득이 공사 규모를 축소하게 됨으로써 건축하지 못하게 된 부분에 관한 공사비용 중 합리적인 범위 내의 비용도 수급인의 채무 불이행으로 인한 손해라고 한다.

하지만 물가 상승으로 인하여 공사대금이 증액된 경우라도 도급계약상 물가 변동으로 인하여 증액되는 금액까지는 손해가 아니라고 본다.

| 판례 |

●   당초의 시공 회사가 공사를 중단함으로써 도급인이 미시공 부분에 대하여 비용을 들여 다른 방법으로 공사를 시행할 수밖에 없고, 그 비용이 당초 시공 회사와 약정한 공사대금보다 증가되는 경우라면 증가된 공사비용 중 합리적인 범위 내의 비용은 시공 회사의 공사 도급계약 위반으로 인한 손해라고 할 것이고, 당초의 시공 회사가 공사를 중단하여 도급인이 제3의 시공자로 하여금 같은 규모의 공사를 하게 하였으나 그 비용이 당초의 시공 회사와 약정한 공사대금보다 증가하게 되어 도급인의 자금 사정상 부득이 공사 규모를 축소하게 됨으로써 건축하지 못하게 된 부분에 관한 공사비용 중 합리적인 범위 내의 비용도 시공 회사의 채무 불이행으로 인한 손해라고 볼 수 있을 것이지만, 당초의 도급계약에서 공사가 진행되는 과정에서 물가 변동 등의 사유가 있으면 처음에 정하여진 공사대금의 증액이 예정되어 있어

서 비록 수급인의 귀책사유 때문에 공사가 중단되었다고 하더라도 그러한 공사중단과는 무관하게 물가변동으로 인한 공사대금의 증액사유가 발생하여 도급인으로서는 어차피 당초 약정된 공사대금을 증액 지급할 것을 회피할 수 없었던 경우라면, 그러한 공사대금의 증액으로 인하여 도급인에게 추가적인 경제적인 부담이 초래되었다고 하더라도 다른 특별한 사정이 없는 한, 이를 가리켜 수급인의 귀책사유와 상당인과관계가 있는 손해라고 보기는 어렵다고 할 것이다(대법원 2000다 31885 판결).

약정해제권 행사와 손해배상

> **| 쟁점 |** 약정해제권을 행사하여 도급계약을 해제하였지만, 수급
> 인의 귀책사유로 인한 법정해제권을 행사한 취지라면 손
> 해배상을 청구할 수 있는가?
>
> **| 해결 |** 도급인이 법정해제권을 행사한 것으로 보아 해제와 동시
> 에 손해배상을 청구할 수 있다.

약정해제권에 의한 해제의 효과

● 　　공사 도급계약에서는 계약의 해제 사유를 명기하고 그와 같
은 사유가 발생하면 계약자 어느 일방의 의사표시에 의하여 계약을 해
제할 수 있다는 약정해제권 조항이 있다. 약정해제권을 행사하여 계약
을 해제하는 때에는 상대방의 귀책사유에 따른 해제가 아니므로, 채무
불이행을 원인으로 하는 손해배상 채무는 발생하지 않는다.

그러나 약정해제권의 행사하는 사유가 동시에 법정 해제 사유에 해
당하는 경우도 있다. 이때에도 손해배상 책임이 발생하지 않는가?

이에 대하여 대법원은 해제권 유보 조항이 채무 불이행 이외의 별도의 해제권을 유보하는 특약이 아니라 법정해제권 발생 조항을 구체화한 것에 불과하고, 해제의 의사표시에서 법정해제권을 행사하는 것으로 해석되는 경우에는 손해배상을 청구할 수 있다고 판시하였다.

| 판례 |

●   기계 제작 및 설치 계약의 조항에 도급인의 해제권 발생 요건을 규정하고 있지만, 이는 모두 수급인의 귀책사유로 인한 채무 불이행의 경우에 도급인에게 해제권이 있다는 규정으로서 실질에 있어서는 채무 불이행 이외의 별도의 해제권을 유보하는 특약을 한 것이 아니라 채무 불이행으로 인한 법정해제권이 발생할 중요한 경우를 구체화한 것에 불과하고, 비록 도급인이 계약 해제 시점에 수급인에게 보낸 기계 설치 공사 해약 및 철거 통보서에 위 계약 조항을 들고 있기는 하지만, 그 전체적인 의미는 수급인의 귀책사유로 인하여 계약 목적을 달성할 수 없어 계약을 해제한다는 취지로 볼 수 있으므로, 도급인의 계약 해제는 기계 제작 및 설치 계약에 별도로 특별히 유보된 약정해제권의 행사에 의한 것이 아니라 채무 불이행을 이유로 한 법정해제권의 행사라고 보아야 할 것이고, 따라서 도급인은 해제와 동시에 채무 불이행으로 인한 손해배상을 청구할 수 있다(대법원 93다60632, 93다60649(반소) 판결).

도급인의 파산과 공사 도급계약의 해제

> **| 쟁점 |** 공사 도중 도급인이 파산한 경우 수급인은 계약을 해제할 수 있는가?
>
> -
>
> **| 해결 |** 도급인이 파산선고를 받으면 파산관재인뿐만 아니라 수급인도 계약을 해제할 수 있다.

도급인의 파산과 민법 제674조 특칙

●　　　공사 도급계약의 이행 도중 당사자 일방이 파산선고를 받는 경우가 있다. 이러한 때를 위하여 민법 제674조는 특별히 도급인이 파산한 경우의 법률관계에 관하여 규정하고 있는데, 도급인이 파산선고를 받은 때에는 수급인 또는 파산관재인은 계약을 해제할 수 있도록 허용하고 있다. 즉 도급인이 파산한 경우에는 파산관재인은 물론 수급인에게도 해제권을 부여한 것이다. 도급인의 파산선고로 수급인이 계약을 해제하면 수급인은 일의 완성된 부분에 대한 보수 및 보수에 포함되지 아니한 비용에 대하여 파산재단의 배당에 가입할 수 있다.

도급인의 파산선고를 이유로 계약을 해제하는 경우에는 수급인이나 도급인 어느 누구도 상대방에 대하여 계약 해제로 인한 손해의 배상을 청구할 수 없다.

한편 채무자 회생 및 파산에 관한 법률(이하 '채무자회생법'이라 함) 제335조에서는 쌍무계약의 당사자 일방이 파산선고를 받은 경우에 대하여 규정하고 있는데(이 법률이 제정되기 전에는 같은 내용이 파산법 제50조에 있었다), 쌍무계약에 관하여 채무자 및 그 상대방이 모두 파산선고 당시 아직 이행을 완료하지 아니한 때에는 파산관재인은 계약을 해제 또는 해지하거나 채무자의 채무를 이행하고 상대방의 채무이행을 청구할 수 있도록 규정하고 있다.

공사 도급계약도 쌍무계약에 속한다. 쌍무계약이란 자기 채무의 이행과 상대방 채무의 이행이 견련관계에 있는 것을 말하는데, 대부분의 유상계약은 서로의 의무가 맞물려 있는 쌍무계약이다.

어쨌든 채무자회생법이 그대로 공사 도급계약에도 적용된다면, 공사가 아직 완성되지 않은 상태에서 도급인이 파산선고를 받으면 파산관재인의 선택으로 계약을 해제하거나 계약을 해제하지 아니하고 수급인에게 공사를 계속하도록 요구할 수 있게 된다. 반면 민법의 규정은 도급인이 파산선고를 받게 되면 파산관재인 뿐만 아니라 수급인도 계약을 해제할 수 있다. 그러므로 민법과 채무자회생법의 관련 규정이 서로 충돌하게 된다. 채무자회생법에 따르면 파산관재인이 수급인에게 계약의 이행을 요구할 수 있기 때문에 수급인은 계약을 해제할 수 없는 것이 된다.

대법원은 도급인이나 위임의 당사자 일방이 파산선고를 받은 경우에는 당사자 쌍방이 이행을 완료하지 아니한 쌍무계약의 해제 또는 이행에 관한 파산법 제50조 제1항이 적용될 여지가 없다고 한다. 그래서 대법원은 민법 제674조가 채무자회생법 제335조의 특칙으로 보고, 도급인이 파산선고를 받은 경우에는 민법 제674조 제1항만이 적용된다고 한다. 따라서 도급인이 파산선고를 받게 되면 파산관재인만이 아니라 수급인도 계약을 해제할 수 있다. 이 도급계약의 해제는 장래에 향하여 도급의 효력을 소멸시킨다.

요컨대, 공사 도중 공사 도급인이 파산선고를 받게 되면 수급인은 공사 도급계약을 해제할 수 있으며, 이 경우 수급인은 그때까지의 기성 대가를 파산 채권으로 받을 수 있다는 것이다.

▌판례▌

●   도급인이나 위임의 당사자 일방이 파산선고를 받은 경우에는 당사자 쌍방이 이행을 완료하지 아니한 쌍무계약의 해제 또는 이행에 관한 파산법 제50조 제1항이 적용될 여지가 없고, 도급인이 파산선고를 받은 경우에는 민법 제674조 제1항에 의하여 수급인 또는 파산관재인이 계약을 해제할 수 있고, 위임의 당사자 일방이 파산선고를 받은 경우에는 민법 제690조에 의하여 위임계약이 당연히 종료된다고 할 것이며, 위와 같은 도급계약의 해제 및 위임계약의 종료는 그 각 조문의 해석상 장래에 향하여 도급 및 위임의 효력을 소멸시키는 것을 의미한다(대법원 2001다13624 판결).

수급인의 파산과 공사 도급계약의 처리

| 쟁점 | 공사 도중 수급인이 파산선고를 받으면 도급인은 공사 도급계약을 해제할 수 있는가?

| 해결 | 파산관재인은 계약을 유지할 수도 있고 해제할 수도 있다.

수급인이 파산한 경우의 공사 도급계약

● 　　　　쌍무계약에 관하여 파산자 및 그 상대방이 모두 파산선고 당시에 아직 그 이행을 완료하지 아니한 때에는 파산관재인은 그 선택에 따라 계약을 해제하거나 파산자의 채무를 이행하고 상대방의 채무 이행을 청구할 수 있다는 채무자 회생 및 파산에 관한 법률 제335조 제1항(구 '파산법' 제50조 제1항)의 규정은 수급인이 파산한 경우에도 적용되는가?

이 규정이 수급인이 파산한 경우에도 적용된다면, 공사를 아직 완성하지 못한 파산한 수급인(의 파산관재인)은 공사 도급계약을 해제할 수도 있지만, 계약을 해제하지 않고 공사를 계속하겠다고 주장할 수 있게 된다.

도급인이 파산한 경우에 관해서는 민법 제674조가 있어서 파산한 도급인(의 파산관재인)이 공사 도급계약을 해제하지 않고 계약의 지속을 원하더라도 도급인의 파산을 이유로 수급인이 계약을 해제할 수 있지만, 수급인이 파산한 경우에 관해서는 민법에 특별한 규정이 없다.

대법원은 수급인이 파산한 경우에 파산법 제50조(채무자 회생 및 파산에 관한 법률 제335조 제1항)의 적용을 부정하는 특별한 규정이 없는 이상 파산법 제50조가 적용될 수밖에 없다는 입장이다. 따라서 수급인(의 관재인)은 파산선고를 받더라도 계약을 해제하지 않고 자기 채무를 계속 이행하면서 상대방의 채무 이행을 요구할 수 있다. 쉽게 말하자면, 수급인은 공사를 계속하면서 공사대금을 청구할 수 있는 것이다.

그렇다고 수급인이 파산선고를 받은 경우에는 언제나 파산법 제50조가 적용되는 것은 아니다. 당해 도급계약의 목적인 일의 성질상 파산관재인이 파산자의 채무의 이행을 선택할 여지가 없는 때에는 파산법 제50조는 적용될 수 없다. 당해 도급계약의 목적인 일이 파산자 이외의 사람이 완성할 수 없는 성질의 것이기 때문에 파산관재인이 파산자의 채무 이행을 선택할 여지가 없는 때에는 파산법 제50조는 적용이 없다.

다시 말해서 오직 파산한 수급인만이 채무를 이행할 수 있고 파산한 수급인 이외의 다른 사람이 파산한 수급인의 채무를 대신 이행할 수 없는 예외적인 경우, 파산관재인은 파산한 수급인의 채무 이행을 선택하여 도급계약을 이행하겠다며 상대방인 도급인에게 보수 지급 채무의 이행을 청구할 수 없는 것이다.

●   파산법 제50조 제1항은 쌍무계약에 관하여 파산자 및 그 상대방이 모두 파산선고 당시에 아직 그 이행을 완료하지 아니한 때에는 파산관재인은 그 선택에 따라 계약을 해제하거나 파산자의 채무를 이행하고 상대방의 채무 이행을 청구할 수 있다고 규정하고 있는데, 이 규정은 쌍무계약에서 쌍방의 채무가 법률적·경제적으로 상호 관련성을 가지고, 원칙적으로 서로 담보의 기능을 하고 있는데 비추어 쌍방 미이행인 쌍무계약의 당사자 일방이 파산한 경우에 파산법 제51조와 함께 파산관재인에게 그 계약을 해제하거나 또는 상대방의 채무 이행을 청구하는 선택권을 인정함으로써 파산재단의 이익을 지키고, 동시에 파산관재인이 한 선택에 대응한 상대방을 보호하기 위한 취지에서 만들어진 쌍무계약의 통칙인 바, 수급인이 파산선고를 받은 경우에 도급계약에 관하여 파산법 제50조의 적용을 제외하는 취지의 규정이 없는 이상, 당해 도급계약의 목적인 일의 성질상 파산관재인이 파산자의 채무 이행을 선택할 여지가 없는 때가 아닌 한 파산법 제50조의 적용을 제외하여야 할 실질적인 이유가 없다.

따라서 '파산법 제50조는 수급인이 파산선고를 받은 경우에도 당해 도급계약의 목적인 일이 파산자 이외의 사람이 완성할 수 없는 성질의 것이기 때문에 파산관재인이 파산자의 채무 이행을 선택할 여지가 없는 때가 아닌 한 도급계약에도 적용된다고 할 것이다(대법원 2001다 24174, 24181 판결).'

하자 보수에 갈음한 손해배상 청구권의 재단채권 여부

> | **쟁점** | 도급인의 하자 보수에 갈음한 손해배상 청구권은 재단채권으로서 개별적인 추심이 가능한가?
>
> | **해결** | 하자 보수에 갈음하는 손해배상 청구권에 관해서는 파산채권으로서 파산재단에 가입하여 배당받을 수밖에 없다.

사례 해설

● A건설사(=수급인)는 도급인 B와의 사이에 B가 발주한 건축공사에 관한 도급계약을 체결하였다. A건설사는 도급받은 건물 및 옹벽 공사를 완공하여 준공 검사까지 마치고 도급인에게 건물을 인도해준 상태에서 법원으로부터 파산선고를 받았다. A건설사의 파산선고로 선임된 A건설사의 파산관재인이 도급인 B를 상대로 공사대금을 청구하자 도급인 B는 파산관재인을 상대로 건물에 하자가 존재한다며 하자 보수에 갈음하는 손해배상을 반소로 청구하고 있다. 이 반소청구가 타당한가?

파산선고가 되면 파산자의 채권자는 그 채권이 파산채권에 해당하면 직접 파산관재인에게 변제를 청구할 수 없고, 파산 절차에 따라 그 절차 내에서 변제받을 수 있을 뿐이며, 그 채권이 재단채권이면 파산 절차에 의하지 아니하고 직접 파산관재인을 상대로 변제를 청구할 수 있다. 그런데 도급인 B는 하자보수비 상당의 손해배상 채권을 파산채권으로 하여 파산재단에 가입한 뒤 청구하는 것이 아니라 파산 절차 외에서 직접 파산관재인에게 손해배상을 청구하고 있는 것이다. 파산관재인은 도급인 B에게 하자보수비 상당의 손해배상 의무가 있는가?

쌍무계약에 관하여 파산자 및 그 상대방이 모두 파산선고 당시에 아직 그 이행을 완료하지 아니한 때에는 파산관재인은 그 선택에 따라 계약을 해제하거나 파산자의 채무를 이행하고 상대방의 채무 이행을 청구할 수 있다는 채무자 회생 및 파산에 관한 법률 제335조 제1항(구 파산법 제50조 제1항)의 규정은 수급인이 파산한 경우에도 적용된다.

그렇다면, 건축 공사 도급계약에 있어서 수급인이 건물을 완공하여 인도한 후, 파산선고를 받은 경우에도 쌍방 미이행의 쌍무계약으로서 채무자 회생 및 파산에 관한 법률 제335조 제1항(구 파산법 제50조 제1항)이 적용되는가?

건축 도급계약에 있어서 동시이행의 관계에 있는 도급인의 공사대금 지급 의무와 수급인의 하자보수 의무가 각각 이행되지 못하고 있는 동안, 계약 당사자의 일방이 파산선고를 받은 경우 그 도급계약은 채무자 회생 및 파산에 관한 법률 제335조 제1항(구 파산법 제50조 제1항)의 쌍방 미이행 쌍무계약에 해당하는가?

채무자 회생 및 파산에 관한 법률 제335조 제1항(구 파산법 제50조 제1항)이 적용되면, 도급인의 하자 보수에 갈음한 손해배상 청구권은 채무자 회생 및 파산에 관한 법률 제473조 제7호(구 파산법 제38조 제7호)에 의해 재단채권이 된다. 채무자 회생 및 파산에 관한 법률 제473조 제7호는 동법 제335조 제1항의 규정에 의하여 파산관재인이 채무를 이행하는 경우에 상대방이 가지는 청구권은 재단채권에 해당한다고 규정하고 있다.

그러나 건축 공사의 도급계약에 있어서는 해제 당시 이미 그 공사가 완성되었다면, 특별한 사정이 있는 경우를 제외하고는 이제 더 이상 공사 도급계약을 해제할 수는 없다.

따라서 건축 공사의 수급인인 A건설사로서도 도급받은 건물을 완공하여 인도함으로써 이미 건축 공사 도급계약을 해제할 수 없게 된 이상, 도급인인 B에 대한 건축 공사 도급계약상의 채무를 전부 이행한 것으로 보아야 한다. A건설사가 수급인으로서의 채무를 모두 이행한 것이라면, 건축 공사 도급계약은 파산선고 당시에 쌍방 미이행의 쌍무계약이라고 할 수 없으므로 채무자 회생 및 파산에 관한 법률 제335조를 적용할 수 없다고 할 것이다.

요컨대, 건축 공사 도급계약에서 수급인이 건물을 완공하여 인도까지 마친 뒤 파산선고를 받았다면, 수급인은 도급인에 대한 도급계약상의 채무를 전부 이행한 것이다. 수급인 측에서 이미 자기 채무를 모두 이행한 상태에 도달되었으므로, 채무자 회생 및 파산에 관한 법률 제335조에서 말하는 아직 이행을 마치지 못한 쌍무계약이 아닌 것이다.

도급인으로서는 파산관재인의 공사대금 청구에 응한 뒤, 하자 보수에 갈음하는 손해배상 청구권에 관해서는 파산채권으로서 파산재단에 가입하여 배당받을 수밖에 없다.

● 　　　건축 공사의 도급계약에 있어서는 이미 그 공사가 완성되었다면, 특별한 사정이 있는 경우를 제외하고는 이제 더 이상 공사 도급계약을 해제할 수는 없다고 할 것인 바, 수급인이 파산선고를 받기 전에 이미 건물을 완공하여 인도함으로써 건축 공사 도급계약을 해제할 수 없게 되었다면, 도급인에 대한 도급계약상의 채무를 전부 이행한 것으로 보아야 하고, 그 도급계약은 파산선고 당시에 쌍방 미이행의 쌍무계약이라고 할 수 없으므로, 파산법 제50조를 적용할 수 없다고 할 것이다(대법원 2001다24174, 24181 판결).

집합건물의 하자와 계약의 해제

> | **쟁점** | 집합건물의 수분양자도 완성된 목적물의 하자로 인하여 계약의 목적을 달성할 수 없어도 계약을 해제할 수 없는가?
>
> | **해결** | 집합건물의 수분양자는 집합건물의 완공 후에도 분양 목적물의 하자로 인하여 계약의 목적을 달성할 수 없는 때에는 분양계약을 해제할 수 있다.

집합건물 분양계약과 민법 제668조 단서의 적용 여부

●   도급인은 완성된 목적물의 하자로 인하여 계약의 목적을 달성할 수 없는 때에는 계약을 해제할 수 있다. 그렇다면 완공된 건물에 발생한 하자로 인하여 계약의 목적을 달성할 수 없다면, 도급인은 이를 이유로 계약을 해제할 수 있는가? 만약 도급계약을 해제할 수 있다면 많은 비용을 들여 완성된 건물을 또 다시 비용을 들여 철거해야 할 것이다. 그렇게 되면 사회경제적 비용이 지나치게 커질 수 있고, 수급인에게 감당할 수 없는 타격이 될 수 있기 때문에 완성된 건물 및 토지

의 공작물에 대하여는 하자로 인하여 계약의 목적을 달성할 수 없더라도 계약을 해제할 수 없다(민법 제668조 단서).

그래서 난지도 쓰레기 처리장 건설 공사가 완공된 후 도급계약이 해제된 경우에 토목, 건축 공사의 기성고 부분에 대하여도 계약의 해제를 인정한다면, 수급인에게 과대한 손실을 주게 될 뿐만 아니라 해제의 결과 원상회복을 하게 되면 사회경제적 손실도 크므로, 민법 제668조 단서 규정의 취지나 신의칙에 비추어 도급계약 해제의 효력은 기계, 전기 공사 부분에 한하여 미칠 뿐이고, 토목·건축 공사의 기성고 부분에 대하여는 미치지 아니한다(대법원 92다41559 판결).

요컨대, 민법에서는 건물 기타 토지의 공작물에 대하여는 비록 하자로 인하여 계약의 목적을 달성할 수 없더라도 도급인에게 계약 해제권을 인정하지 않고 있다. 건물 기타 토지의 공작물의 경우에는 아무리 큰 하자가 있더라도, 그래서 심지어 계약의 목적을 달성할 수 없더라도 도급인은 계약을 해제하고 원상회복을 청구할 수는 없고, 하자 보수 청구 혹은 하자 보수에 갈음한 손해배상 청구권만을 행사할 수 있을 뿐이다.

이러한 민법상 수급인의 하자담보 책임의 법리가 집합건물에도 그대로 적용될까? 아파트와 같은 집합건물에 존재하는 하자로 인하여 계약의 목적을 달성할 수 없는 경우에도 수분양자는 민법상 도급인과 동일시되어 집합건물인 아파트를 분양한 분양자에 대하여 분양계약의 해제를 주장할 수 없는가?

집합건물의 분양계약에 있어서는 민법 제668조 단서가 준용되지 않고, 따라서 수분양자는 집합건물의 완공 후에도 분양 목적물의 하자로 인하여 계약의 목적을 달성할 수 없는 때에는 분양계약을 해제할 수 있다.

● 　　　집합건물의 소유 및 관리에 관한 법률 제9조 제1항이 위 법 소정의 건물을 건축하여 분양한 자의 담보 책임에 관하여 수급인에 관한 민법 제667조 내지 제671조의 규정을 준용하도록 규정한 취지는 건축업자 내지 분양자로 하여금 견고한 건물을 짓도록 유도하고, 부실하게 건축된 집합건물의 소유자를 두텁게 보호하기 위하여 집합건물 분양자의 담보 책임에 관하여 민법상 수급인의 담보 책임에 관한 규정을 준용하도록 함으로써 분양자의 담보 책임의 내용을 명확히 하는 한편 이를 강행 규정화한 것으로서 분양자가 부담하는 책임의 내용이 민법상 수급인의 담보 책임이라는 것이지 그 책임이 분양계약에 기한 것이라거나 아니면 분양계약의 법률적 성격이 도급이라는 취지는 아니며, 통상 대단위 집합건물의 경우 분양자는 대규모 건설업체임에 비하여 수분양자는 경제적 약자로서 수분양자를 보호할 필요성이 높다는 점, 집합건물이 완공된 후 개별분양계약이 해제되더라도 분양자가 집합건물의 부지사용권을 보유하고 있으므로 계약 해제에 의하여 건물을 철거해야 하는 문제가 발생하지 않을 뿐만 아니라, 분양자는 제3자와 새로 분양계약을 체결함으로써 그 집합건물 건축의 목적을 충분히 달성할 수 있는 점 등에 비추어 볼 때 집합건물의 소유 및 관리에 관한 법률 제9조 제1항이 적용되는 집합건물의 분양계약에 있어서는 민법 제668조 단서가 준용되지 않고, 따라서 수분양자는 집합건물의 완공 후에도 분양 목적물의 하자로 인하여 계약의 목적을 달성할 수 없는 때에는 분양계약을 해제할 수 있다(대법원 2002다2485 판결).

사례 14

턴키 도급계약에서 하자와 계약의 해제

> **| 쟁점 |** 턴키 방식의 자동화 설비 도급계약에서 계약의 본래 목적을 달성할 수 없는 경우, 중도금 지급 의무의 이행을 거부하고 곧바로 계약을 해제할 수 있는가?
>
> --
>
> **| 해결 |** 곧바로 계약을 해제할 수 있다.

턴키 도급계약과 계약의 해제

●   '이른바 설계시공 일괄 입찰(Turn-Key Base) 방식에 의한 도급계약이라 함은 수급인이 도급인이 원하는 공사 목적물의 설치 목적을 이해한 후, 그 설치 목적에 맞는 설계 도서를 작성하고 이를 토대로 스스로 공사를 시행하며, 그 성능을 보장하여 결과적으로 도급인이 의도한 공사 목적을 이루게 해야 하는 계약을 의미한다(대법원 92다41559 판결).'

이러한 턴키 도급계약에서 도급계약의 목적물에 중대한 하자가 발생하여 보수가 불가능하거나 적어도 상당 기간 내에는 상호 보완 및 수정 작업으로 해결할 수 없는 것으로 밝혀져 도급계약의 목적을 달성할 수 없다면, 곧바로 계약을 해제할 수 있다.

| 판례 |

● 설계시공 일괄 입찰 방식의 자동화 설비 도급계약에서 도급인의 중도금 지급 채무가 일시 이행지체의 상태에 빠졌다 하더라도, 당해 자동화 설비에 중대한 하자가 있어 시운전 성공 여부가 불투명하게 된 경우 도급인으로서는 자신의 대금 지급 의무와 대가 관계에 있는 시운전 성공 시점까지는 중도금 지급 의무의 이행을 거부할 수 있고, 그 하자가 중대하고 보수가 불가능하거나 보수가 가능하더라도 장기간을 요하여 계약의 본래 목적을 달성할 수 없는 경우에는 중도금 채무의 이행을 제공하지 않고 곧바로 계약을 해제할 수 있으며, 그러한 계약 해제는 신의칙에 반하지 아니한다(대법원 96다16650 판결).

| 공사대금 채권의 확보 |

09

유치권

| 쟁점 | 공사대금을 받지 못하여 유치권을 행사하려고 하는데, 채무자 소유의 물건에 대해서만 행사할 수 있는가?

| 해결 | 채무자 소유의 물건이 아니더라도 받고자 하는 채권이 그 물건과 관련해서 생겼으면 된다.

유치권이란?

공사대금을 확보하기 위해서 수급인이 행사할 수 있는 유력한 권리 중의 하나가 유치권이다. 유치권은 법률상 당연히 성립하는 법정 담보물권으로서 당사자 사이에 합의를 요하는 것도 아니고, 점유만으로 성립하기 때문에 등기와 같은 별도의 조치를 취할 필요도 없다.

유치권이란 타인의 물건을 점유하는 자가 그 물건에 관하여 생긴 채권을 변제받을 때까지 그 물건을 넘겨주지 않고 점유를 계속하여 유치할 권리를 말하는 것이다(민법 제320조).

유치권의 성립

●　　유치권을 행사하기 위해서는 채권이 변제기에 있어야 한다. 유치권은 그 목적물에 관하여 생긴 채권이 변제기에 있는 경우에 성립하는 것이므로, 아직 변제기에 이르지 아니한 채권에 기하여 유치권을 행사할 수는 없다(대법원 2005다41740 판결). 공사대금 채권의 변제기는 다른 약정이 없으면 공사를 완공한 시점 또는 공사를 완료한 목적물을 인도하는 시점이다. 따라서 공사를 완료한 뒤에도 대금을 받지 못하는 경우라면 당연히 채권이 변제기에 있기 때문에 유치권을 행사할 수 있지만, 만약에 공사대금 채권의 변제기를 유예해 주었다면 유예 기간이 끝날 때까지는 유치권을 성립할 수 없다.

유치권은 점유하는 물건에 관한 채권을 가지고 있을 때 성립한다. 이른바 견련성이라는 것인데, 유치권을 행사하는 채권이 유치권을 행사하는 목적물에서 발생했어야 한다는 것이다. 수급인은 직접 공사한 목적물에서 생긴 공사대금 채권을 가지고 있으므로 유치권을 행사할 수 있다.

유치권은 물건을 점유하고 있기 때문에 주어지는 권리이다. 따라서 반드시 물건을 점유하고 있어야 하며, 물건의 점유를 상실하면 유치권도 소멸하게 된다(민법 제328조). 유치권자 자신이 직접 점유해야 하는 것은 아니며 간접 점유라도 무방하다. 점유가 있느냐 여부는 유치권의 성립과 직결되는 중요한 문제인데, 유치권을 주장하는 자가 유치권을 행사하고 있다는 표시를 하고, 유치권의 목적물에 대한 출입을 통제하는 등의 조치를 하고 있다면, 점유를 하고 있는 것으로 인정받을 수 있을 것이다.

유치권의 성립에는 점유가 필수적이지만, 점유가 불법행위로 인한 경우에는 유치권이 성립하지 않는다. 그러므로 만약 수급인이 시공한 건물의 점유를 일단 도급인에게 넘겼다가 불법적으로 점유를 취득했다면 유치권을 주장하지 못한다.

유치권의 대상은 타인의 물건이면 되고, 반드시 채무자의 소유이어야 하는 것은 아니다. 따라서 채무자가 소유권을 타인에게 넘기더라도 유치권의 행사에는 지장이 없다. 또한 하수급인이 하도급대금을 받을 때까지 채무자(원수급인)가 아닌 제3자(도급인) 소유인 공사 목적물을 점유하고 유치권을 행사할 수 있다.

유치권의 효력

유치권의 효과는 무엇인가? 변제를 받을 때까지 물건을 점유하고 넘겨주지 않는 것이다. 즉 유치할 수 있는 권능인 것이다. 만약 유치권을 행사하고 있는 목적물에 대하여 강제집행이 진행되더라도 유치권자는 집행관에게까지 인도를 거절하고 끝까지 유치할 수 있는 권능을 가지고 있다. 경매가 진행되어 소유자가 바뀌더라도 채권을 변제받을 때까지는 계속해서 인도를 거절하고 유치할 수 있다.

이러한 권능이 있기 때문에 유치권자는 사실상 우선변제를 받게 된다. 또한 유치물에 대한 경매청구권도 인정된다. 그렇기 때문에 유치권은 수급인에게 공사대금을 확보하는 매우 강력한 무기가 될 수 있다.

유치권의 불가분성

● 　　유치권자는 채권 전부의 변제를 받을 때까지 유치물 전부에 대하여 권리를 행사할 수 있다. 따라서 유치권자는 채무를 일부 변제 받더라도 점유하고 있는 물건의 일부에 대한 점유를 풀 필요가 없고, 종전과 마찬가지로 전부에 대하여 그대로 유치권을 행사할 수 있다.

유치권 포기의 특약

● 　　그렇지만 이러한 유치권을 행사하지 못하는 경우가 있다. 만약 당사자 사이에 유치권을 포기하기로 하는 특약을 맺었다면, 수급인은 유치권을 행사할 수 없게 된다. 유치권 포기의 특약은 유치권이 발생한 뒤에는 물론이고 유치권이 성립하기 이전에도 가능하다. 따라서 사전에 유치권 포기의 특약이 있다면, 유치권을 행사할 수 없게 된다는 점을 유의해야 한다.

유치권의 소멸

● 　　그렇다면 유치권은 언제 소멸하는가? 점유를 상실하면 유치권도 행사할 수 없다는 것은 유치권의 속성상 당연하다. 또한 유치권이 담보하는 채권이 없어지면 유치권이 없어지는 것도 당연하다.

이와 관련해서 주의할 것이 한 가지 있는데, 유치권을 행사하더라도 채권의 소멸시효가 중단되는 것은 아니라는 점이다(민법 제326조). 공사대금 채권의 소멸시효를 중단하기 위한 소송의 제기나 가압류 등을 하지 않은 채, 막연히 유치권만 행사하고 있다가는 3년의 공사대금 채권의 소멸시효를 경과할 수도 있으므로 주의해야 하는 것이다. 채권의 소멸시효가 경과하면 유치권도 소멸하게 될 것이다.

담보 제공에 의한 유치권의 소멸

● 　　　채무자가 유치권을 소멸시킬 수 있는 방법도 있다. 채무자는 상당한 담보를 제공하고 유치권의 소멸을 청구할 수 있는 것이다(민법 제327조). 본래 채권의 액수가 많건 적건 채권자는 유치권을 행사할 수 있다. 공사 도급계약금 10억 원 상당을 투입한 공사에서 미수 공사금이 1,000만 원에 불과해도 유치권을 행사할 수 있다. 이와 같은 경우에는 건물의 소유자 입장에서는 다른 담보를 제공하고 유치권의 소멸을 청구할 수 있는 것이다.

유치권 행사의 가부

| 쟁점 | 수급인은 공사대금의 지연손해금 채권을 가지고 유치권을 행사할 수 있는가?

| 해결 | 견련관계가 인정되어 유치권을 행사할 수 있다.

유치권을 행사할 수 있는 채권의 범위

●   유치권은 '그 물건에 관한 채권'이어야 행사할 수 있다. 즉 채권과 견련관계가 있는 물건에 대해서만 유치권을 행사할 수 있다. 그러므로 채권이 그 목적물 자체로부터 생긴 경우에 유치권을 행사할 수 있다는 것은 의문이 없다. 더 나아가서 채권이 목적물의 반환청구권과 동일한 법률관계나 동일한 사실관계로부터 발생한 경우에도 유치권을 행사할 수 있는가?

대법원은 채권이 목적물 자체로부터 발생한 경우는 물론이고 채권이 목적물의 반환청구권과 동일한 법률관계나 사실관계로부터 발생한 경우에도 견련관계가 인정된다고 본다. 따라서 지연 손해배상 채권을 담보하기 위해 유치권을 행사할 수 있다고 본다.

| 판례 |

●   수급인인 피고의 본 건 공사 잔금 채권이나 지연 손해금 청구권과 도급인인 원고의 건물 인도 청구권은 모두 원, 피고 사이의 건물 신축 도급계약이라고 하는 동일한 법률관계로부터 생긴 것임이 인정될 수 있으므로, 피고의 본 건 손해배상 채권 역시 본 건 건물에 관하여 생긴 채권이라 할 것이며, 채무 불이행에 의한 손해배상 청구권은 원래 채권의 연장으로 보아야 할 것이므로, 물건과 원래 채권과의 사이에 견련관계가 있는 경우에는 손해배상 채권과 물건과의 사이에도 견련관계가 있는 법리라 할 것으로서, 본 건 손해배상 채권이 소론과 같이 배상액의 예정에 해당하는 특약 조항에 의하여 발생한 것이라 하여 그 결론을 달리 할 바 못 되고, 이와 같은 견지에서 본 건 손해배상 채권에 관한 피고의 유치권 항변을 인용한 원판결에 유치권의 피담보 채권에 관한 법리를 오해한 위법이 있다고 할 수 없다(대법원 76다582 판결).

유치권의 효력이 미치는 범위

| 쟁점 | 다세대주택의 창호 등 공사를 완성한 하수급인이 공사대금 채권 잔액을 변제받기 위하여 다세대주택 한 세대를 점유하여 유치권을 행사하는 경우, 유치권은 위 한 세대에 대한 공사대금에만 한정되는가?

| 해결 | 다세대주택 전체에 대하여 시행한 공사대금 채권의 잔액 전부에 대하여 유치권을 행사하는 것으로 인정된다.

사례 해설

● 　　다세대주택을 재건축하는 공사를 도급받은 수급인으로부터 위 재건축 공사 중 창호, 기타 잡철 부분 공사를 하도급받아 공사를 완료하였는데, 전체 공사대금 3억 원 중 1억 원만 지급하고 나머지 2억 원을 지급하지 아니하자, 그 무렵 신축된 다세대주택 중 구분소유권의 목적인 한 세대를 점유하여 유치권을 행사하였다. 점유하고 있는 한 세대에 대한 공사대금은 합계 300만 원이다.

이 경우 하수급인은 직접 점유하고 있는 세대에 대한 공사대금 300

만 원에 대해서만 유치권을 행사할 수 있는가, 아니면 점유하지 않고 있는 나머지 세대에 대한 공사대금까지 포함하여 남은 공사대금 전부인 2억 원에 대하여 유치권을 행사할 수 있는가?

대법원은 유치되어 있는 한 세대가 남은 공사대금 채권 2억 원 전부를 담보한다고 판단하였다.

▎판례 ▎

● 민법 제320조 제1항에서 '그 물건에 관하여 생긴 채권'은 유치권 제도 본래의 취지인 공평의 원칙에 특별히 반하지 않는 한, 채권이 목적물 자체로부터 발생한 경우는 물론이고 채권이 목적물의 반환청구권과 동일한 법률관계나 사실관계로부터 발생한 경우도 포함한다. 한편 민법 제321조는 '유치권자는 채권 전부의 변제를 받을 때까지 유치물 전부에 대하여 그 권리를 행사할 수 있다'라고 규정하고 있으므로, 유치물은 그 각 부분으로써 피담보 채권의 전부를 담보한다. 이와 같은 유치권의 불가분성은 목적물이 분할 가능하거나 다수의 물건인 경우에도 적용된다.

다세대주택의 창호 등의 공사를 완성한 하수급인이 공사대금 채권 잔액을 변제받기 위하여 위 다세대주택 중 한 세대를 점유하여 유치권을 행사하는 경우, 그 유치권은 위 한 세대에 대하여 시행한 공사대금뿐만 아니라 다세대주택 전체에 대하여 시행한 공사대금 채권의 잔액 전부를 피담보 채권으로 하여 성립한다(대법원 2005다16942 판결).

신축 건물에 대한 수급인의 유치권 행사의 가부

| **쟁점** | 수급인이 자기 비용을 들여 건축한 건물에 대하여 유치권을 행사할 수 있는가?

| **해결** | 유치권은 타인의 물건을 대상으로 하기 때문에 자기 소유의 물건에는 행사할 수 없다.

신축 건물에 대한 유치권 행사의 가부

●　　수급인 자신의 비용과 노력을 들여 신축한 건물에 대한 유치권 행사는 가능한가? 유치권은 타인의 물건에 대하여 행사할 수 있다. 그러나 자기 소유의 물건에 대하여는 행사할 수 없다.

도급인이 제공한 토지상에 수급인이 자기의 비용과 노력으로 건축물을 신축한 경우, 그 건물의 소유권은 원시적으로 수급인에게 귀속한다. 이렇게 소유권이 원시적으로 수급인에게 귀속되는 건물에 대해서는 유치권을 행사할 수 없다. 그러나 수급인의 비용과 노력을 들여 건축하였더라도 당사자의 약정으로 도급인에게 귀속하기로 했다면, 도급인이 소유권을 원시취득하게 된다.

따라서 신축 건물에 대한 유치권을 행사할 수 있는지 여부는 그 신축 건물의 소유권이 누구에게 귀속되는가에 따라 달라질 것이다.

┃판례┃

● 　　　주택 건물의 신축 공사를 한 수급인이 그 건물을 점유하고 있고, 또 그 건물에 관하여 발생한 공사대금 채권이 있다면, 수급인은 그 채권을 변제받을 때까지 건물을 유치할 권리가 있다고 할 것이고, 이러한 유치권은 수급인이 점유를 상실하거나 피담보 채무가 변제되는 등 특단의 사정이 없는 한 소멸되지 않는다(대법원 95다16202, 95다16219 판결).

＊ 이 사례는 도급계약에서 완성된 건물의 소유권을 수급인이 아니라 도급인에게 귀속시키는 것으로 인정된 것이다.

● 　　　유치권은 타물권인 점에 비추어 볼 때 수급인의 재료와 노력으로 건축되었고, 독립한 건물에 해당되는 기성 부분은 수급인의 소유라 할 것이므로, 수급인은 공사대금을 지급받을 때까지 이에 대하여 유치권을 가질 수 없다(대법원 91다14116 판결).

유치권을 행사하는 점유 여부의
판단 방법

| 쟁점 | 유치권자가 부도난 공장에 직원을 보내 유치권을 행사한
다는 안내문을 게시하고, 고용한 경비원을 배치하여 공장
출입을 통제하였다면 유치권을 행사하고 있는 것인가?

| 해결 | 점유를 통한 유치권 행사가 인정될 것으로 보인다.

유치권의 성립 요건인 점유

●　　　유치권은 물건을 점유하고 있기 때문에 주어지는 권리이다. 따라서 반드시 물건을 점유하고 있어야 하며, 물건의 점유를 상실하면 유치권도 소멸하게 된다(민법 제328조). 따라서 점유가 있느냐 여부는 유치권의 성립과 직결되는 중요한 문제이다.

점유는 유치권자 자신이 직접 점유하여야 하는 것은 아니며, 간접 점유라도 무방하다. 그러나 채무자를 직접 점유자로 하여 채권자가 간접 점유하는 경우에는 유치권이 성립하는지 않는다.

'유치권은 목적물을 유치함으로써 채무자의 변제를 간접적으로 강

제하는 것을 본체적 효력으로 하는 권리인 점 등에 비추어, 그 직접 점유자가 채무자인 경우에는 유치권의 요건으로서의 점유에 해당하지 않는다(대법원 2007다27236 판결).'

또한 반드시 물건을 물리적, 현실적으로 지배하는 것만을 의미하는 것이 아니고, 물건과 사람과의 시간적·공간적 관계와 본권 관계, 타인 지배의 배제 가능성 등을 고려하여 사회 관념에 따라 합목적적으로 판단해야 한다.

| 판례 |

● 　　　　점유라고 함은 물건이 사회통념상 그 사람의 사실적 지배에 속한다고 보여지는 객관적 관계에 있는 것을 말하고, 사실상의 지배가 있다고 하기 위해서는 반드시 물건을 물리적, 현실적으로 지배하는 것만을 의미하는 것이 아니고, 물건과 사람과의 시간적·공간적 관계와 본권 관계, 타인 지배의 배제 가능성 등을 고려하여 사회 관념에 따라 합목적적으로 판단해야 한다.

공장 신축 공사 공사 잔대금 채권에 기한 공장 건물의 유치권자가 공장 건물의 소유 회사가 부도가 난 다음에 그 공장에 직원을 보내 정문 등에 유치권자가 공장을 유치·점유한다는 안내문을 게시하고, 경비 용역 회사와 경비 용역계약을 체결하여 용역 경비원으로 하여금 주야 교대로 2인씩 그 공장에 대한 경비·수호를 하도록 하는 한편, 공장의 건물 등에 자물쇠를 채우고 공장 출입구 정면을 대형 컨테이너로 가로막아 차량은 물론 사람들의 공장 출입을 통제하기 시작하고, 공장이 경락된 다음에도 유치권자의 직원 10여 명을 보내 공장 주변을 경비·

수호하게 하고 있었다면, 유치권자가 그 공장을 점유하고 있었다고 볼 여지가 충분하다(대법원 95다8713 판결).

독립한 건물이 아닌 정착물의 유치권 대상 여부

| **쟁점** | 건물 신축 공사를 도급받은 수급인이 사회 통념상 독립한 건물이 되지 못한 정착물을 토지에 설치한 상태에서 공사가 중단된 경우, 위 정착물 또는 토지에 대하여 유치권을 행사할 수 있는가?

| **해결** | 독립한 건물이 되지 못한 토지의 정착물은 독립한 물건이 아니어서 유치권의 대상이 되지 못한다.

토지의 정착물

● 건물의 신축 공사를 한 수급인이 그 건물을 점유하고 있고, 또 그 건물에 관하여 생긴 공사금 채권이 있다면 수급인은 그 채권을 변제받을 때까지 건물을 유치할 권리가 있다. 그런데 독립한 건물에 이르지 못한 상태에서 공사가 중단된 토지의 정착물이 유치권 행사의 대상이 되는가? 토지가 공사대금 채권을 담보하는 유치권의 대상이 되지 않는 것은 분명하다. 공사대금 채권이 토지에 관하여 생긴 것이 아니기 때문이다.

그렇다면 공사가 중단된 상태의 정착물은 어떤가? 독립된 물건이 아니라 토지상의 부합물에 불과하여 유치권을 행사할 수 없다.

| 판례 |

● 　　　건물의 신축 공사를 도급받은 수급인이 사회 통념상 독립한 건물이라고 볼 수 없는 정착물을 토지에 설치한 상태에서 공사가 중단된 경우에 위 정착물은 토지의 부합물에 불과하여 이러한 정착물에 대하여 유치권을 행사할 수 없는 것이고, 또한 공사 중단 시점까지 발생한 공사금 채권은 토지에 관하여 생긴 것이 아니므로, 위 공사금 채권에 기하여 토지에 대하여 유치권을 행사할 수도 없는 것이다(대법원 2007마98 결정).

미완성 건물에 대한 강제집행

| 쟁점 | 미완성된 건물이라도 강제집행의 대상이 될 수 있는가?

| 해결 | 완공되지 않은 미등기 건물이라도 사회 통념상 독립한 건물로 인정되면 강제집행을 할 수 있다.

미등기 건물에 대한 강제집행

● 공사대금 채권을 확보하는 또 하나의 유력한 방법은 아직 등기를 마치지 않은 미완성 건물을 압류 또는 가압류하는 것이다.

건물은 원칙적으로 소유권 보존 등기를 마쳐야 독립한 부동산으로 인정되어 강제집행의 대상이 될 수 있지만, 미등기 건물이라도 강제집행의 대상으로 삼을 수 있는 경우가 있다. 미등기 건물이라도 사회 통념상 이미 건물의 실체를 갖춘 상태에 이르렀다면, 채무자가 소유권 보존 등기를 하기 전에도 압류나 가압류를 할 수 있는 것이다.

예전에는 공사가 완성되어 소유권 보존 등기가 된 뒤에는 채무자가 건물의 소유권 명의를 이전해버리는 바람에 강제집행을 하지 못하는 경우가 많았다. 수급인 입장에서는 공사대금 채권을 확보하기 위해 미등기 부동산에 대한 압류나 가압류를 유용하게 활용할 수 있을 것으로 생각한다.

그렇다고 모든 미등기 건물에 대한 강제집행이 가능한 것은 아니다. 강제집행이 가능한 것은 적법하게 건축 허가나 건축 신고를 마친 건물로서 아직 사용 승인을 받지 못한 건물만이다. 그 건물은 사회 통념상 건물로서 인정될 수 있는 단계에 이르렀어야 하며, 아예 독립한 건물로서 인정받지 못할 정도의 구조물이라면 대상이 되지 않는다. 또한 무허가 건물은 대상이 되지 않고, 미등기 건물이 건축 신고 또는 건축 허가된 것과 사회 통념상 동일하다고 인정되는 경우에만 강제집행이 허용된다.

미등기 부동산에 대한 가압류를 신청하기 위해서는 채권에 대한 소명 방법(공사 도급계약서, 기성고, 기수령액, 미지급 대금액 등) 외에 가압류 대상 물건이 채무자의 소유임을 증명할 서류와 그 건물의 지번, 구조, 면적을 증명할 서류 및 그 건물에 관한 건축 허가 또는 건축 신고를 증명할 서류를 첨부해야 한다(민사집행법 제81조 제1항 제2호 단서). 통상 건축 허가서와 건설 공사 도급계약서에 위와 같은 내용이 기재되어 있다. 건축 허가 도면과 준공 도면으로 보충하면 더욱 좋다. 또한 사회 통념상 완성된 건물로 인정될 수 있다는 것을 나타내는 건물의 현황 사진 등을 첨부하면 된다.

그 건물의 지번, 구조, 면적을 증명할 서류는 집행관의 조사를 신청하는 방법으로 가름해야 할 것이다.

미등기 건물이지만 이미 공사가 완공된 건물은 당연히 강제집행의 대상이 된다. 미완성된 건물은 어떤가? 사회 통념상 건물로 인정된다면, 그 공사의 완공에 이르지 않았더라도 강제집행의 대상이 될 수 있다. 미완성 건물에 관한 판례를 살펴보면 다음과 같다.

'건물이 위생 설비·전기 설비·냉난방 설비 등의 부대 설비는 전혀 설치되지 아니하였고, 창호 공사·타일 공사 등도 이루어지지 아니하였으나 외벽, 내벽, 천장, 바닥 등 골조 공사 등은 종료된 상태로서 건축 허가의 내역과 같이 지하 1층, 지상 4층 건물로서의 외관을 갖추고 있다면, 이 건물의 현상은 건축 허가서에 나타난 지번·구조·면적과 별 차이가 없을 수도 있어 보이고, 공사 진행 정도도 상당하여 현재의 상태로도 부동산 경매의 대상이 될 여지가 있다(대법원 2004마696 결정).'

| 판례 |

● 완공된 건물뿐만 아니라 완공되지 아니하여 보존 등기가 경료되지 아니하였거나 사용 승인을 받지 못한 건물이라 하더라도, 채무자의 소유로서 건물로서의 실질과 외관을 갖추고 지번·구조·면적 등이 건축 허가 또는 건축 신고의 내용과 사회 통념상 동일하다고 인정되는 경우에는 이를 부동산 경매의 대상으로 삼을 수 있다고 할 것이다(대법원 2004마696 결정).

공사대금 채권과 강제집행

10

변제기 전 공사대금 채권의 압류

| 쟁점 | 수급인의 채권자는 변제기에 도달하지 않은 공사대금 채권을 압류할 수 있는가?

| 해결 | 압류는 물론 전부명령도 가능하다.

공사대금 채권의 성립

● 　　건설 공사 도급계약은 도급인이 수급인에게 약정한 일의 결과에 대하여 보수를 지급하기로 하는 낙성, 불요식 계약이다(민법 제664조). 따라서 공사대금 채권은 도급계약의 체결과 동시에 성립한다.

공사대금 채무의 변제기

● 　　보수의 지급 시기에 관한 약정이 없는 경우에 대비해서 민법에서는 특별 규정을 두고 있다. 약정이 없다면 완성된 목적물의 인도와 동시에 지급해야 하고, 목적물의 인도를 요하지 아니하는 경우에는

그 일을 완성한 후 지체 없이 지급해야 한다(민법 제665조). 결국 공사대금의 변제기는 약정이 있다면 약정한 때, 약정이 없다면 관습에서 정하는 때, 그것도 없다면 민법 제656조에서 정하는 때이다.

도급계약에 의한 공사대금 청구 채권은 전부명령의 대상이 될 수 있으나 공사가 완료되기 전에 전부명령이 있었을 경우에는 그 결산에 의하여 구체적으로 확정되었을 때의 금액을 표준으로 하여 효력이 확정된다.

변제기가 도래하기 전의 장래 채권인 공사대금 채권이라도 강제집행의 대상이 되는가? 이에 관해서는 다음 판례를 참조하라.

| 판례 |

● 　　　장래의 채권이라도 채권 발생의 기초가 확정되어 있어 특정이 가능할 뿐만 아니라 권면액이 있고, 가까운 장래에 채권이 발생할 것이 상당한 정도로 기대되는 경우에는 채권 압류 및 전부명령의 대상이 될 수 있다(대법원 2002다7527 판결).

공사대금 채권의 소멸시효 기간

| 쟁점 | 공사대금 채권의 소멸시효 기간은 얼마인가?

| 해결 | 수급인의 도급인에 대한 공사대금 채권은 3년간 행사하지 않으면 소멸시효가 완성된다.

공사대금 채권의 소멸시효

공사대금 채권도 소멸시효의 적용을 받는다. 일반 민사채권의 소멸시효는 10년이지만, 도급받은 자의 공사에 관한 채권은 3년간 행사하지 않으면 소멸시효가 완성한다(민법 제163조 제3호). 또한 당사자가 공사에 관한 채권을 약정에 기한 채권이라고 주장한다고 하더라도, 그 채권의 성질이 변경되지 아니한 이상 단기 소멸시효에 관한 민법 제163조 제3호의 적용을 배제할 수는 없다.

따라서 당사자가 하도급받은 공사를 시행하던 도중에 폭우로 인하여 침수된 지하 공사장과 붕괴된 토류벽을 복구하는 데 소요된 복구공사 대금 채권을 공사 대금 채권이 아니라 약정금으로 청구하면 일반 민사채권이라고 주장해도 3년의 단기 소멸시효가 적용된다.

● 민법 제163조 제3호가 3년의 단기 소멸시효에 걸리는 채권으로 들고 있는 '도급을 받은 자의 공사에 관한 채권'에서 '채권'이라 함은 도급받은 공사의 공사대금 채권뿐만 아니라 그 공사에 부수되는 채권도 포함하는 것이다.

당사자가 공사에 관한 채권을 약정에 기한 채권이라고 주장한다고 하더라도, 채권의 성질이 변경되지 아니한 이상 단기 소멸시효에 관한 민법 제163조 제3호의 적용을 배제할 수는 없다(대법원 94다17185 판결).

노임에 대한 압류는 무효

| 쟁점 | 건설산업기본법에서는 노임의 압류를 금지하고 있는데,
노임이 압류되었다. 이 압류는 유효한가?

| 해결 | 그 압류는 실체법상의 효력을 발생시키지 않는 무효이다.

노임에 대한 압류는 무효

●   건설산업기본법 제88조는 노임에 대한 압류를 금지하고 있다. 즉 건설업자가 도급받은 건설 공사의 도급 금액 중 당해 공사(하도급한 공사를 포함한다)의 근로자에게 지급해야 할 노임에 상당하는 금액에 대하여는 압류할 수 없다. 압류가 금지되는 노임에 상당하는 금액은 당해 건설 공사의 도급 금액 중 산출 내역서에 기재된 노임을 합산하여 이를 산정한다. 또한 압류가 금지되는 노임을 도급계약서나 하도급계약서에 기재해야 한다.

그럼에도 불구하고 수급인의 채권자가 공사대금에 포함된 노임 상당액에 대해서까지 강제집행을 한다면 그 효력은 어떻게 되는가? 건설산업기본법에서 노임에 대한 압류를 금지하고 있지만, 공사대금 채권의 일부를 구성하는 노임에 대한 가압류나 압류가 원천적으로 불가능한 것은 아니다. 법원으로서는 채권자의 압류 신청이 있을 때 그것이 압류 금지된 채권인지의 여부를 직권으로 조사하여 그것이 압류가 금지된 것이라면 그 압류 신청을 각하해야 한다.

하지만 채무자나 제3채무자를 심문함이 없이 압류명령을 내리기 때문에, 결국 압류 채권자의 신청만으로 조사하여 판단할 수밖에 없고, 그렇게 하여 압류가 금지된 채권에 대하여 압류 및 전부명령이 내려질 수 있다.

그러나 압류가 금지된 채권에 대한 강제집행은 무효이다. 따라서 수급인의 채권자가 공사대금 채권 전부를 압류 또는 가압류했더라도 건설산업기본법 제88조에 의하여 압류가 금지되는 노임 부분에 관한 한 그 압류 또는 가압류는 무효이다. 다만, 이 무효는 당연 무효는 아니고 실체법상의 효과를 발생시키지 않는 의미에서 무효라는 것이다.

이와 같은 부당한 집행에 대해서는 어떻게 다투어야 하는가? 집행이 종료되지 않은 가압류나 압류 단계에서는 집행에 관한 이의나 즉시항고를 통하여 구제받을 수 있고, 노임 채권자로서는 자신이 진정한 채권자라고 주장하면서 집행 채권자를 상대로 제3자 이의의 소를 제기할 수 있을 것이다. 그러나 전부명령의 경우에는 제3채무자에게 송달된 시점에 재판이 확정되어 더 이상 집행 절차에서는 다툴 수 없게 된다. 대법원 판례를 살펴보면 다음과 같다.

'압류 금지된 채권에 대하여 압류 및 전부명령이 내려지더라도 그것이 제3채무자와 채무자에게 송달되면 집행 절차를 종료시키는 효과를 갖게 되어 집행 방법에 관한 이의 등으로는 그 효력을 다툴 수 없다(대그렇다고 무효인 압류 및 전부명령의 효력이 강제되는 것은 아니고, 제3채무자로서는 전부금 지급 청구에 대하여 노임 부분에 관한 압류 및 전부명령이 무효라는 이유로 지급을 거절할 수 있다.

| 판례 |

● 　　　구 건설산업기본법(1999. 4. 15. 법률 제5965호로 개정되기 전의 것) 제88조 및 구 건설산업기본법 시행령(1999. 8. 6. 대통령령 제16512호로 개정되기 전의 것) 제84조에서 건설업자가 도급받은 건설 공사의 도급금액 중 당해 공사의 근로자에게 지급하여야 할 노임에 상당하는 금액에 대하여 압류를 금지한 것은 근로자의 생존권을 최소한도로 보장하려는 헌법상의 사회 보장적 요구에서 비롯된 것으로서, 근로자의 임금 등 채권에 대한 우선변제권을 인정하고 있는 '근로기준법' 규정과 함께 근로자의 생활 안정을 실질적으로 보장하기 위한 또 다른 규정이라고 할 것이므로, 이와 같은 압류가 금지된 채권에 대한 압류 명령은 강행 법규에 위반되어 무효라 할 것이며, 또 전부명령은 압류 채권의 지급에 갈음하여 피전부 채권을 채무자로부터 압류 채권자에게로 이전하는 효력을 갖는 것이므로, 전부명령의 전제가 되는 압류가 무효인 경우 그 압류에 기한 전부명령은 절차법상으로는 당연 무효라고 할 수 없다 하더라도, 실체법상으로는 그 효력을 발생하지 아니하는 의미의 무효라 할 것이고, 따라서 제3채무자는 압류 채권자의 전부금 지급 청구에 대하여 위와 같은 실체법상의 무효를 들어 항변할 수 있다(대법원 2000다21048 판결).

압류가 금지되는 노임 채권의 범위

> **| 쟁점 |** 도급계약서에 압류가 금지되는 노임 부분을 명기하지 않았는데, 수급인의 채권자가 공사대금 채권 전부를 압류하였다. 노임 부분의 압류는 무효인가?
>
> ---
>
> **| 해결 |** 도급계약서에 압류가 금지되는 노임 부분이 명시되어 있지 않으면, 노임 부분에 대한 압류도 유효하다.

압류가 금지된 노임 부분을 특정하지 않으면 압류 가능

● 　　　　　건설산업기본법에서는 노임 채권에 대한 압류를 금지하고 있다. 노임 채권에 대한 압류는 금지되지만 집행 법원에서 압류가 금지된 채권이라는 사실을 모른 채 압류명령을 발하는 경우가 있다. 하지만 이는 무효로서 실체법상의 효과가 발생하지 않는다.

그렇다면 압류가 금지되는 노임 채권의 범위는 어떻게 결정하는가? 건설산업기본법 시행령 제84조는 압류가 금지되는 노임 채권의 범위를 당해 건설 공사의 도급 금액 중 산출 내역서에 기재된 노임을 합산하여 산정하고, 위 건설 공사의 발주자(하도급의 경우에는 수급인을 포함)가 그 산정된 노임을 도급계약서 또는 하도급계약서에 명시해야 하는 것으로 규정하고 있다.

즉 건설산업기본법에서는 압류가 금지되는 노임 부분을 도급계약서 또는 하도급계약서에 명확하게 명시하도록 하고 있는 것이다. 건설산업기본법 시행령 규정에 맞게 도급계약서 또는 하도급계약서에 압류가 금지되는 노임액이 명시적으로 기재된 경우는 그렇다고 하고, 압류가 금지되는 노임액을 명시하지 않은 경우에는 어떻게 되는가? 압류명령 발령 당시 압류의 대상인 공사대금 채권 중에서 압류 금지 채권액이 얼마인지를 도급계약서 또는 하도급계약서 그 자체의 기재에 의하여 형식적·획일적으로 구분할 수 없는 경우에도 노임 채권에 대한 압류 금지의 효력은 그대로 유효한가?

대법원은 압류가 금지되는 노임액을 명시하지 않았다면, 전체 공사대금에 대하여 압류 금지의 효력이 미치지 않는다고 판단하였다. 거꾸로 말하자면, 공사 도급계약서에 압류가 금지되는 노임액을 명시하지 않았다면 노임을 포함한 공사대금 전액에 대하여 압류가 가능하다고 본다.

도급계약서 또는 하도급계약서에서 노임액 부분과 그 밖의 공사비 부분을 구분하지 않음으로써 압류명령 발령 당시 압류의 대상인 당해 공사대금 채권 중에서 압류 금지 채권액이 얼마인지를 도급계약서 자체의 기재에 의하여 형식적·획일적으로 구분할 수 없는 경우에는 위 공사대금 채권 전부에 대하여 압류 금지의 효력이 미치지 않는 것으로 봐야 한다는 것이다.

● 　　　건설산업기본법 제88조 및 같은 법 시행령 제84조에서 건설
업자가 도급받은 건설 공사의 도급 금액 중 당해 공사의 근로자에게
지급해야 할 노임에 상당하는 금액에 대하여 압류를 금지한 것은 근로
자의 생존권을 최소한도로 보장하려는 헌법상의 사회 보장적 요구에
서 비롯된 것으로서, 이에 대한 압류명령은 강행 법규에 위반되어 무
효라 할 것이지만, 같은 법 시행령 제84조 제1항, 제2항에서 압류가 금
지되는 노임 채권의 범위를 같은 법 소정의 건설 공사의 도급 금액 중
산출 내역서에 기재된 노임을 합산한 것으로서, 위 건설 공사의 발주
자(하도급의 경우에는 수급인을 포함)가 그 산정된 노임을 도급계약서
또는 하도급계약서에 명시한 금액에 국한됨을 분명히 하고 있는 이상,
도급계약서 또는 하도급계약서에서 노임액 부분과 그 밖의 공사비 부
분을 구분하지 아니함으로써 압류명령의 발령 당시 압류의 대상인 당
해 공사대금 채권 중에서 압류 금지 채권액이 얼마인지를 도급계약서
그 자체의 기재에 의하여 형식적·획일적으로 구분할 수 없는 경우에
는 위 공사대금 채권 전부에 대하여 압류 금지의 효력이 미치지 아니
한다(대법원 2005다10173 판결).

노임 부분에 대한 양도의 금지 여부

| 쟁점 | 노임 상당 공사대금의 양도가 금지되는가?

| 해결 | 노임 부분에 대한 양도도 유효하다.

공사대금 채권 중 노임 부분의 양도 가능성

● 한편 건설산업기본법 제88조는 근로자의 노임 채권 확보를 위하여 공사대금 채권 중 노임 부분에 대한 압류는 금지하면서도 명시적으로 양도를 금지하는 규정은 두고 있지 않다.

근로자의 노임 채권을 보장하려는 법 규정의 취지를 살려서 노임 상당액에 대한 양도까지 금지하는 것으로 해석할 수 있을까?

이에 대하여 대법원은 건설산업기본법 제88조가 노임 상당 공사대금의 압류를 금지하는 것을 넘어 그 양도까지 금지하는 취지라고는 볼 수 없다고 판단했다.

●   구 건설업법(1984. 12. 31. 법률 제3765호로 개정되기 전의 것) 제36조의 8의 규정이 노임 상당 공사대금의 압류를 금지하는 것을 넘어 그 양도까지 금지하는 취지라고는 볼 수 없다(대법원 88다카8132 판결).

＊ 구 건설업법 제36조의 8은 현행 건설산업기본법 제88조와 똑같다.

가압류된 공사대금 채권에 대한 이행 청구의 가부

| 쟁점 | 공사대금 채권이 가압류된 수급인은 도급인을 상대로 공사대금 채권의 이행을 청구할 수 없는가?

| 해결 | 가압류되었더라도 수급인은 도급인을 상대로 공사대금 채권의 지급을 구하는 소송을 제기할 수 있다.

가압류 채무자의 이행 청구 가능성

공사대금 채권이 가압류된 경우 가압류 채무자인 수급인은 공사대금 채권을 처분하거나 지급받는 것이 금지되고, 제3채무자(도급인)는 채무자(수급인)에게 가압류된 채권을 변제해서는 안 된다.

그렇다면 공사대금 채권이 가압류된 경우 수급인은 도급인을 상대로 이행을 청구할 수도 없는가? 그렇지 않다. 공사대금 채권이 가압류되었더라도 수급인은 도급인을 상대로 공사대금 채권의 지급을 구하는 소송을 제기할 수 있다. 법원에서도 가압류는 고려하지 않고 실체적인 판단을 통해서 원고(수급인)의 청구권이 이유 있다고 인정된다면, 피고(도급인)에게 무조건적인 지급을 명하는 판결을 한다. 다만, 도급인은 수급인의 추심에 대하여 가압류를 이유로 지급을 거절할 수 있을 뿐이다.

수급인으로서는 공사대금 채권이 가압류되었더라도 3년의 단기 소멸시효는 그대로 진행되고 있으므로, 이행 청구의 소 등으로 시효를 중단시키는 조치가 필요할 것이다.

| 판례 |

● 일반적으로 채권에 대한 가압류가 있더라도 이는 채무자가 제3채무자로부터 현실로 급부를 추심하는 것만을 금지하는 것일 뿐, 채무자는 제3채무자를 상대로 이행을 구하는 소송을 제기할 수 있고, 법원은 가압류가 되어 있음을 이유로 이를 배척할 수 없는 것이 원칙이다.

왜냐하면 채무자로서는 제3채무자에 대한 그의 채권이 가압류되어 있다 하더라도 채무명의를 취득할 필요가 있고, 또는 시효를 중단할 필요가 있는 경우도 있을 것이며, 또한 소송 계속 중에 가압류가 행하여진 경우에 이를 이유로 청구가 배척된다면 장차 가압류가 취소된 후 다시 소를 제기해야 하는 불편함이 있는데 반하여 제3채무자로서는 이행을 명하는 판결이 있더라도 집행 단계에서 이를 저지하면 될 것이기 때문이다(대법원 2001다59033 판결).

채권 가압류의 제3채무자의 지체 책임

| 쟁점 | 수급인의 채권자에 의하여 공사대금 채권이 가압류된 경우, 도급인은 공사대금의 지급을 미루더라도 지체 책임을 부담하지 않는가?

| 해결 | 공사대금 채권이 가압류되었더라도 변제기를 경과하면 지체 책임을 면할 수 없다.

제3채무자의 공탁

공사대금 채권이 가압류되었더라도 가압류 채무자인 동시에 채권자인 수급인은 제3채무자인 도급인을 상대로 공사대금의 이행을 청구하는 소를 제기할 수 있다. 도급인은 지급을 금지하는 가압류명령이 있다는 이유로 그 이행 청구를 거절할 수 없다. 또한 지급을 금지하는 가압류명령이 있다 하더라도 변제기를 경과하면 이행을 지체한 것이 되어 지체 책임을 면할 수 없다.

제3채무자인 도급인은 가압류명령으로 인하여 수급인에게 변제하지도 못하면서 지체 책임을 져야 하는가? 이 경우 도급인으로서는 공탁을 통하여 지체 책임에서 벗어날 수 있다.

| 판례 |

●   채권의 가압류는 제3채무자에 대하여 채무자에게 지급하는 것을 금지하는 데 그칠 뿐 채무 그 자체를 면하게 하는 것이 아니고, 가압류가 있다 하여도 그 채권의 이행기가 도래한 때에는 제3채무자는 그 지체 책임을 면할 수 없다고 보아야 할 것이다.

가압류에 불구하고 제3채무자가 채무자에게 변제한 때에는 나중에 채권자에게 이중으로 변제해야 할 위험을 부담하게 되므로, 제3채무자로서는 민법 제487조의 규정에 의하여 공탁함으로써 이중 변제의 위험에서 벗어나고, 이행 지체의 책임도 면할 수 있다고 보아야 할 것이다 (대법원 93다951 판결).

＊ 제3채무자는 현재는 민법 제487조가 아니더라도 민사집행법 제297조를 근거로 공탁할 수 있다.

| 건설 공사와 하자 |

11

하자의 개념과 하자담보 책임의
법적 성질

| 쟁점 | 하자란 무엇인가?

| 해결 | 하자란 흠이 있는 상태 또는 그 물건이 본래 갖추고 있어
야 할 성질이나 기능 또는 성능을 갖추지 못하고 있는 상
태를 뜻한다.

'하자' 란 무엇인가?

하자란 흠이 있다는 의미이다. 즉 그 물건이 본래 갖추고 있어야 할 성질이나 기능 또는 성능을 갖추지 못하고 있는 상태를 뜻하는 것이다. 또는 그 물건이 통상 갖추고 있을 것으로 기대하는 일정한 품질 기준에 미달하는 상태도 하자라고 할 수 있을 것이다.

통상 법률 또는 당사자가 예상하는 정상적인 상태를 충족하지 못하는 흠이나 결함이 있는 경우에 쓰이는 말이다. 사전적 정의는 '법률 또는 당사자가 예기한 상태나 성질이 결여되어 있는 일'로 표현된다.

민법이나 건설산업기본법, 집합건물법, 주택법, 국가를 당사자로 하

는 계약에 관한 법률, 지방자치단체를 당사자로 하는 계약에 관한 법률 등 각종 법률 및 그 시행령 등에도 '하자'라는 용어가 많이 쓰이고 있는데, 주택법 시행령에서는 하자의 개념에 대하여 구체적으로 정의하고 있다. 하자 보수 대상 하자의 범위를 '공사상의 잘못으로 인한 균열·처짐·비틀림·들뜸·침하·파손·붕괴·누수·누출, 작동 또는 기능 불량, 부착·접지 또는 결선 불량, 고사 및 입상 불량 등이 발생하여 건축물 또는 시설물의 기능·미관 또는 안전상의 지장을 초래할 정도의 하자(주택법 시행령 제59조 제1항 [별표 6])'로 규정하고 있다. 즉 3가지의 기준을 충족하지 못하면 하자를 보수할 의무가 있는 하자에 해당하는데, 기능만이 아니라 미관이나 안전상의 기준을 충족하지 못하는 경우도 하자에 해당하는 것이다.

수급인의 하자담보 책임의 법적 성질

●   공사 도급계약의 목적물에 하자가 있는 경우 수급인은 민법 제667조 소정의 하자담보 책임을 지게 된다. 이때 하자담보 책임의 법적 성질은 무엇인가? 즉 채무자인 수급인에게 채무 이행 과정에서 과실이 있어야 인정되는 채무 불이행 책임인지 아니면 수급인에게 특별한 과실이 없더라도 하자가 존재하면 법에서 정하는 책임을 지는 것인가?

수급인의 하자담보 책임은 법률의 규정에 의하여 특별히 인정되는 법정 무과실 책임이다. 그렇기 때문에 수급인은 자신의 과실이 없다는 이유로 하자담보 책임의 면책을 주장할 수 없다. '민법 제667조 소정의 수급인의 하자담보 책임은 법이 특별히 인정한 무과실 책임이다(대법원 80다923, 924 판결).'

●   건축물의 하자라고 함은 일반적으로 완성된 건축물에 공사 계약에서 정한 내용과 다른 구조적·기능적 결함이 있거나 거래 관념 상 통상 갖추어야 할 품질을 제대로 갖추고 있지 아니한 것을 말하는 것으로, 하자 여부는 당사자 사이의 계약 내용, 해당 건축물이 설계도 에 따라 제대로 건축되었는지 여부, 건축 관련 법령에서 정한 기준에 적합한지 여부 등 여러 사정을 종합적으로 고려하여 판단되어야 한다 (대법원 2005다56193, 2005다56209 판결).

하자담보 책임과 채무 불이행 책임의 경합 여부

| **쟁점** | 하자가 수급인의 귀책사유로 발생한 경우에 법정 무과실 책임인 하자담보 책임 이외에 채무 불이행 책임도 경합적으로 성립할 수 있는가?

| **해결** | 귀책사유가 있는 경우 채무 불이행 책임이 경합적으로 인정된다.

책임의 경합

● 　　하자담보 책임과 채무 불이행 책임의 관계에 대해서는 견해가 엇갈리고 있지만, 판례는 양자가 별개의 권원에 의하여 경합적으로 인정된다는 취지로 판시하고 있다.

| 판례 |

● 　　액젓 저장 탱크의 제작·설치 공사 도급계약에 의하여 완성

된 저장 탱크에 균열이 발생한 경우, 보수비용은 민법 제667조 제2항에 의한 수급인의 하자담보 책임 중 하자 보수에 갈음하는 손해배상이고, 액젓 변질로 인한 손해배상은 위 하자담보 책임을 넘어서 수급인이 도급계약의 내용에 따른 의무를 제대로 이행하지 못함으로 인하여 도급인의 신체·재산에 발생한 손해에 대한 배상으로서 양자는 별개의 권원에 의하여 경합적으로 인정된다(대법원 2001다70337 판결).

하자의 판단 기준

| 쟁점 | 하자를 판단하는 기준은 무엇인가?

| 해결 | 약정한 성상의 결여나 통상의 용도 적합성이 결여되면 하자로 인정된다.

하자의 판단 기준

●   완성된 목적물이 어떤 상태에 있을 때 하자가 있다고 볼 것인가? 이 문제는 하자를 어떤 기준으로 판정할 것인가의 문제인데, 이는 결국 하자에 대한 정의의 문제이다. 다양한 견해가 있을 수 있지만, 목적물이 계약에서 정한 용도에 적합한 성상 또는 그 통상의 용도에 사용할 만한 성상을 갖지 못한 경우는 일반적으로 하자로 인정된다.

당사자 사이에 일정한 품질과 성능을 구비할 것을 약정했는데도 이를 충족하지 못하는 경우에는 하자가 된다. 당사자가 계약 당시 약정하거나 그 후 변경한 설계에 위반하는 시공을 하거나 특별히 약정한 제품을 사용하지 않은 경우가 이에 해당한다. 따라서 약정한 설계도면과 다르게 시공한 임의적 변경 시공이나 설계도면에 있는 사항을 시공하지 않고 누락한 미시공, 설계도면이 요구하는 대로 시공하지 못하고 조잡하거나 불량하게 시공한 불량 시공이나 잘못된 시공은 특별한 사정이 없는 한 하자에 해당하는 것으로 볼 수 있다.

적법한 설계 변경이 이루어졌다면 변경된 도면에 맞게 시공한 이상 수급인에게 하자담보 책임을 물을 수는 없다. 이에 관한 몇 가지 판례를 살펴보면 다음과 같다.

도급인이 원래의 설계를 변경하는 것에 동의하고, 그 변경된 설계에 기한 건축설계 변경 허가 절차까지 마친 이상, 나중에 그 동의를 적법하게 철회 또는 취소하였다거나 혹은 위 동의를 함에 있어 오로지 어느 특정 범위를 한정하여 동의하였다는 등의 다른 특별한 사정이 없는 한, 그 동의의 효력은 변경된 설계 전체에 미칠 터이고, 그 결과 적어도 설계 변경 이후의 유효한 설계는 원래의 설계가 아니라 나중의 변경된 설계라 하겠으며, 따라서 수급인이 그 변경된 설계에 맞게 시공하였다면 도급인으로서는 그 시공 부분을 원래의 설계와 다르다는 이유만을 들어 하자라고 주장하거나 혹은 그 부분의 시공비용과 원래의 설계에 따른 시공비용의 차액을 손해라 하여 그 배상을 구할 수는 없다(대법원 99다12888 판결).

건축 도급계약에서 특별히 갑 회사의 승강기를 설치하기로 약정했으나 수급인이 이를 위반하여 을 회사의 승강기를 설치한 경우는 하자에 해당하고(대법원 95다24975 판결), 기계의 가장 중요 부품인 증발관 튜브를 니켈구리로 하기로 하였음에도 이를 순동으로 제작한 경우도 하자이다(대법원 94다42976 판결).

● 　　　주택 신축 공사의 수급인이 현장 위치에 따라 또는 도면에 맞추어 시공하되 건축주와 항상 상의하여 시공하기로 약정하였으나 전기선 설계도에 전등선과 전열선을 구분하여 별도의 선으로 설치하도록 되어 있음에도 그와 달리 전등선과 전열선을 별도로 하지 않고 하나의 선으로 설치한 경우, 그 공사계약 체결 이후 도급인과 수급인이 설계도에 불구하고 전등선과 전열선을 하나의 선으로 설치하기로 합의하였다는 등의 특별한 사정이 없는 한, 이는 하자에 해당하고 따라서 도급인은 그와 같은 하자의 보수나 하자 보수에 갈음하는 손해의 배상을 청구할 수 있다(대법원 96다4442 판결).

미완성과 하자의 구분

| 쟁점 | 미완성과 하자는 어떻게 구분되는가?

| 해결 | 예정된 최후의 공정을 마치지 못한 상태는 미완성이고, 일을 완성했지만 흠이 있는 것은 하자이다.

미완성과 하자를 구분하는 실익과 기준

하자담보 책임에서 하자란 원칙적으로 완성된 목적물에 존재하는 하자를 대상으로 한다(민법 제667조 제1항). 때문에 일의 결과가 발생하지 않은 단계, 노무의 제공 자체가 끝나지 않은 상태, 즉 미완성과 하자는 다르다. 미완성이란 예정된 최후의 공정이 종료되지 못한 상태를 말한다.

하자가 발생한 경우는 일단 공사가 완공되었으므로 수급인에게 공사 대금 청구권이 발생하고, 이에 대하여 도급인이 하자 보수 청구권 또는 하자 보수에 갈음하는 손해배상청구권 등을 가지고 동시이행 항변권을 행사할 수 있으나(대법원 91다33056 판결), 미완성인 경우에는 수급인이 공사대금 청구권을 갖지 못한다. 공사대금 채권의 변제기는 수급인이 일을 완성하여 목적물을 인도한 때, 또는 목적물의 인도를 요하지 않는 경우에는 일을 완성한 때이기 때문이다(민법 제665조 제1항).

소송 실무상으로는 하자 보수 청구 또는 하자 보수에 갈음한 손해배상 청구 사건에서는 하자 여부 및 하자 보수비 상당을 감정해야 하지만, 미완성인 상태로 공사가 중도 타절된 경우에는 기성고를 감정해야 한다.

특히 건물, 기타 토지의 공작물이 완성된 경우에는 목적물에 존재하는 하자로 인하여 계약의 목적을 달성할 수 없더라도 계약을 해제할 수 없다(민법 제668조 단서).

하자와 미완성의 구별이 가장 의미가 있는 때는 지체상금의 발생 여부와 그 종기를 결정할 때이다. 아무리 큰 하자가 존재하더라도 목적물이 완성된 이상 지체상금이 발생하지 않거나 종기(終期)에 이르게 되지만, 미완성인 때에는 지체상금이 문제되는 것이다.

그렇다면 미완성과 하자는 어떻게 구분하는가?

판례는 ① 예정된 최후의 공정을 종료하지 못한 경우는 미완성이고, ② 당초 예정된 최후의 공정까지 종료하고 주요 구조 부분이 시공되어 사회 통념상 건물로서 완성된 경우는 하자로 구분한다. 나아가 ③ 개별적인 사건에 있어서 예정된 최후의 공정이 종료하였는지 여부는 당해 건물 신축 도급계약의 구체적 내용과 신의성실의 원칙에 비추어 객관적으로 판단할 수밖에 없다는 입장이다.

사례 해설 ①

1. 피고(수급인)는 약정 준공 기한인 1991년 9월 10일까지 이 사건 건물 신축 공사를 완성하지 못할 때는 도급인인 원고에게 지체상금을 지급하기로 약정하였다.

2. 원고와 피고는 1992년 1월 17일에 당초의 이 사건 건물 신축 공사 및 1차, 2차 설계 변경에 따른 공사에 대한 준공 정산을 하면서 당초 설계에 포함되지 않았던 현관 채양 공사, 소방 지적 사항 공사, 외곽 도로 포장 공사 등 일부 추가 공사를 실시하고, 이에 따른 공사금 증액 약정을 한 후 이에 따라 추가 공사를 실시하기로 하였다.

3. 피고는 1992년 1월 28일 원고에게 도급계약에 따라 위 추가 공사를 포함한 이 사건 건물 신축 공사의 준공일을 같은 달 27일 자로 기재한 준공계를 제출하면서 서면으로 준공 검사를 요청하였으나, 원고는 일부 공사의 미완성과 준공 검사에 필요한 제반 서류도 갖추어져 있지 아니하였다는 이유로 준공 검사를 거부하였다.

   그 당시 원고가 피고에게 제시한 미비된 공사 내역은 전기 및 설비 부문에 관한 것으로 주로 이미 설치 완료된 시설이 설치가 불량하거나 작동이 불량하다는 정도에 불과하였다. 위 전기 및 설비 부문 이외의 부문에 대하여도 당초 예정된 공정 중 구체적으로 진행되지 아니한 부분이나 이 사건 건물의 주요 구조 부분이 당초 약정과 같이 시공되지 않은 부분은 없다.

4. 같은 해 2월 15일 원고는 이 사건 건물 중 6층 부분을 우선 인도받아 입주하였다.

5. 원고와 피고는 서로 공사의 완성 여부와 공사 잔대금의 지급 문제

로 다툼을 벌이다가 같은 해 4월 16일, 피고는 원고로부터 위 공사 잔대금을 지급받고 원고에게 이 사건 건물의 준공 검사에 필요한 제반 서류와 함께 이 사건 건물을 인도하였다.

위 사례에서 이 사건 건물 신축 공사는 언제 완성된 것으로 볼 것인가? 준공 검사에 필요한 서류와 함께 건물을 인도한 1992년 4월 16일인가, 아니면 1992년 1월 27일에 완성되었다고 볼 것인가?

결국 지체상금의 종기는 1992년 1월 27일인가, 아니면 1992년 4월 16일인가?

이 사안에서 대법원은 건물 신축 공사의 미완성과 하자를 구별하는 기준은 '공사가 도중에 중단되어 예정된 최후의 공정을 종료하지 못한 경우에는 공사가 미완성된 것으로 볼 것이지만, 그것이 당초 예정된 최후의 공정까지 일응 종료하고, 주요 구조 부분이 약정된 대로 시공되어 사회 통념상 건물로서 완성되고, 다만 그것이 불완전하여 보수를 해야 할 경우에는 공사가 완성되었으나 목적물에 하자가 있는 것에 지나지 않는다고 해석함이 상당하다'고 판단하였다.

그러고 나서 이 사건 건물 신축 공사는 1992년 1월 27일 현재, 목적물에 일부 하자가 있었다 하더라도, 주요 구조 부분이 약정대로 시공되어 당초 예정된 최후의 공정까지 일응 종료됨으로써 완성되었다고 봄이 상당하고, 따라서 피고가 원고에 대하여 준공계를 제출하면서 준공 검사를 요청한 1992년 1월 28일 이후에는 지체상금이 발생하지 않는다고 보았다(대법원 94다32986 판결).

사례 해설 ②

1. 원고(수급인)는 1990년 3월 23일 피고와 이 사건 사우나 건물의 증축 및 대수선 공사의 도급계약을 체결하였다. 당시 원고가 시공하는 부분은 피고가 발주한 공사의 일부이므로, 위 건물의 외부 적벽돌 공사를 마치는 날을 원고가 이 사건 공사를 완공한 날로 약정하였다.
2. 원고는 1990년 12월 17일경 위 건물의 외부 적벽돌 공사를 마쳤다.
3. 원고는 이 사건 공사 내역 중 일부 공사에 대하여 미시공하였으나 이는 피고가 직영하거나 소외인들에게 도급을 주어 시공하고 있는 내부 공사와 동시에, 또는 그 공사 완료 후에 비로소 시공할 수 있는 것인데, 위 내부 공사 등이 제대로 되지 않아 원고가 공사 준비를 마쳤으나 그 공사를 하지 못하고 부득이 나머지 부분의 공사만 완료한 것이다.

이 사안에 대해서는 대법원은 원고가 위 외부 적벽돌 공사를 마침으로써 이 사건 공사는 당초 예정된 최후의 공정까지 일응 종료한 것으로 봄이 상당하다고 판단하였다(대법원 94다42822, 42839 판결).

사례 해설 ③

1. 이 사건 골프장 진입 도로의 법면이 급경사로 시공되는 관계로 그 절토면의 붕괴를 막기 위하여 설계도상 7m마다 소단을 두기로 되어 있는데도 수급인이 이를 시공하지 아니하였다.

2. 그 소단의 설치에는 상당한 비용이 소요된다.

3. 이 사건 공사 도급계약시 공사대금은 공사 부분별로 기성고에 따라 지급하기로 약정하였다. 이에 따라 위 법면 시공이 포함된 진입 도로 공사 부분에 대하여도 기성고에 따라 공사비를 모두 정산하여 지급하였다.

4. 위 법면 시공이 포함된 진입 도로 공사의 주요 구조 부분은 임야를 절토하여 진입 도로를 만들고, 그 절토 부분에 법면을 시공함에 있다.

5. 수급인은 위 법면 부분의 소단은 법면의 급경사로 인하여 기술적으로 설치가 불가능하여 설치하지 아니한 것이라고 주장하고 있다.

이러한 사안에서 대법원은 공사가 여러 개의 부분 공사 또는 공정으로 구분되어 있고, 도급인과 수급인 사이에서 부분 공사 또는 공정의 종료에 따라 그 공사비용의 적합 여부에 대한 검사를 하고 기성 공사금을 지급하는 것으로 되어 있는 경우에는 그 부분 공사 또는 공정의 종료와 검사의 완료로써 일단 해당 공사는 종료된 것으로 보고, 그 후에 발견된 시공상의 흠결은 하자 보수의 대상이 되는 하자로 봄이 상당하다면서 위 법면 부분에 대하여는 수급인이 소단 공사를 더 이상 시공할 의사가 없이 일단 완공한 것으로 하여 원고에게 인계하고, 그 공사대금을 전부 지급받음으로써 위 법면 부분의 공사는 사회 통념상 당초 예정된 최후의 공정까지 일응 종료한 것으로 보는 것이 상당하다고 판단하였다.

따라서 위 소단 미설치는 시공상의 흠결에 해당되어 하자 보수의 대상이 된다고 판단하였다(대법원 2004다39511 판결).

사례 해설 ④

1. 원고(수급인)와 피고(도급인)는 1993년 7월 1일 피고 소유의 이 사건 대지상에 지하 1층 지상 2층의 주택을 신축하는 공사 도급계약을 체결하였다. 공사 기간은 같은 해 8월 1일부터 3개월로 약정하였다.

2. 원고는 위 공사 착공일 이전인 1993년 7월 26일 피고의 양해를 얻어 같은 달 27일부터 공사를 시작하여 이 사건 대지상에 있던 건물을 철거한 후, 위 대지에 연접한 대지와의 경계 담장 바로 밑으로부터 터파기를 시작하여 같은 달 30일 바닥 콘크리트 공사까지 완공하였다.

3. 공사 도중 지적공사에서 경계를 측량하여 본 결과 애당초 원고가 알고 있던 대지의 경계선은 이 사건 대지와의 구 경계 담장으로부터 약 45㎝ 후퇴되었고, 연접 대지에 그만큼 들어간 것으로 되었다.

4. 원고는 1993년 10월 25일 계단, 난간, 수도, 보일러 설비 등 공사를 하지 않은 상태에서 위 공사를 중단하였다.

5. 피고는 위 신축 건물 2층의 수도, 세면기, 양변기, 보일러 설비를 직접 시공하고 1993년 12월 31일 위 신축 건물 2층에 입주하였다.

6. 위 신축 건물은 대지 경계점으로부터 1층 계단까지의 이격 거리 미확보로 준공 허가를 받지 못하고 있으며, 위 신축 건물은 제대로 측량한 경계 기점을 기준으로 보면 전체적으로 삐뚤어져 건축된 상태이다.

7. 원고는 위 공사의 완공을 이유로 공사대금을 청구하였다.

이러한 사안에 대해 대법원은 다음과 같이 판단하였다.

'이 사건 건물의 남측 2층 계단, 발코니, 처마와 인접 대지 경계로부터 두어야 할 거리가 30cm 모자란다는 이유로 사용 승인이 나지 아니하고 있다고 하여도, 원고가 인접 대지 경계와 두어야 할 거리를 확보하기 위하여 1층 계단과 발코니 부분을 절단하였으나, 2층 계단과 발코니 부분은 피고가 더 이상 절단 작업을 못하게 하여 그 거리를 확보하지 못하였고, 보일러, 2층의 수도, 세면기, 양변기 등 설치 공사를 남겨 둔 상태에서 피고가 원고로 하여금 더 이상 공사를 못하게 한 후 직접 그 공사를 하여 입주하였으며, 원고가 이 사건 건물의 신축 공사를 금 101,696,720원에 도급받았는데, 위 수도 등 공사비로는 금 1,168,000원이, 보일러 설치비로는 금 2,860,000원이 소요될 뿐이라면, 사회 통념상 이 사건 건물은 완성되었다고 보아야 할 것이다(대법원 97다44768 판결).'

| 판례 |

● 　　　　건물 신축 공사의 미완성과 하자를 구별하는 기준은 공사가 도중에 중단되어 예정된 최후의 공정을 종료하지 못한 경우에는 공사가 미완성된 것으로 볼 것이지만, 그것이 당초 예정된 최후의 공정까지 일응 종료하고 그 주요 구조 부분이 약정된 대로 시공되어 사회 통념상 건물로서 완성되고, 다만 그것이 불완전하여 보수를 해야 할 경우에는 공사가 완성되었으나 목적물에 하자가 있는 것에 지나지 않는

다고 해석함이 상당하고, 개별적 사건에 있어서 예정된 최후의 공정이 일응 종료하였는지 여부는 수급인의 주장에 구애됨이 없이 당해 건물 신축 도급계약의 구체적 내용과 신의성실의 원칙에 비추어 객관적으로 판단할 수밖에 없고, 이와 같은 기준은 건물 신축 도급계약의 수급인이 건물의 준공이라는 일의 완성을 지체한 데 대한 손해배상액의 예정으로서의 성질을 가지는 지체상금에 관한 약정에 있어서도 그대로 적용된다(대법원 94다32986 판결).

＊ 하자담보 책임의 도해

• 중요한 하자 : 보수비의 다과는 불문한다.
  → 하자 보수 청구권
  → 하자 보수에 갈음한 손해배상 청구권
  → 하자 보수와 함께 손해배상 청구권

• 경미한 하자
  → 보수비 과다   → 하자로 인한 손해배상 청구권
  → 보수비 과다하지 않음   → 하자 보수 청구권
                         → 하자 보수에 갈음한 손해배상 청구권
                         → 하자 보수와 함께 손해배상 청구권

과다한 보수비가 드는 경미한 하자

> **| 쟁점 |** 중요하지 않은 하자이지만, 보수에 과다한 비용이 들 때 수급인이 부담하는 하자담보 책임은 무엇인가?
>
> ---
>
> **| 해결 |** 하자로 인한 손해배상 청구만 가능하다.

하자로 인한 손해배상

● 　　　중요한 하자가 아니면서 보수에 과다한 비용을 요할 때는 하자의 보수나 하자의 보수에 갈음하는 손해배상을 청구할 수는 없고, 하자로 인하여 입은 손해의 배상만을 청구할 수 있다.

'도급계약에 있어서 완성된 목적물에 하자가 있을 경우에 도급인은 수급인에게 하자의 보수나 하자의 보수에 갈음한 손해배상을 청구할 수 있으나, 하자가 중요하지 아니하면서 동시에 보수에 과다한 비용을 요할 때는 하자의 보수나 하자의 보수에 갈음하는 손해배상을 청구할 수는 없고, 하자로 인하여 입은 손해의 배상만을 청구할 수 있다(대법원 97다54376 판결).'

하자로 인한 손해배상액의 산출

● 하자가 중요하지 아니하면서 동시에 보수에 과다한 비용을 요할 때는 하자의 보수나 하자의 보수에 갈음하는 손해배상을 청구할 수는 없고, 하자로 인하여 입은 손해의 배상만을 청구할 수 있다. 이러한 경우 하자로 인하여 입은 통상의 손해는 특별한 사정이 없는 한 도급인이 하자 없이 시공하였을 경우에 목적물의 교환 가치와 하자가 있는 현재의 상태대로의 교환 가치와의 차액이 된다 할 것이다. 따라서 '교환 가치의 차액을 산출하기가 현실적으로 불가능한 경우에 통상의 손해는 하자 없이 시공하였을 때의 시공비용과 하자 있는 상태대로의 시공비용과의 차액이라고 봄이 상당하다(대법원 97다54376 판결).'

사례 해설 : 경미한 하자

● 공장 건물의 계단실 내부 벽면을 습식 공법으로 시공하기로 약정한 석공사 도급계약을 체결하였는데, 실제 시공은 모르타르를 사용하지 않고, 강력한 에폭시 접착제를 사용하여 돌을 벽체에 고정시키는 이른바 반건식 공법으로 시공하였다. 그렇지만 습식 공법으로 시공한 것과 비교하여 그 벽면의 사용상의 기능과 역할이나 외부로부터의 충격으로 오는 피해 등에 별다른 차이는 없다.

대법원은 이 경우 '습식 공법으로 시공하기로 한 내부벽을 반건식 공법으로 시공한 하자는 중요한 하자가 아닌데, 그 하자를 보수하는 데 과다한 비용을 요하는 것으로 판단하였다(대법원 97다54376 판결).'

| 판례 |

●   화강석 물갈기로 시공하도록 되어 있는 계단을 실제로는 인조석 물갈기로 시공한 후 그 위에 바닥콘크리트를 타설하였고, 창호공사도 설계도상의 규격에 미달하는 알루미늄 새시와 유리를 사용하여 시공하였다. 위 계단과 창호를 설계도대로 시공하였을 경우에 이 사건 건물의 교환 가치와 현재의 상태대로의 교환 가치와의 차액은 미미함에 반하여, 위 계단과 창호를 철거한 후 설계도대로 재시공하는 데 소요되는 비용은 지나치게 과다하다. 사정이 이렇다면 하자로 인하여 입은 손해액은 위 교환 가치의 차액으로 인정함이 상당하다(대법원 96다45436 판결).

약정과 다른 승강기 시공은 중요한 하자

| 쟁점 | 당초의 약정한 A회사의 제품이 아니라 B회사의 제품으로 시공한 것은 중요하지 않은 하자인가?

| 해결 | 당초의 계약과 다른 제품을 시공한 하자는 중요하지 않은 하자로 단정할 수 없다.

사례 해설

●　　　　시방서에는 A회사가 제작한 6인승(450kg) 규격의 승강기를 설치하도록 되어 있는데, 수급인이 임의로 위 제품과 규격은 동일하지만 가격은 저렴한 B회사의 승강기를 설치하였다. B회사는 위 승강기 설치 공사 후 도산하였다. 위 승강기는 설치 후 재단법인 한국승강기 안전센터로부터 전반적으로 안전 상태가 양호한 것으로 판정받아 안전 검사필증까지 교부받은 바 있고, 설치 후 2년이 넘는 기간 동안 승강기를 사용하면서 4회에 걸쳐 142만 원을 들여 수리한 이외에는 다른 하자가 없었다.

위 수리비는 같은 기간 동안 승강기 제조업체 또는 승강기의 유지·보수를 전문으로 하는 업체와 승강기 관리계약을 체결하여 그 유지·보수를 하도록 하는 경우에 드는 통상의 관리비용보다도 적다. 또한 B회사는 도산하였으나 B회사에서 생산한 엘리베이터를 유지·보수하는 업체는 여전히 존속하면서 B회사가 설치한 승강기에 관한 유지·보수 업무를 계속하고 있다. 이 사건 건물에 설치된 위 승강기도 위 업체로부터 위와 같은 하자 보수를 받은 바 있다.

이 사례에서 A회사의 승강기가 아닌 B회사의 승강기를 설치한 것이 하자인가? 하자라면 중요한 하자인가?

건축 도급계약의 수급인이 설계도면의 기재대로 시공한 경우, 이는 도급인의 지시에 따른 것과 같아서 수급인이 그 설계도면이 부적당함을 알고 도급인에게 고지하지 않은 경우가 아닌 이상, 그로 인하여 목적물에 하자가 생겼다 하더라도 수급인에게 하자담보 책임을 지울 수는 없다. 반면 수급인이 당초의 도급계약에서 정한 제품을 임의로 가격이 저렴한 다른 제품으로 변경하여 설치한 것은 도급계약을 위반하여 이 사건 건물 전체의 경제적 가치를 저하시키는 것으로서 시공상의 하자로 보아야 할 것이다.

그렇다면 당초에 약정한 A회사의 제품이 아니라 B회사의 제품으로 시공한 것은 중요한 하자인가? 아니면 중요하지 않은 하자인가?

이 경우 원심 법원은 중요하지 않은 하자이면서 보수에 과다한 비용이 드는 하자로 판단하였다. 그래서 도급인으로서는 수급인에 대하여 그 부분에 관한 하자 보수로서의 교체 시공이나 그에 갈음하는 손해배상을 청구할 수는 없다. 다만, 당초에 예정한 대로 시공하였을 경우에 소요되는 공사비와 실제로 위와 같은 변경 시공에 소요된 공사비의 차액 및 위 승강기의 수리비용으로 지출한 금액의 합계 상당만을 손해배상으로 청구할 수 있다고 판단하였다.

그러나 대법원은 당초의 계약과 다른 제품을 시공한 하자는 중요하지 않은 하자로 단정할 수 없다고 판단하였다. 그렇다면 손해배상액은 교체 시공비 상당이 될 것이다.

| 판례 |

● 　　　건축 도급계약시 특별히 갑회사의 승강기를 설치하기로 약정했으나 수급인이 이를 위반하여 을회사의 승강기를 설치하였고, 그 후 을회사가 도산했을 때 다른 개인 업체가 을회사의 승강기 부품을 확보하고 있었고, 또한 약 2년간의 운행 기간 동안 그 승강기가 큰 고장을 일으키지 아니하였다 할지라도, 그 승강기의 내구연한에 이르기까지 유지·보수에 필요한 부품이 제대로 공급되리라는 보장이 없게 되었다고 봄이 상당하다.

이는 수급인이 도급인과의 특약을 무시하고 가격이 저렴한 타사 제작의 승강기를 설치한 탓에 생긴 하자로서 승객의 안전과 직결되는 승강기의 설치에 있어서 그와 같은 하자가 중요하지 않다고 단정할 수는 없다(대법원 95다24975 판결).

도급인의 지시에 따른 시공의 하자 유무

| **쟁점** | 도급인의 지시에 따라 당초의 설계도와 다르게 시공했다면 하자에 해당되는가?

| **해결** | 도급인의 지시에 따른 시공은 하자가 아니다.

도급인의 지시에 따른 시공

●　　　　수급인에게는 하자담보 책임이 있지만, 하자가 도급인이 제공한 재료의 성질 또는 도급인의 지시로 인하여 발생한 때에는 수급인에게 하자담보 책임을 물을 수 없다(민법 제669조 본문). 도급인의 지시를 따른 결과 하자가 발생했는데도 수급인에게 담보 책임을 묻는 것은 불공평하기 때문이다. 따라서 수급인이 설계도면에 맞게 시공한 이상 도급인의 지시에 따른 시공이므로, 수급인에게 하자담보 책임을 물을 수 없다.

그렇지만 수급인이 재료 또는 지시의 부적당함을 알고도 도급인에게 그 사실을 고지하지 않은 경우에는 담보 책임을 져야 한다(민법 제 669조 단서). 즉 도급인의 지시에 따라 건축 공사를 하는 수급인은 그 지시가 부적당함을 알면서도 이를 도급인에게 고지하지 아니한 경우에는 완성된 건물의 하자가 도급인의 지시에 기인한 것이라 하더라도 그에 대한 담보 책임을 면할 수 없는 것이다.

| 판례 |

● 　　　도급인이 원래의 설계를 변경하는 데에 동의하고 그 변경된 설계에 기한 건축 설계 변경 허가 절차까지 마친 이상, 나중에 그 동의를 적법하게 철회 또는 취소하였다거나 혹은 위 동의를 함에 있어 오로지 어느 특정 범위를 한정하여 동의하였다는 등의 다른 특별한 사정이 없는 한, 그 동의의 효력은 변경된 설계 전체에 미칠 터이고, 그 결과 적어도 설계 변경 이후의 유효한 설계는 원래의 설계가 아니라 나중의 변경된 설계라 하겠으며, 따라서 수급인이 그 변경된 설계에 맞게 시공하였다면 도급인으로서는 그 시공 부분을 원래의 설계와 다르다는 이유만을 들어 하자라고 주장하거나 혹은 그 부분 시공비용과 원래의 설계에 따른 시공비용의 차액을 손해라 하여 그 배상을 구할 수는 없다(대법원 99다12888 판결).

감리 승인을 얻은 시공의 하자 유무

| 쟁점 | 수급인은 건물의 신축 공사 중 지하수가 솟아나오는 것을 발견하고 그 사실을 감리원에게 알렸다. 수급인의 보고를 받은 감리원은 지하수의 분출은 설계 변경을 할 정도의 것이 아니므로, 그냥 공사를 진행해도 별 일이 없을 것이라고 말했다. 수급인은 감리원의 말을 믿고 그의 지시에 따라 솟아 난 지하수를 밖으로 빼내는 조치만 취한 채 그대로 공사를 진행했다. 이 경우 수급인에게 하자담보 책임을 물을 수 있는가?

| 해결 | 감리의 승인을 얻은 시공은 도급인의 지시에 따른 시공과 마찬가지여서 담보 책임을 물을 수 없다.

감리의 승인을 얻은 시공은 도급인의 지시에 따른 시공

● 이런 사정이라면 수급인으로서는 도급인의 지시에 해당하는 설계도에 어떠한 잘못이 있다는 것을 알았다고 할 수 없으므로, 수급인에게 도급인의 지시가 부적당함을 고지할 의무가 발생했다고 할 수 없다. 감리는 건축주의 지정과 의뢰에 따라 건축주를 위하여 건축

시공자가 하자 없는 건축물을 완성할 수 있도록 지도, 감독하는 역할을 한다. 즉 자신의 전문지식을 동원하여 공사가 설계도에 따라 시공되는지 여부를 확인하고, 공사 시공자를 지도하는 사무를 처리하는 자인 것이다.

따라서 수급인이 공사 도중에 발생한 사정을 감리에게 알리고, 그의 지시에 따라 원래의 설계도에 따라 공사를 계속한 것이라면 완성된 건물에 설계도의 결함으로 인한 하자가 발생했다 하더라도, 수급인이 설계도의 부적당함을 알면서 이를 고지하지 아니한 것으로 볼 수는 없다.

| 판례 |

● 　　도급인의 지시에 따라 건축 공사를 하는 수급인은 그 지시가 부적당함을 알면서도 이를 도급인에게 고지하지 아니한 경우에는 완성된 건물의 하자가 도급인의 지시에 기인한 것이라 하더라도 그에 대한 담보 책임을 면할 수 없다.

공사의 감리인은 건축주의 지정과 의뢰에 따라 건축주를 위하여 건축 시공자가 하자 없는 건축물을 완성할 수 있도록 자신의 전문지식을 동원한 재량으로 공사가 설계도에 따라 시공되는지 여부를 확인하고, 공사 시공자를 지도하는 사무를 처리하는 자이다. 따라서 수급인이 공사 도중에 발생한 사정을 감리인에게 고하고 그의 지시에 따라 원래의 설계도에 따라 공사를 계속한 것이라면, 설사 완성된 건물에 설계도의 결함으로 인한 하자가 발생하였다 하더라도 수급인이 설계도의 부적당함을 알면서 이를 고지하지 아니한 것이라고 할 수 없다.

따라서 공사 도중 지하수가 분출하여 감리인에게 알린 후 그의 지시에 따라 배수 조치만 취한 채 공사를 계속한 경우, 그 수급인에게 설계도의 결함으로 인한 하자담보 책임이 없다(대법원 94다31747, 31754(반소) 판결).

하자 보수비 상당의 손해배상

| 쟁점 | 하자 보수에 갈음한 손해배상 청구에서 손해배상액은 얼마인가?

| 해결 | 객관적인 하자 보수비 상당액이다.

하자 보수비의 산출

●   도급인은 하자 보수에 갈음하여 또는 하자 보수와 함께 손해배상을 청구할 수 있다(민법 제667조 제2항). 민법 제667조 제2항이 정하는 하자 보수에 갈음하는 손해배상은 그것이 민법 제667조 제1항의 하자 보수 청구에 '갈음하는' 것인 이상 하자 보수에 드는 비용 상당액이다.

대법원 판례도 하자 보수에 갈음한 손해배상의 액수는 '하자 보수비'라고 판시하고 있다. 하자 보수와 함께 청구하는 손해배상은 하자를 보수하더라도 전보되지 않는 손해액 상당으로서 일의 완성이 지연되어 발생한 지연 손해, 완전한 보수가 불가능하기 때문에 남는 잔존 손해, 하자로 인하여 계약 이외의 대상에 발생하는 확대 손해이다.

하자 보수비는 도급인 또는 수급인이 개인적으로 조달할 수 있는 공사비용이 아니라 건설 물가, 정부노임단가 등에 의하여 객관적으로 인정되는 금액에 한한다. 통상 감정인이 제출하는 하자 보수비에 대한 감정가는 공사 원가계산서 방식에 의하기 때문에 수급인이 실제 보수 공사를 시행하는 경우보다 높다. 더군다나 산출된 공사 원가 100%를 그대로 하자 보수비 상당으로 인정하고 예정 가격의 85% 전후에 그치는 낙찰율을 적용하지 않기 때문에 현실과 괴리된 점이 있다.

그렇다고 정부표준품셈 등의 적용을 배척할 수 있는가? 정부노임단가는 법령에 따라 작성되고, 정부에 의하여 공인된 가격으로서 그 객관성과 보편성이 담보되어 있다. 반면에 정부노임단가와 다른 가격을 기준으로 하여 하자 보수비를 주장하기 위해서는 조사기관, 조사의 대상과 범위, 조사 방법, 산출 기준 등에 관하여 객관성과 보편성을 담보할 만한 자료를 제시하여 그것이 정부노임단가에 손색이 없는 객관적인 가격으로서 이를 하자 보수비 산정의 기준으로 삼기에 충분하다는 점을 입증해야 한다(대법원 95다24975 판결 참조).

도급인이 직접 하자 보수를 시행하고 그에 소요된 비용을 손해배상액으로 청구하는 경우에도 통상의 하자 보수비를 초과하는 금액을 인정받을 수 없다.

특별 사정으로 인한 손해

| 쟁점 | 도급인은 건물의 하자로 인하여 정신적 고통을 받았다는 이유로 위자료를 청구할 수 있는가?

| 해결 | 위자료는 특별 사정으로 인한 손해로서 수급인이 그 사정을 알았거나 알 수 있었다면 위자료도 청구할 수 있다.

위자료는 특별한 손해

● 　　　　하자담보 책임으로서의 손해배상의 범위는 통상의 손해를 한도로 하며, 하자 보수에 갈음한 손해배상은 하자 보수비 상당액에 해당한다. 위와 같은 통상적 손해로서의 하자 보수비 이외에 하자로 인하여 입은 정신적 피해에 대한 손해배상도 인정되는가? 정신적인 피해에 대한 손해배상은 특별 사정으로 인한 손해로서 수급인이 그 사정을 알았거나 알 수 있었을 때에 한하여 인정된다.

판례에 따르면, 건물을 신축하면서 인근 토지의 지반 붕괴에 대비한 예방 조치 등을 함이 없이 공사를 진행함으로써, 인근 주택의 지반이 붕괴와 함께 벽에 균열이 생기고, 지붕이 파손되었다면 피해자로서는 재산상 손해 외에 일상생활의 평안 상태가 파괴되고, 언제 어떠한 손해가 발생할지 모르는 불안감에 떨어야 하는 정신적 고통에 대한 위자료 청구도 할 수 있다(대법원 92다34162 판결 참조).

또 건물 신축 공사로 인하여 공사 기간 동안 임차인이 거주하는 피해자 소유의 주택이 2차에 걸쳐 파손되다가 급기야 신축 건물의 5층 옥탑이 무너져 내렸고, 그 벽돌이 피해자의 주택을 덮쳐 지붕과 거실, 천정까지 파손되는 사고를 입는 등 계속적인 손해를 입는 상황이었다면 피해자가 거주하지 않고 있더라도 가옥 파괴와 세입자의 생명, 신체, 재산 침해에 대한 불안감으로 인해 정신적 고통이 있었을 것임은 경험칙상 능히 인정된다(대법원 93다45213 판결).

반면, 건물의 콘크리트 강도가 부족하고 시공에 하자가 있으며, 미시공 등으로 인하여 정신적 고통을 입었다고 하더라도, 이 사건 공사의 경위와 하자 및 미시공의 정도, 건물의 콘크리트 강도 미달이 건물의 안전성에 미치는 영향은 구조적으로 크게 문제되지 않고, 수명에 영향을 미친다고 인정되지 않을 때는 그 하자로 인하여 정신적 고통을 받았다는 이유로 위자료를 청구할 수는 없다(대법원 95다12798 판결).

| 판례 |

● 　　　　일반적으로 건물 신축 도급계약에 있어서 수급인이 신축한 건물에 하자가 있는 경우, 이로 인하여 도급인이 받은 정신적 고통은 하자가 보수되거나 하자 보수에 갈음한 손해배상이 이루어짐으로써 회복된다고 보아야 할 것이다. 따라서 도급인이 하자의 보수나 손해배

상만으로는 회복될 수 없는 정신적 고통을 입었다는 특별한 사정이 있고, 수급인이 이와 같은 사정을 알거나 알 수 있었을 경우에 한하여 정신적 고통에 대한 위자료를 인정할 수 있다(대법원 93다19115 판결).

하자 보수비 산정의 기준 시점

| **쟁점** | 하자 보수비를 산정하는 기준 시점은 언제인가?

| **해결** | 하자 보수를 청구한 바로 그 시점이다.

하자 보수 채권의 변제기와 하자 보수비 산정의 기준 시점

● 　　　물가가 변동하기 때문에 하자 보수비는 산정하는 시점에 따라 달라질 수 있다. 통상 도급인은 감정 시점을 기준 시점으로 주장하고, 수급인은 공사의 완성 시점을 기준 시점으로 주장한다.

이는 하자 보수 채권의 변제기를 언제로 볼 것인가와 같은 문제인데, '하자 보수 채권의 변제기는 도급인이 하자 보수를 청구한 바로 그때이고, 하자 보수에 갈음한 손해배상 채권의 변제기는 도급인이 손해배상을 청구한 시점이다(대법원 88다카18788 판결).'

같은 맥락에서 대법원은 '하자 보수비를 도급인이 건물을 인수한 때 또는 하자 발견 시점을 기준으로 해야 한다는 논지는 독자적인 것이고, 오히려 하자 보수 청구 시점 또는 보수에 갈음한 손해배상 청구 시

점을 기준으로 산정함이 사리에 합당하다(대법원 80다923, 924 판결)'
고 본다.

　손해배상액을 산정하는 기준 시점은 하자 보수를 청구하는 시점이
다. 하자 보수를 청구하지 않고 처음부터 이에 갈음하는 손해배상 청
구를 하는 경우에는 손해배상을 청구한 때가 기준 시점이다.

| 판례 |

●　　　　완성된 목적물에 하자가 있어 도급인이 수급인에 대하여 하
자 보수에 갈음한 손해배상을 청구하는 경우, 그 손해배상 금액에 상
응하는 보수 금액에 관하여는 지급을 거절할 수 있고, 이 경우 그 손해
배상의 액수 즉 하자 보수비는 목적물의 완성 시점이 아니라 손해배상
의 청구 시점을 기준으로 산정함이 상당하다 할 것이다(대법원 94다
26011 판결).

중요하지 않은 하자의 손해배상액 산정

> | 쟁점 | 중요하지는 않지만 보수에 과다한 비용이 드는 하자로 인한 손해배상액은 어떻게 산출하는가?
>
> | 해결 | 재조달 원가에 감가 수정을 하는 복성식 평가법에 의하는 것이 합리적이다.

하자로 인한 손해

●　　　하자가 중요하지 아니하면서 동시에 그 보수에 과다한 비용을 요하는 경우에는 도급인은 하자 보수나 하자 보수에 갈음하는 손해 배상을 청구할 수 없고, 그 하자로 인하여 입은 손해의 배상만을 청구할 수 있다. 이러한 경우 그 하자로 인하여 입은 통상의 손해는 특별한 사정이 없는 한 수급인이 하자 없이 시공하였을 경우의 목적물의 교환 가치와 하자가 있는 현재 상태대로의 교환 가치와의 차액인데, 이 교환 가치는 어떻게 평가하는가?

판례는 재조달 원가에 감가 수정을 하는 복성식 평가법에 의하는 것이 합리적이라고 판단한다.

ㅣ판례ㅣ

●   하자가 중요하지 아니하면서 그 보수에 과다한 비용을 요하는 경우에 그 하자로 인한 손해인 교환 가치의 평가는 재조달 원가에 감가 수정을 하는 복성식 평가법에 의하는 것이 합리적이고(감정평가에관한규칙 제4조, 제18조 등 참조), 감가 수정을 하는 것이 적당하지 않은 경우에는 건물 완공 시점의 재조달 원가를 산정 비교하는 방법에 의하여 평가하는 것이 합리적이다(대법원 95다30345 판결).

하자로 인한 화재의 복구비용의 보수비 인정 여부

> **| 쟁점 |** 하자로 인하여 발생한 화재로 손상된 부분의 복구비용도 하자 보수비에 포함되는가?
>
> --
>
> **| 해결 |** 이러한 복구비용도 그 하자와 상당인과관계가 있는 손해에 해당한다.

사례 해설

● 　　설계도와 달리 전등선과 전열선을 별도로 하지 않고 하나의 선으로 설치하는 바람에 단일 전선에 과부하가 걸려 누전이 되었고, 이로 인하여 화재가 발생하였다. 이 화재를 진압하는 과정에서 물이 유입되어 주택이 훼손되었고, 결국 화재의 원인은 시공상의 하자로 밝혀졌다. 이러한 경우 수급인의 손해배상 범위는 어디까지인가?

하자 없는 상태로 재시공하는 비용 상당액은 통상의 손해라 할 것이므로, 설계도에 맞게 각 실 전등의 전원 공급을 담당하는 전등선과 가전제품의 전원 공급을 담당하는 전열선을 별도의 선으로 재시공하는

데 소요되는 비용 상당이 손해라는 점은 의심의 여지가 없다. 거기에서 더 나아가 화재를 진압하는 과정에서 유입된 물로 인하여 훼손된 부분을 원래의 상태로 복구하는 비용까지도 손해배상의 범위에 포함되는가?

대법원은 화재 진압에 사용한 물이 유입됨으로써 훼손된 부분을 복구하는 데 드는 비용 상당액도 그 하자와 상당인과관계가 있는 손해에 해당한다고 판단하였다.

| 판례 |

● 　　수급인은 목적물이 하자로 인하여 훼손된 경우 그 훼손된 부분을 철거하고 재시공하는 등 복구하는 데 드는 비용 상당액의 손해를 배상할 의무가 있고, 공사 도급계약의 목적물인 건물에 하자가 있어 이로부터 화재가 발생한 경우 그 화재 진압시 사용한 물이 유입됨으로써 훼손된 부분을 복구하는 데 드는 비용 상당액도 그 하자와 상당인과관계가 있는 손해에 해당한다(대법원 96다4442 판결).

확대 손해의 배상책임

| 쟁점 | 확대 손해에 대해서도 수급인은 하자담보 책임을 지는가?

| 해결 | 별도의 채무 불이행 책임을 진다.

확대 손해

●   목적물에 존재하는 하자로 인하여 확대 손해가 발생하는 경우가 있다. 예컨대, 주택 신축 공사를 하면서 전기 공사를 부실하게 하는 바람에 전기 합선으로 인하여 화재가 발생하여 도급계약의 목적물이 아닌 가구 또는 가전제품이 손상되는 재산상의 손해가 발생할 수 있다. 혹은 부실 시공으로 인하여 안전사고가 발생하여 다치는 사고가 발생할 수도 있다. 이러한 확대 손해에 대해서도 수급인은 하자담보 책임을 진다.

사례 해설

● 　　이 사건 공사 도급계약은 액젓 저장 탱크를 제작하여 설치하는 공사였는데, 수급인이 제작하여 설치한 액젓 저장 탱크에 균열이 발생하였다. 이 균열은 철근·콘크리트의 부족이라는 구조적 결함으로 인한 것이어서 방수 공사로 보완할 수 없고, 보수 공사가 필요한 하자였다. 이러한 하자로 인하여 액젓이 변질되는 사고가 발생하였다. 이 경우 수급인에게 액젓 저장 탱크의 제작·설치를 의뢰한 도급인은 액젓 변질로 인한 손해배상까지 청구할 수 있는가?

이에 대해 대법원은 수급인이 액젓 변질로 인한 손해까지도 도급인에게 배상해야 한다고 판단하였다. 다만, 액젓 변질로 인한 손해배상은 하자담보 책임이 아니라 별개의 권원에 의해서 인정되는 채무 불이행 책임이라는 취지로 판시하고 있다. 즉 액젓 변질로 인한 손해배상은 하자담보 책임을 넘어서 수급인이 도급계약의 내용에 따른 의무를 제대로 이행하지 못함으로써 도급인의 신체·재산에 발생한 손해에 대한 배상이라는 것이다.

결국 하자담보 책임은 액젓 저장 탱크 자체의 하자를 보수하는 데 드는 비용 상당에 한정되는 것이고, 그 하자가 원인이 되어 도급계약의 목적물 이외에 재산 또는 신체에 발생한 하자에 대해서는 하자담보 책임과는 별개의 채무 불이행 책임을 물어야 한다는 것이다.

| 판례 |

● 　　액젓 저장 탱크의 제작·설치 공사 도급계약에 의하여 완성된 저장 탱크에 균열이 발생한 경우, 보수비용은 민법 제667조 제2항

에 의한 수급인의 하자담보 책임 중 하자 보수에 갈음하는 손해배상이고, 액젓 변질로 인한 손해배상은 위 하자담보 책임을 넘어서 수급인이 도급계약의 내용에 따른 의무를 제대로 이행하지 못함으로 인하여 도급인의 신체·재산에 발생한 손해에 대한 배상으로서 양자는 별개의 권원에 의하여 경합적으로 인정된다(대법원 2001다70337 판결).

확대 손해와 귀책사유

| 쟁점 | 하자의 확대로 인한 손해배상 책임은 귀책사유를 요하는가?

| 해결 | 채무 불이행 책임이므로 귀책사유가 있어야 한다.

귀책사유의 요부와 입증 책임

하자담보 책임은 법정 무과실 책임이다. 따라서 하자가 발생한 이상 수급인은 그에게 과실이 없더라도 하자를 보수할 의무 또는 하자 보수에 갈음하는 손해배상 의무를 진다.

그렇다면 수급인은 귀책사유가 없더라도 확대 손해에 대한 손해배상 책임을 부담하는가? 확대 손해에 따른 손해배상 책임은 채무 불이행 책임이라면 수급인에게 귀책사유가 있어야 책임을 물을 수 있는 것 아닌가?

이에 대해서 대법원은 '수급인이 도급계약에 따른 의무를 제대로 이행하지 못함으로 말미암아 도급인의 신체 또는 재산에 손해가 발생한 경우, 수급인에게 귀책사유가 없었다는 점을 스스로 입증하지 못하는 한 도급인에게 손해를 배상할 의무가 있다(대법원 2004다37676 판결)' 라고 판단하였다.

즉 하자의 확대로 인한 책임을 묻기 위해서는 수급인의 귀책사유가 필요하지만, 그 귀책사유에 대한 입증 책임은 채무자인 수급인에게 있다는 것이다. 따라서 수급인은 자신에게 귀책사유가 없다는 점을 입증하지 못하면 하자의 확대로 인한 손해배상 책임도 면할 수 없다.

| 판례 |

● 　　　원단의 가공에 관한 도급계약에 의하여 납품된 물건에 하자가 발생함으로 말미암아 도급인이 외국에 수출하여 지급받기로 한 물품대금을 지급받지 못한 데 대한 손해배상은 민법 제667조 제2항 소정의 하자담보 책임을 넘어서 수급인이 도급계약의 내용에 따른 의무를 제대로 이행하지 못함으로 인하여 도급인의 신체·재산에 발생한 이른바 '하자 확대 손해'에 대한 배상에 해당되므로, 수급인에게 귀책사유가 없었다는 점을 스스로 입증하지 못하는 한 도급인에게 손해를 배상할 의무가 있다(대법원 2007다26455, 26462 판결).

과실상계의 가부

> | 쟁점 | 하자의 발생 및 하자로 인한 손해의 확대에 도급인의 책임이 개입되었다면, 이러한 사정을 참작할 수 있을까?
>
> | 해결 | 손해액을 산정할 때 도급인 측의 과실도 참작한다.

과실상계

●   과실상계 규정은 채무 불이행 및 불법행위에 기한 손해배상 책임을 정할 때 적용된다. 채무 불이행에 관하여 채권자에게 과실이 있는 때에는 법원은 손해배상의 책임 및 그 금액을 산정할 때 이를 반드시 참작하여야 한다(민법 제396조). 불법행위에 기한 손해배상 책임과 그 범위를 정할 때에도 채권자의 과실을 반드시 참작해야 한다(민법 제763조).

불법행위에 있어서 과실상계는 공평 내지 신의칙의 견지에서 손해배상액을 정함에 있어 피해자의 과실을 참작하는 것으로서, 그 적용에 있어서는 가해자와 피해자의 고의 과실의 정도, 위법행위의 발생 및 손해의 확대에 관하여 어느 정도의 원인이 있는지 등 제반 사정을 고려하여 배상액의 범위를 정하는 것이며, 불법행위에 있어서 가해자의 과실이 의무 위반의 강력한 과실임에 반하여 과실상계에 있어서의 과실이란 사회 통념상, 신의성실의 원칙상, 공동생활상 요구되는 약한 부주의까지를 가리키는 것이라 할 것이다(대법원 99다33397 판결).

하자의 발생 및 하자로 인한 손해의 확대에 도급인의 책임이 개입되어 있다면, 수급인의 하자담보 책임을 산정할 때 이러한 사정을 참작할 수 있을까? 대법원은 참작해야 한다고 판단한다.

사례 해설 ①

●   이 사건 건물의 건축주는 ① 증축을 하기 위해서는 기초 공사의 견고성을 알아보고 견고성에 문제가 있으면 증축을 하지 말아야 하는데, 처음 약정한 도급계약의 공사 내용을 변경하여 1층 골조 공사가 끝날 무렵에야 3층 및 탑층의 증축을 요구하였다. ② 1976년 2월 건물을 인도받아 누수, 균열 등의 하자를 발견했으면 즉시 수급인에게 보수를 요청하는 등 하자 확대를 방지할 신의칙상 의무가 있는데, 이를 게을리 했다. ③ 오히려 건물을 인수한지 2개월도 안 되어 수급인 등과 상의도 없이 3층 옥상에 7.3톤의 철제 선전탑을 세우면서 바닥에 구멍을 뚫는 등 설치 과정에서의 진동, 건립 후 중압에 의한 피해 등으로 그 하자가 확대되었다.

이러한 사정을 참작하여 25% 가량을 손해액에서 감액 산정한 원심의 판단에 대하여 대법원은 민법 제667조 소정의 수급인의 하자 담보 책임이 법이 특별히 인정한 무과실 책임으로서 여기에 동법 제396조의 과실상계 규정이 준용될 수 없다 하더라도, 위 담보 책임이 민법의 지도 이념인 공평의 원칙에 입각한 것일진대 원심이 본건 하자 정도 확대에 가공한 원고의 잘못을 그 손해액 산정에서 참작하였음에 아무런 법리오해가 있다 할 수 없다고 판단했다(대법원 80다923, 924 판결).

사례 해설 ②

● 　　　그렇다고 언제나 과실상계가 인정되는 것만은 아니다. 도급인이 외국에 거주한다는 핑계로 공사비를 제때에 지급하지 아니하였거나 수급인에게 공사를 일임한 채 건축주 본인으로서 최소한의 현장 확인, 감독 조치를 게을리 하였다면 과실상계의 사유가 될까?

대법원은 이와 같은 사정만으로는 채권자 측의 과실로 참작할 수 있는 것이 아니라고 본다. 대법원은 건축의 문외한으로 보이는 도급인이 공사를 직영한 것이 아니라 십 수억 원대의 공사대금을 주고 목욕탕 건설 및 설비 전문가라고 자처하는 수급인에게 공사 전체를 도급주어 시공하게 한 사정 및 일반적으로 건축 공사 도급계약에 있어 수급인은 당연히 계약 내용에 좇아 아무런 하자 없는 건물을 완성하여 도급인에게 인도하여 줄 의무가 있는 점 등에 비추어 볼 때, 도급인이 미국에 거주한다는 핑계로 공사비를 제때에 지급하지 아니하였고, 공사의 진행도 수급인에게 일임한 채 건축주 본인으로서 최소한의 현장 확인, 감독 조치를 게을리 하였다는 등의 사유는 이 사건 하자의 발생이나 확대에 영향을 미친 도급인 측의 과실이라고 말하기 어렵다고 판단했다(대법원 99다12888 판결).

● 　　　수급인의 하자담보 책임에 관한 민법 제667조는 법이 특별히 인정한 무과실 책임으로서 여기에 민법 제396조의 과실상계 규정이 준용될 수는 없다 하더라도, 담보 책임이 민법의 지도 이념인 공평의 원칙에 입각한 것인 이상 하자 발생 및 그 확대에 가공한 도급인의 잘못을 참작하여 손해배상의 범위를 정함이 상당하다(대법원 88다카31866 판결).

공사대금 채권과 손해배상 채권의 관계

> | 쟁점 | 도급인은 하자의 존재를 이유로 공사대금 채무의 지급을
> 거절할 수 있는가?
> --
> | 해결 | 동시이행 관계에 있는 손해배상 채권 상당액에 대하여는
> 지급을 거절할 수 있다.

동시이행 관계

● 도급인의 공사대금 지급 채무와 수급인의 하자 보수 채무 또는 하자 보수에 갈음하는 손해배상 채무는 동시이행 관계에 있다(민법 제667조 제3항, 제536조). 도급계약에 있어서 완성된 목적물에 하자가 있는 때에는 도급인은 수급인에 대하여 하자의 보수를 청구할 수 있고, 그 하자의 보수에 갈음하여 또는 보수와 함께 손해배상을 청구할 수 있는 바, 이들 청구권은 특별한 사정이 없는 한 수급인의 보수 지급 청구권과 동시이행의 관계에 있는 것이다.

따라서 도급인은 수급인이 하자 보수를 이행하거나 하자 보수에 갈

음한 손해배상 채무를 이행할 때까지 공사대금 채무의 이행을 거절할 수 있고, 이 권리를 행사하는 한에서는 도급인이 공사대금 채무를 지급하지 않더라도 이행지체에 빠지지 않는다.

그렇다고 도급인은 하자 보수 청구나 하자 보수에 갈음한 손해배상 청구권을 행사하지도 않은 채 하자가 존재한다는 이유만으로 공사대금 채무의 지급을 거절하면 지체의 책임을 면할 수 없다. 즉 하자 보수 청구나 하자 보수에 갈음한 손해배상 청구권을 행사하여 상대방이 그 이행을 제공하지 않거나 자기 채무의 이행을 거절하는 한도 내에서만 지체의 책임을 면할 수 있다.

| 판례 |

●　　　도급계약에 있어서 완성된 목적물 또는 완성 전의 성취된 부분에 하자가 있는 경우, 도급인은 수급인에게 하자의 보수를 청구할 수 있고 하자 보수에 갈음하거나 하자 보수와 함께 손해배상을 청구할 수 있으며, 이들 청구권은 특별한 사정이 없는 한 수급인의 공사대금 채권과 동시이행의 관계에 있는 것이다. 따라서 이와 같은 하자가 있어 도급인이 하자 보수나 손해배상 청구권을 보유하고 이를 행사하는 한에 있어서는 도급인의 공사비 지급 채무는 이행지체에 빠지지 아니한다(대법원 88다카18788 판결).

하자를 이유로 지급을 거절할 수 있는 채무의 범위

> | 쟁점 | 도급인은 하자의 존재를 이유로 전체 공사대금 채무의 지급을 거절할 수 있는가?
>
> | 해결 | 도급인이 지급을 거절할 수 있는 채무는 동시이행 관계에 있는 하자 보수 채무 상당액이다.

동시이행을 이유로 거절할 수 있는 범위

완성된 목적물에 하자가 있는 경우 도급인은 수급인에 대하여 하자의 보수를 청구할 수 있고, 그 하자의 보수에 갈음하여 또는 보수와 함께 손해배상을 청구할 수 있다. 그리고 이들 청구권은 특별한 사정이 없는 한 수급인의 보수 지급 청구권과 동시이행의 관계에 있다.

그렇다면 도급인은 공사대금 지급 채무와 하자 보수 채무 또는 하자 보수에 갈음한 손해배상 채무가 서로 동시이행 관계에 있다는 이유로 액수를 불문하고 공사대금 채무의 지급을 거절할 수 있는가? 그럴 수는 없다. 서로 대등액에서 이행을 거절할 수 있을 뿐이다. 자기 채무를 회피하기 위하여 과다한 동시이행의 항변권을 행사한다면 권리남용으로서 배척될 수 있다.

사례 해설

● 이 사건 건물에는 슬래브, 보, 기둥 부분에 광범위하게 하자가 발생하여 보수하지 않으면 사용할 수 없는데, 6억 원의 보수비가 소요된다. 도급인은 선급금만 지급하고 약정에 따른 기성 공사대금을 전혀 지급하지 않아 현재 미지급 기성 공사대금이 54억 원에 이른다. 도급인은 현재 자력이 없고 앞으로 하자 보수 공사가 완성되어도 공사대금을 지급할지 여부가 불확실하다. 사정이 이런데도 도급인은 기성 공사대금 전액에 대하여 동시이행의 항변을 할 수 있는가?

자기 채무의 이행을 회피하기 위한 수단으로써 동시이행의 항변권을 행사하는 경우에는 권리남용에 해당한다. 그래서 미지급 공사대금에 비해 하자 보수비 등이 매우 적은 편이고 하자 보수 공사가 완성되어도 공사대금이 지급될지 여부가 불확실한 경우, 도급인이 하자 보수청구권을 행사하여 동시이행의 항변을 할 수 있는 기성 공사대금의 범위는 하자 및 손해에 상응하는 금액으로 한정하는 것이 공평과 신의칙에 부합한다.

사례에서처럼 6억 원 상당의 하자 보수비 채무를 가지고 미지급 공사대금 54억 원 전액에 대하여 동시이행의 항변권을 행사하여 지급을 거절할 수는 없다. 도급인이 지급을 거절할 수 있는 공사대금 채무는 하자 보수비 상당액에 한정된다고 보아야 할 것이다.

판례

● 　　　도급인이 하자의 보수에 갈음하여 손해배상을 청구한 경우 도급인은 그 손해배상의 제공을 받을 때까지 손해배상액에 상당하는 보수액의 지급만을 거절할 수 있는 것이고, 그 나머지 보수액의 지급은 이를 거절할 수 없는 것이라고 보아야 할 것이므로, 도급인의 손해배상 채권과 동시이행 관계에 있는 수급인의 공사금 채권은 공사 잔대금 채권 중 위 손해배상 채권액과 동액의 금원뿐이고, 그 나머지 공사 잔대금 채권은 위 손해배상 채권과 동시이행 관계에 있다고 할 수 없다(대법원 90다카230 판결 등).

● 　　　일반적으로 동시이행의 관계가 인정되는 경우에 그러한 항변권을 행사하는 자의 상대방이 그 동시이행의 의무를 이행하기 위하여 과다한 비용이 소요되거나, 또는 그 의무의 이행이 실제적으로 어려운 반면 그 의무의 이행으로 인하여 항변권자가 얻는 이득은 별달리 크지 아니하여 동시이행의 항변권의 행사가 주로 자기 채무의 이행만을 회피하기 위한 수단이라고 보여지는 경우에는 그 항변권의 행사는 권리남용으로서 배척되어야 할 것이다(대법원 2001다9304 판결).

분할급 약정과 동시이행의 범위

| **쟁점** | 기성고에 따라 공사대금을 분할하여 지급하기로 약정한 경우에 수급인의 하자 보수 채무와 동시이행 관계에 있는 도급인의 공사대금 지급 채무는 당해 하자가 발생한 부분의 기성 공사대금에 한정되는가?

| **해결** | 그렇지 않다.

동시이행의 범위

●   기성고에 따라 공사대금을 분할하여 지급하기로 약정한 경우라도 특별한 사정이 없는 한, 하자 보수 의무와 동시이행 관계에 있는 공사대금 지급 채무는 당해 하자가 발생한 부분의 기성 공사대금에 한정되는 것은 아니다.

●　　　기성고에 따라 공사대금을 분할하여 지급하기로 약정한 경우라도, 특별한 사정이 없는 한 하자 보수 의무와 동시이행 관계에 있는 공사대금 지급 채무는 당해 하자가 발생한 부분의 기성 공사대금에 한정되는 것은 아니라고 할 것이다. 왜냐하면 이와 달리 본다면 도급인이 하자 발생 사실을 모른 채 하자가 발생한 부분에 해당하는 기성 공사의 대금을 지급하고 난 후 뒤늦게 하자를 발견한 경우에는 동시이행의 항변권을 행사하지 못하게 되어 공평에 반하기 때문이다.

일반적으로 동시이행의 관계가 인정되는 경우에 그러한 항변권을 행사하는 자의 상대방이 그 동시이행의 의무를 이행하기 위하여 과다한 비용이 소요되거나 또는 그 의무의 이행이 실제적으로 어려운 반면, 그 의무의 이행으로 인하여 항변권자가 얻는 이득은 별달리 크지 아니하여 동시이행의 항변권의 행사가 주로 자기 채무의 이행만을 회피하기 위한 수단이라고 보여지는 경우에는 그 항변권의 행사는 권리남용으로서 배척되어야 할 것이다(대법원 2001다9304 판결).

확대 손해로 인한 손해배상 채무와 공사대금 채무의 동시이행

| 쟁점 | 도급인은 하자 확대 손해로 인한 손해배상 채권을 지급받을 때까지 공사대금 채무의 지급을 거절할 수 있는가?

| 해결 | 공사대금 채무와 하자 확대 손해로 인한 손해배상 채무는 동시이행 관계에 있기 때문에 지급을 거절할 수 있다.

확대 손해배상 채무와 공사대금 채무의 동시이행 관계

●   도급인은 동시이행의 항변권을 행사하여 수급인이 하자 보수 채무 또는 하자 보수에 갈음한 손해배상 채무를 이행하지 않는 한 공사대금 채무의 지급을 거절할 수 있다. 하자로 인하여 확대 손해가 발생했을 때, 도급인은 확대 손해로 인한 손해배상 채권을 지급받을 때까지 공사대금 채무의 지급을 거절할 수 있을까?

대법원은 하자 확대 손해로 인한 수급인의 손해배상 채무와 도급인의 공사대금 채무도 동시이행 관계에 있다고 본다.

● 　　　　수급인이 도급계약에 따른 의무를 제대로 이행하지 못함으로 말미암아 도급인의 신체 또는 재산에 손해가 발생한 경우, 수급인에게 귀책사유가 없었다는 점을 스스로 입증하지 못하는 한 도급인에게 그 손해를 배상할 의무가 있다고 보아야 할 것이고, 원래 동시이행의 항변권은 공평의 관념과 신의칙에 입각하여 각 당사자가 부담하는 채무가 서로 대가적 의미를 가지고 관련되어 있을 때, 그 이행 과정에서의 견련관계를 인정하여 당사자 일방은 상대방이 채무를 이행하거나 이행의 제공을 하지 아니한 채 당사자 일방의 채무의 이행을 청구할 때는 자기의 채무 이행을 거절할 수 있도록 하는 제도인데, 이러한 제도의 취지로 볼 때 하자 확대 손해로 인한 수급인의 손해배상 채무와 도급인의 공사대금 채무도 동시이행 관계에 있는 것으로 보아야 한다(대법원 2004다37676 판결).

도급인의 하수급인에 대한 동시이행 항변권 행사의 가부

| **쟁점** | 하도급 공사대금의 직불 합의를 근거로 직접 하도급 공사대금을 청구하는 하수급인에게 도급인은 하자 보수 청구권 내지 하자 보수에 갈음한 손해배상 채권에 기한 동시이행의 항변으로 대항할 수 있는가?

| **해결** | 대항할 수 있다.

수급인과 하수급인 사이의 동시이행의 확장

● 　　도급인과 수급인의 각 채무는 동시이행의 관계에 있다. 수급인의 하도급 공사대금 채무와 하수급인의 하자 보수 채무 또는 하자 보수에 갈음한 손해배상 채무 사이에도 하도급계약상 동시이행의 관계에 있다.

하수급인에 대한 하도급대금 채무를 인수한 도급인은 수급인이 하수급인에 대하여 갖는 하자 보수 청구권 내지 하자에 갈음한 손해배상 채권 등에 기한 동시이행의 항변을 행사할 수 있다고 보아야 한다.

●   도급계약에 있어서 완성된 목적물에 하자가 있는 때에는 도급인은 수급인에 대하여 하자의 보수를 청구할 수 있고, 그 하자 보수에 갈음하여 또는 보수와 함께 손해배상을 청구할 수 있는 바, 이들 청구권은 수급인의 공사대금 채권과 동시이행 관계에 있으므로, 수급인의 하수급인에 대한 하도급 공사대금 채무를 인수한 도급인은 수급인이 하수급인과의 사이에 하도급계약상 동시이행의 관계에 있는 수급인의 하수급인에 대한 하자 보수 청구권 내지 하자에 갈음한 손해배상 채권 등에 기한 동시이행의 항변으로써 하수급인에게 대항할 수 있다 (대법원 2007다31914 판결).

하자와 계약의 해제

| 쟁점 | 도급인은 완공된 건물에 존재하는 하자를 이유로 도급계
약을 해제할 수 있는가?

| 해결 | 건물이 완성되면 도급계약을 해제할 수 없다.

도급인에 의한 해제권의 제한

●　　　도급인은 완성된 목적물의 하자로 인하여 계약의 목적을 달성할 수 없을 때 계약을 해제할 수 있다. 그렇다면 완공된 건물에 발생한 하자로 인하여 계약의 목적을 달성할 수 없다면, 도급인은 이를 이유로 계약을 해제할 수 있는가? 만약 도급계약을 해제할 수 있다면 많은 비용을 들여 완성된 건물을 또 다시 비용을 들여 철거해야 할 것이다. 그렇게 되면 사회 경제적 비용이 지나치게 커질 수 있고, 수급인에게 감당할 수 없는 타격이 될 수 있기 때문에 완성된 건물 및 토지의 공작물에 대하여는 하자로 인하여 계약의 목적을 달성할 수 없더라도 계약을 해제할 수 없다(민법 제668조 단서).

요컨대, 민법에서는 건물 기타 토지의 공작물에 대하여는 비록 하자로 인하여 계약의 목적을 달성할 수 없더라도 도급인에게 계약 해제권을 인정하지 않고 있다. 건물 기타 토지의 공작물인 경우에는 아무리 큰 하자가 있더라도, 그래서 심지어 계약의 목적을 달성할 수 없더라도 도급인은 계약을 해제하고 원상회복을 청구할 수 없고, 하자 보수의 청구 혹은 하자 보수에 갈음한 손해배상 청구권만을 행사할 수 있을 뿐이다. 그래서 난지도 쓰레기처리장 건설 공사가 완공된 후 도급계약이 해제된 경우, 해제의 효력은 기계, 전기 공사 부분에 한하여 미치고, 토목·건축 공사 부분에는 미치지 않는다.

반면에 '집합건물의 수분양자는 집합건물의 완공 후에도 분양 목적물의 하자로 인하여 계약의 목적을 달성할 수 없는 때에는 분양계약을 해제할 수 있다(대법원 2002다2485 판결 참조).'

| 판례 |

●　　　　난지도 쓰레기처리장 건설공사가 완공된 후 도급계약이 해제된 경우, 토목, 건축공사의 기성고부분에 대하여도 계약의 해제를 인정한다면 수급인에게 과대한 손실을 주게 될 뿐만 아니라 해제의 결과 원상회복을 하게 되면 사회경제적 손실도 크므로, 민법 제668조 단서 규정의 취지나 신의칙에 비추어 도급계약해제의 효력은 기계, 전기 공사부분에 한하여 미칠 뿐이고 토목, 건축공사의 기성고부분에 대하여는 미치지 아니한다(대법원 92다41559 판결).

하자담보 책임의 기간과 성질

| 쟁점 | 민법에서 정하고 있는 수급인의 하자담보 책임의 기간의 의미는 무엇인가?

| 해결 | 제척기간으로서 권리를 행사할 수 있는 기간이다.

제척기간

●   수급인의 하자담보 책임 기간에 대해서는 민법에 상세하게 규정되어 있다. 민법상 수급인의 하자담보 책임의 존속 기간은 목적물을 인도받은 날로부터 1년이다. 목적물의 인도를 요하지 아니하는 경우에는 일의 종료 시점부터 1년이다(민법 제670조). 토지, 건물 기타 공작물은 5년간이며, 석조, 석회조, 연와조, 금속 기타 이와 유사한 재료로 조성된 것인 때는 담보 책임 기간을 10년으로 한다(민법 제671조 제1항). 토지, 건물 기타 공작물이더라도 하자로 인하여 멸실 또는 훼손된 때에는 멸실 또는 훼손된 때로부터 1년 내에 권리를 행사해야 한다(민법 제671조 제2항).

그렇다면 민법에서 규정하고 있는 하자담보 책임 기간은 어떤 의미가 있는가? 민법상 하자담보 책임 기간은 제척기간에 해당한다. 제척기간이라는 것은 그 기간 내에 권리를 행사하지 않으면 권리를 행사하지 못하게 된다는 의미이다.

그렇다면 권리 행사의 방법은 어떤가? 그 기간 내에 법원에 재판을 청구하지 않으면 안 되는 것인가? 그렇지는 않다.

'민법상 하자담보 책임 기간은 제척기간에 해당하되, 이는 재판상 또는 재판 외의 권리 행사 기간이며 재판상 청구를 위한 출소 기간은 아니다(대법원 88다카31886 판결, 2001다24891 판결).'

즉 도급인은 하자담보 책임 기간 내에 법원에 소송을 제기하지 않더라도 소송 외에서 하자 보수를 청구하거나 하자 보수에 갈음하는 손해배상을 청구했으면 적법하게 권리를 행사한 것이다. 예컨대, 도급인이 담보 책임 기간이 경과하기 전에 수급인에게 내용증명 우편을 발송하여 공사의 하자 및 미시공 부분에 대한 하자를 통지하고 그 보수를 요구하였다면, 그 기간 경과 이후에 재판상 청구를 하였더라도 수급인으로서는 하자담보 책임을 면할 수 없다.

'민법 제671조에 의하면 토지, 건물 기타 공작물 수급인의 담보 책임에 대하여는 같은 법 제670조의 제척기간에 대한 특칙으로 그 제척기간을 공작물의 종류에 따라 5년 또는 10년으로 규정하고 있어, 건물 수급인에 대하여 담보 책임을 묻는 하자 보수 청구권에 대하여는 1년간의 제척기간을 규정한 민법 제670조가 적용되지 않는다(대법원 87다카2083, 2084(반소) 판결).'

그러나 주택법 시행령 소정의 하자담보 책임 기간은 이와 달리 위 하자 보수 기간을 하자 보수 청구권 행사의 제척기간이 아니다. '구 공동주택관리령(1998. 12. 31. 대통령령 제16069호로 개정되기 전의 것) 제16조는 제1항에서 공동주택 등에 대한 하자 보수 기간은 사용 검사일부터 주요 시설인 경우에는 2년 이상으로 하고, 그 외의 시설인 경우에는 1년 이상으로 하되 하자 보수 대상인 주요 시설 및 그 외의 시설 구분 및 범위에 따른 기간은 건설교통부령으로 정한다고 한 다음, 제2항에서 '제1항의 규정에 의한 기간 내에 공동주택 등의 하자가 발생한 때'에는 입주자 대표회의 등이 사업 주체에 대하여 하자의 보수를 요구할 수 있다고 규정하고 있을 뿐, 그 기간 내에 하자 보수를 요구해야 한다거나 그 기간 동안 담보 책임이 있다고 규정하고 있지는 않으므로, 위 하자 보수 기간을 하자 보수 청구권 행사의 제척기간으로 해석할 수는 없다(대법원 2005다25632 판결).'

'주택법 시행령 소정의 하자담보 책임기간은 권리 행사의 제척기간이 아니라 하자의 발생 기간으로 본다(대법원 99다69662 판결). 따라서 공동주택의 하자가 주택법 시행령에서 정한 하자 보수 기간이 도과한 뒤에 발생했다면, 하자 보수 보증 책임도 지지 않는다(대법원 2002다4290 판결).'

당사자 사이의 약정으로 수급인의 하자담보 책임 기간을 민법에서 정한 기간보다 단축할 수 있을까? '수급인의 하자담보 책임 기간을 단축하는 당사자 사이의 약정은 유효하다(대법원 66다1436 판결).' 따라서 당사자 간의 특약으로 정한 하자담보 책임 기간을 경과하여 하자 보수를 청구하거나 손해배상을 청구하는 것은 원칙적으로 허용되지 않는다.

담보 책임을 면제하는 특약

| 쟁점 | 당사자 사이의 약정으로 수급인의 하자담보 책임 기간을 민법에서 정한 기간보다 단축할 수 있을까?

| 해결 | 당사자 사이의 약정으로 수급인의 하자담보 책임 기간을 단축하거나 면제할 수 있다.

담보 책임 감면이나 기간 단축 약정의 유효성

계약자유의 원칙상 도급인과 수급인은 당사자 간의 약정으로 수급인의 하자담보 책임을 면제하거나 경감할 수 있음은 당연하다. 다만 하자담보 책임 면제의 특약을 했더라도 수급인이 알고 고지하지 아니한 사실에 대하여는 그 책임을 면하지 못하는(민법 제672조) 제약이 있을 뿐이다. 당사자 사이의 약정으로 수급인의 하자담보 책임 기간을 민법에서 정하는 기간보다 단축할 수도 있다.

따라서 당사자 간의 특약으로 정한 하자담보 책임 기간을 경과하여 하자 보수를 청구하거나 손해배상을 청구하는 것은 원칙적으로 허용되지 않는다.

● 　　　민법 제670조의 담보 책임의 존속 기간은 당사자의 특약으로서 이를 단축할 수 있다 할 것이고, 피고가 위 법조의 규정을 모르고 담보 책임의 존속 기간을 2개월로 단축하는 특약을 한 것이라 하여, 그 특약이 무효한 것이라고 볼 아무런 법적 근거가 없다(대법원 66다1436 판결).

담보 책임을 면제하는
특약 제한의 유추 적용

> **| 쟁점 |** 수급인이 하자를 알고도 고지하지 않았을 때 담보 책임 기간 경과 이후에 발생한 하자에 대해서도 책임이 없는 가?
> --
> **| 해결 |** 수급인은 담보 책임을 면할 수 없다.

민법 제672조의 유추 적용

●   민법 제672조는 수급인이 담보 책임이 없음을 약정한 경우에도 알고 고지하지 아니한 사실에 대하여는 그 책임을 면하지 못한다고 규정하고 있을 뿐, 담보 책임 기간을 감면하는 약정에 대해서는 민법에 아무런 규정이 없다. 그래서 민법 제672조는 담보 책임을 면제하는 약정을 한 경우에만 적용되고, 담보 책임 기간을 단축하는 약정을 한 경우에까지 적용 또는 준용된다고 볼 수 없다는 견해도 있다.

그렇지만 대법원은 민법 제672조가 수급인의 담보 책임 기간을 단축하는 등 법에 규정된 담보 책임을 제한하는 약정을 한 경우에도 유추 적용되는 것으로 해석하였다. 즉 담보 책임을 면제하는 약정을 한 경우뿐만 아니라 담보 책임 기간을 단축하는 등 법에 규정된 담보 책임을 제한하는 약정을 한 경우에도, 수급인이 알고 고지하지 아니한 사실에 대하여 그 책임을 제한하는 것이 신의성실의 원칙에 위배된다면, 민법 제672조 규정의 취지를 유추하여 그 사실에 대하여는 담보 책임이 제한되지 않는다고 판단하였다.

사례 해설

● 도급인 갑과 수급인 을은 아파트 300세대를 건축하는 공사에 관한 도급계약을 체결하면서 하자담보의 책임 기간을 준공 검사일로부터 2년 간으로 약정하였다. 을이 아파트의 건축 공사를 완공하고 준공 검사를 마친 뒤 2년 이상 경과된 시점에 아파트 각 동 지붕 위의 기와가 함몰되고 파손되는 현상이 발생하였다. 원인을 조사해 본 결과 을이 아파트 지붕 배수로 상부를 시공하면서 설계도에 PC관으로 시공하도록 되어 있는데도 합판으로 시공하였기 때문에 합판이 부식되면서 기와가 함몰되었고, 또한 기와도 KS 인증을 받지 않은 것을 사용하는 바람에 많이 파손되었음이 밝혀졌다. 이와 같은 사례에서 수급인 을은 하자담보 책임을 져야 하는가?

이 사건 하자는 당사자 사이에 약정한 2년의 하자담보 책임 기간이 경과된 이후에 발생하였는데, 을이 수급인의 담보 책임을 져야 하느냐가 문제이다.

위 사례의 시공상의 하자는 외부에서 쉽게 발견할 수 없는 것이고, 하자로 인한 손해가 약정한 담보 책임 기간이 경과한 후에 발생하였다는 점을 감안하면, 도급인과 수급인 사이에 하자담보 책임 기간을 준공 검사일로부터 2년간으로 약정했다 하더라도 수급인이 그와 같은 시공상의 하자를 알고 도급인에게 고지하지 않은 이상, 민법 제672조를 유추 적용하여 수급인은 그 하자로 인한 손해에 대하여 담보 책임을 면하지 못한다(대법원 99다19032 판결).

| 판례 |

● 　　민법 제672조가 수급인이 담보 책임이 없음을 약정한 경우에도 알고 고지하지 아니한 사실에 대하여는 그 책임을 면하지 못한다고 규정한 취지는 그와 같은 경우에도 담보 책임을 면하게 하는 것은 신의성실의 원칙에 위배된다는 데 있는 것이다. 그러므로 담보 책임을 면제하는 약정을 한 경우뿐만 아니라 담보 책임 기간을 단축하는 등 법에 규정된 담보 책임을 제한하는 약정을 한 경우라도 수급인이 알고 고지하지 아니한 사실에 대하여 그 책임을 제한하는 것이 신의성실의 원칙에 위배된다면, 그 규정의 취지를 유추하여 그 사실에 대하여는 담보 책임이 제한되지 않는다(대법원 99다19032 판결).

하자 보수 보증금의 성질

| 쟁점 | 수급인의 하자 보수 의무 불이행시 도급인에게 귀속하는
것으로 약정된 하자 보수 보증금의 성질은 무엇인가?

| 해결 | 손해배상액의 예정이다.

하자 보수 보증금의 성질

●　　　　공사 도급계약에서는 통상 수급인의 하자담보 책임의 이행
을 담보하기 위하여 수급인에게 하자 보수 보증금을 예치하도록 요구
하고 있다. 하자 보수 보증금을 예치하는 대신 건설공제조합이나 보증
보험사로부터 하자 이행 보증증권을 발급받아 제출하기도 한다. 도급
인에게 귀속되는 하자 보수 보증금은 하자 보수에 실제로 소요되는 실
손해에 한정되는가, 아니면 실손해액을 따질 것도 없이 약정한 하자
보수 보증금 전액을 보증 채권자에게 귀속시켜야 하는가? 몰취 규정이
있는 경우와 몰취 규정이 없는 경우는 차이가 크게 난다.

　하자 보수 보증금 액수만 약정하고 하자 보수 의무 불이행시 그 귀속

방법에 관한 특별한 약정이 없다면, 하자 보수 보증은 하자로 인하여 보증 채권자가 입게 되는 실제 손해를 전보해 주는 약정에 해당한다. 도급인과 수급인 사이에 계약보증금의 한도에 관한 약정만 있는 경우에는 도급인으로서는 실제 손해액을 입증하여 그 실제 손해액만을 배상받을 수 있을 뿐이다. 즉 몰취 규정이 없는 경우는 손해담보 약정인 것이다. 그러므로 하자 보수 보증 채권자가 하자로 인한 실제 손해액을 입증할 책임이 있으며, 하자 보수 보증금의 한도 내에서 그 실제 손해액만을 배상받을 수 있을 뿐이다.

반면에 몰취 규정이 있는 경우는 손해배상의 예정에 해당한다. 수급인이 하자 보수 의무를 이행하지 않을시 하자 보수 보증금을 도급인에게 귀속시킨다는 약정이 있는 경우에는 손해배상액의 예정에 해당하기 때문에 도급인은 하자 보수 보증금 전부를 취할 수 있다. 또한 손해배상액의 예정이기 때문에 보증 채권자는 하자로 인하여 자신이 입은 실제 손해액을 입증할 필요 없이 약정한 하자 보수 보증금을 청구할 수 있다. 입증 책임의 부담을 피하기 위하여 미리 손해배상액을 약정한 셈이기 때문에 입증이 필요가 없는 것이다. 하자 보수 보증 채권자의 실제 손해가 약정한 하자 보수 보증금에 미치지 못하더라도 하자 보수 보증 채무자는 보수 보증금 전액을 보증 채권자에게 지급해야 한다.

| 판례 |

●　　　도급계약의 내용으로 되어 있는 공사계약 일반 조건에 수급인이 하자 보수 의무를 이행하지 아니하는 경우 하자 보수 보증금이 도급인에게 귀속한다고만 규정되어 있을 뿐, 이와 별도로 도급인이 입

은 손해에 대하여는 따로 배상해야 한다는 취지의 규정이 있지도 아니하고, 오히려 도급계약상 도급인이 하자 보수를 위하여 실제로 지출한 비용이 수급인이 예치한 하자 보수 보증금을 초과하더라도 그 이상의 책임을 수급인에게 물을 수 없다면, 위 하자 보수 보증금의 귀속 규정은 수급인이 하자 보수 의무를 이행하지 아니하는 경우, 그 보증금의 몰취로써 손해배상에 갈음한다는 취지로서 하자 보수 보증금은 손해배상액의 예정으로서의 성질을 가진다(대법원 2001다14689 판결).

하자 보수 보증금을 초과하는 실손해의 청구 가능성

| 쟁점 | 도급인은 약정한 하자 보수 보증금을 초과하는 실손해를 수급인에게 청구할 수 있는가?

| 해결 | 청구 가능하다.

하자 보수 보증금 약정의 특성

하자 보수 의무 불이행시 도급인에게 귀속하는 것으로 약정된 하자 보수 보증금은 손해배상액의 예정에 해당한다. 따라서 도급인은 수급인이 하자 보수 의무를 불이행한 사실만 있다면, 실제 손해를 따질 것도 없이 약정한 보증금을 몰취할 수 있다.

실제 손해액이 약정 보증금액을 초과하더라도 그 초과 손해액을 청구할 수 없는가? 계약보증금을 도급인에게 귀속시키되, 보증금을 초과하는 손해가 있을 때 초과액을 배상하도록 하는 특약이 있다면, 실손해가 하자 보수 보증금을 초과하는 경우에는 당연히 그 초과액의 배상을 청구할 수 있다.

약정한 하자 보수 보증금을 초과하는 손해를 청구할 수 있다는 별도의 특약이 없는 경우에는 어떤가? 대법원 판례에 따르면, 하자 보수 보증금의 특성상 명문의 규정이 없더라도 보증금을 초과하는 실손해를 전보받을 수 있다. 따라서 하자담보 책임을 묻는 도급인은 보증 채무자에 대해서는 하자 보수 보증금을 한도로 보증금을 청구하고, 이를 초과하는 실제 손해에 대해서는 수급인을 상대로 하자 보수에 갈음한 손해배상을 청구해야 한다.

| 판례 |

● 　　　공사 도급계약서 또는 그 계약 내용에 편입된 약관에 수급인이 하자담보 책임 기간 중 도급인으로부터 하자 보수의 요구를 받고 이에 불응한 경우, 하자 보수 보증금은 도급인에게 귀속한다는 조항이 있을 때 하자 보수 보증금은 특별한 사정이 없는 한 손해배상액의 예정으로 볼 것이고, 다만 하자 보수보증금의 특성상 실손해가 하자 보수보증금을 초과하는 경우에는 그 초과액의 손해배상을 구할 수 있다는 명시 규정이 없다고 하더라도, 도급인은 수급인의 하자 보수 의무 불이행을 이유로 하자 보수 보증금의 몰취 외에 그 실손해액을 입증하여 수급인으로부터 그 초과액 상당의 손해배상을 받을 수도 있는 특수한 손해배상액의 예정으로 봄이 상당하다(대법원 99다68652 판결).

| 집합건물의 하자 |

12

집합건물과 공동주택의 개념

| 쟁점 | 건축물의 하자 관련 분쟁을 다루기 위해서는 일반 건축물과 집합건물 및 공동주택을 구별할 필요가 있는가?

| 해결 | 집합건물 및 공동주택에는 하자 관계 소송에서 몇 가지 특칙이 적용되기 때문에 구별의 실익이 있다.

집합건물

집합건물은 상가건물과 상가건물 이외의 집합건물로 구분할 수 있다. 1동의 건물 중 구조상 구분된 수개의 부분이 독립한 건물로서 사용될 수 있을 때는 그 각 부분은 구분소유권의 목적으로 할 수 있고, 이처럼 구분소유권의 목적으로 할 수 있는 1동의 건물을 집합건물이라고 한다(집합건물법 제1조).

2003년 7월 18일 상가건물의 구분소유에 관한 제1조의 2가 신설되기 전까지는 건물의 일부분이 구분소유의 객체로 되기 위하여는 ① 그 부분이 구조상 구분되어야 한다는 '구조상의 독립성' 및 ② 그 부분이 독립한 건물로서 사용될 수 있어야 한다는 '이용상의 독립성'을 엄격하게 요구하였다. 과거에는 이용상의 독립성은 인정되더라도 구조상의 독립성을 갖추지 못한 1동의 건물에 대하여 구분소유권을 인정하지 않았다. 그래서 벽과 문 등으로 구조적인 구획 시설을 설치하지 않은 대형 상가나 시장건물은 구분소유권의 객체인 집합건물이 되지 못하고 다수의 소유자가 각 지분을 가지고 공유하는 단일한 건물로 취급되었다.

그러나 현재는 집합건물법 제1조의 2의 신설로써 상가건물인 경우에는 이용상의 독립성이 인정되는 경우 구조상의 독립성이 없더라도 구분소유권의 객체로 할 수 있게 되었다. 그 내용은 다음과 같다.

1동의 건물 중 다음 각 호에 해당하는 방식으로 수개의 건물 부분이 이용상 구분된 경우에 그 건물 부분(이하 '구분점포'라고 한다)은 이 법이 정하는 바에 따라 각각 소유권의 목적으로 할 수 있다.

   1. 구분점포의 용도가 건축법 제2조 제2항 제6호의 판매 및 영업시설일 것
   2. 1동의 건물 중 구분점포를 포함한 제1호의 판매 및 영업 시설 용도에 해당하는 바닥 면적의 합계가 1,000㎡ 이상일 것
   3. 경계를 명확하게 식별할 수 있는 표지를 바닥에 견고하게 설치할 것
   4. 구분점포별로 부여된 건물 번호 표지를 견고하게 부착할 것

결국 이 조항의 신설로 구조상의 독립성 확보를 위한 구획 시설을 하지 않은 채, 다수에게 분양하는 대규모 상가건물에 대해서도 집합건물법이 적용되게 된 것이다.

공동주택

● '공동주택'이라 함은 건축물의 벽·복도·계단 그 밖의 설비 등의 전부 또는 일부를 공동으로 사용하는 각 세대가 하나의 건축물 안에서 각각 독립된 주거생활을 영위할 수 있는 구조로 된 주택을 말한다(주택법 제2조 제2호).

공동주택의 종류와 범위는 ① 아파트(주택으로 쓰이는 층수가 5개 층 이상), ② 연립주택(주택으로 쓰이는 1개 동의 바닥 면적의 합계가 660㎡를 초과하고, 층수가 4개 층 이하), ③ 다세대주택(주택으로 쓰이는 바닥 면적의 합계가 660㎡ 이하이고 층수가 4개 층 이하), ④ 기숙사 등이다(주택법 시행령 제2조 제1항, 건축법시행령 [별표 1] 제2호 가목 내지 다목).

아파트 등의 공동주택은 구분소유 관계를 전제로 하기 때문에 당연히 집합건물에 속하지만, 집합건물에는 주택이 아닌 상가나 오피스 건물, 아파트형 공장 등도 있다.

| 판례 |

● 건물의 일부분이 구분소유권의 객체로 될 수 있으려면 그 부분이 구조상으로나 이용상으로 다른 부분과 구분되는 독립성이 있어야 하기 때문에, 바닥만이 콘크리트로 포장되어 있을 뿐 각 점포의 경계나 특정을 위한 칸막이나 차단 시설 등이 설치되어 있지 않고, 다만 건물의 내부 바닥에 페인트로 선을 그어 장방형으로 된 500개의 점포와 통로로 구획되어 있는 어시장 건물 내의 각 점포는 어시장으로 사용되고 있다는 이용상의 특성을 감안하여도 구조상의 독립성을 갖추었다고 볼 수 없으므로, 독립한 소유권의 객체로 인정할 수 없다(대법

원 94다40239 판결).

* 이 상가는 현행법에서는 구조상의 독립성은 없더라도 이용상의 독립성이 확보된 건물
  로서 집합건물법 제1조의 2 소정의 집합건물로 인정될 수 있을 것이다.

집합건물법과 주택법의 관계

집합건물의 하자담보 책임은?

●　　　　공동주택인 아파트의 하자 관계를 직접 규율하는 법률은 주택법과 집합건물법이 있는데, 이 두 법령상의 하자담보 책임의 관계가 문제된다. 특히 2005년 5월 26일 주택법 제46조 등의 개정으로 큰 변화가 있게 되었다.

개정 전에는 공동주택의 하자담보 책임에 관하여 집합건물법의 하자담보 책임과 주택법(주택법 제정 이전에는 주택건설촉진법)이 인정하는 하자담보 책임의 관계, 특히 하자담보 책임 기간에 관해서 논란이 분분하였다. 집합건물법 제9조는 '분양자'의 담보 책임에 관하여 민법 제667조 내지 671조 소정의 수급인의 담보 책임 규정을 준용하도록 하고, 2005년 5월 26일 개정 전 같은 법 부칙 제6조는 집합주택의 관리 방법과 기준에 관한 주택법의 특별한 규정은 그것이 집합건물법에 저촉하여 구분소유자의 기본적인 권리를 해하지 않는 한 효력이 있는 것으로 규정하고 있었다.

그래서 양자의 관계에 관하여 견해가 나뉘었는데, ① 집합건물법상의 하자담보 책임에 관해서도 주택법 시행령상의 하자담보 책임 기간을 우선 적용해야 한다는 견해(주택법 우선설), ② 주택법 시행령상의 하자담보 책임 기간은 집합건물법 부칙 제6조에 위반되어 무효라는 견해(집합건물법 우선설), ③ 양책임은 근거와 당사자가 모두 다른 별개의 권리로서 모두 성립한다는 견해(병립설)가 대립되었다.

대법원은 병립설을 취한 것으로 해석되었다. 그러나 2005년 5월 26일 주택법 및 집합건물법의 개정으로 양자의 관계에 대한 기존 견해를 그대로 유지할 수 있을지 의문이고, 오히려 개정된 내용을 볼 때 주택법 우선설을 입법화한 것이 아닌가 한다.

집합건물법 부칙 제6조 단서에서는 '공동주택'의 담보 책임 및 하자보수에 관하여는 주택법 제46조의 규정이 정하는 바에 따르도록 하였다(따라서 공동주택이 아닌 집합건물, 예컨대 아파트형 공장이나 오피스텔의 하자담보 책임에 관해서는 적용이 없다). 현행 주택법 제46조 제1항은 사업 주체에게 집합건물법 제9조의 규정에 불구하고 10년의 범위 내에서 공동주택의 하자 보수 의무를, 제3항은 공동주택의 내력구조부에 발생한 중대한 하자에 대하여 손해배상 의무를 부과하고 있다.

주택법 제46조 제1항, 제3항, 부칙 제3항 및 집합건물법 제6조 단서의 신설을 통하여 공동주택의 하자담보 책임에 관해서는 집합건물법이 아니라 주택법을 우선 적용하도록 한 것으로 보인다(그 위헌성에 대한 논의는 별개의 문제이다).

그러나 개정 주택법의 소급 적용을 규정한 주택법 부칙 제3항에 대한 헌법재판소의 위헌 결정으로 2005년 5월 26일 이전에 사용 승인을 받은 공동주택에 대해서는 여전히 기존 대법원 판례가 유지되게 되었다.

| 판례 |

● 　　　　구 주택건설촉진법(1999. 2. 8. 법률 제5914호로 개정되기 전의 것), 구 공동주택관리령(1998. 12. 31. 대통령령 제16069호로 개정되기 전의 것), 구 공동주택관리규칙(1999. 12. 7. 건설교통부령 제219호로 개정되기 전의 것)의 관련 규정에 의하면, 공동주택의 입주자·입주자대표회의 또는 관리 주체는 공사의 내용과 하자의 종류 등에 따라 1년 내지 3년(다만, 내력구조부의 결함으로 인하여 공동주택이 무너지거나 무너질 우려가 있는 경우에는 5년 또는 10년)의 범위에서 정하여진 기간 내에 발생한 하자에 대하여 사업 주체에게 하자의 보수를 요구할 수 있는 바, 이는 행정적인 차원에서 공동주택의 하자 보수 절차와 방법 및 기간 등을 정하고 하자 보수 보증금으로 신속하게 하자를 보수할 수 있도록 하는 기준을 정한 것으로서, 위 법령에서 정하여진 기간 내에 발생한 하자에 대하여 입주자뿐만 아니라 사업 주체와 별다른 법률관계를 맺지 않은 공동주택의 관리 주체나 입주자대표회의도 보수를 요구할 수 있다는 취지라고 보아야 할 것이고, 아울러 집합건물법 부칙 제6조가 집합건물의 관리 방법과 기준에 관한 구 주택건설촉진법의 특별한 규정은 그것이 집합건물법에 저촉하여 구분소유자의 기본적인 권리를 해하지 않는 한도에서만 효력이 있다고 규정한 점까지 고려할 때, 구 주택건설촉진법 등의 관련 규정은 집합건물법 제9조에 의한 분양자의 구분소유자에 대한 하자 보수 의무의 제척기간에는 영향을 미칠 수 없다(대법원 2004다17993, 18002, 18019 판결).

집합건물법 제9조에 의한
하자담보 추급권자

| 쟁점 | 직접 수분양자가 아니라도 집합건물의 분양자에 대하여 담보 책임을 물을 수 있는가?

| 해결 | 분양계약의 당사자가 아닌 현재의 구분소유자도 담보 책임을 물을 수 있다.

집합건물법 제9조에 의한 하자담보 책임의 성격

●   집합건물법 제9조는 집합건물을 건축하여 분양한 분양자의 담보 책임에 관하여 수급인의 담보 책임에 관한 민법 제667조 내지 제671조의 규정을 준용하도록 하고, 분양자의 담보 책임에 관하여는 민법이 규정하는 것보다 매수인을 불리하게 한 특약은 효력이 없다고 규정하고 있다. 집합건물법 제9조의 성격을 대법원은 강행 규정으로 보고, 분양자의 담보 책임이 민법에 규정하는 것보다 수분양자에게 불리한 약정은 효력이 없는 것으로 본다.

집합건물법 제9조에 의한 분양자의 담보 책임은 분양계약에 따른 담보 책임인가? 그래서 분양자는 직접 분양계약의 당사자인 수분양자에 대해서만 집합건물법 제9조 소정의 담보 책임을 지는가?

대법원은 그렇게 보지 않는다. 집합건물법 제9조에서 정하는 집합 건물 분양자의 담보 책임은 분양계약에 기한 책임은 아니므로, 집합건 물법 제9조의 담보 책임에 따른 권리가 반드시 분양계약을 직접 체결 한 수분양자에게 속한다고 할 것은 아니다. 집합건물법 제9조에 의한 하자담보 추급권은 집합건물의 수분양자가 집합건물을 양도한 경우, 양도 당시 양도인이 이를 행사하기 위하여 유보하였다는 등의 특별한 사정이 없는 한 현재의 집합건물 구분소유자에게 귀속한다. 그러므로 집합건물법상 분양자의 하자담보 책임은 특수한 법정 책임이라 할 것 이다.

집합건물법 제9조에 의한 담보 책임 기간의 성격

● '집합건물법 제9조에 의하여 준용되는 민법 제671조에서 정 한 하자 보수 및 그에 갈음한 손해배상 청구권은 10년의 기간이 경과하 기 전에 행사하면 되는데, 민법상 수급인의 하자담보 책임에 관한 기 간은 제척기간으로서 재판상 또는 재판 외의 권리 행사 기간이며 재판 상 청구를 위한 출소 기간이 아니다(대법원 2001다24891 판결).'

I 판례 I

● 집합건물법 제9조는 건축업자 내지 분양자로 하여금 견고한 건물을 짓도록 유도하고 부실하게 건축된 집합건물의 소유자를 두텁

게 보호하기 위하여 집합건물 분양자의 담보 책임에 관하여 민법상의 도급인의 담보 책임에 관한 규정을 준용하도록 함으로써 분양자의 담보 책임의 내용을 명확히 하는 한편 이를 강행 규정화한 것으로서, 이는 분양자가 부담하는 책임의 내용이 민법상의 수급인의 담보 책임이라는 것이지 그 책임이 분양계약에 기한 책임이라는 것은 아니므로, 집합건물법 제9조의 담보 책임에 따른 권리가 반드시 분양계약을 직접 체결한 수분양자에게 속한다고 할 것은 아니고, 오히려 집합건물법이 집합건물의 구분소유 관계와 그 관리에 관한 법률관계를 규율하는 법으로서 집합건물의 구분소유 및 관리에 관한 권리·의무는 구분소유자에게 귀속하는 것을 전제로 하여 규정되어 있는 점, 집합건물의 하자 보수에 관한 행위는 집합건물의 보존행위에 해당하므로 구분소유자가 당연히 보존행위의 일환으로 하자 보수의 청구를 할 수 있어야 한다는 점, 집합건물법 제25조가 관리인으로 하여금 공용 부분의 보존을 위한 행위를 할 수 있도록 하고 있어 관리인이 공용 부분의 보존을 위한 행위로서 분양자에게 하자 보수 요구 등 담보 책임을 추급할 경우, 구체적인 하자담보 추급권의 내용은 집합건물법 제9조에 의하여 정하여지게 될 것인 바, 집합건물의 구분소유자가 할 수 있는 전유 부분의 보존을 위한 행위에도 마찬가지로 하자담보 추급권의 행사가 포함된다고 보아야 하고, 그 내용은 역시 집합건물법 제9조에 의하여 정하여지게 될 것이라는 점 등에 비추어 보면, 집합건물법 제9조에 의한 하자담보 추급권은 집합건물의 수분양자가 집합건물을 양도한 경우 양도 당시 양도인이 이를 행사하기 위하여 유보하였다는 등의 특별한 사정이 없는 한 현재의 집합건물 구분소유자에게 귀속한다고 보아야 할 것이다 (이러한 해석이 집합건물에 관한 수분양권 또는 소유권이 양도된 경우 일반적으로 양수인이 하자담보 추급권을 가지고 있다고 여기는 거래 관행 및 거래 현실에도 부합한다)(대법원 2001다47733 판결).

입주대표회의의 손해배상 청구권 유무

| 쟁점 | 아파트입주자대표회의가 하자 보수에 갈음한 손해배상
을 청구할 수 있는가?

| 해결 | 손해배상 청구권은 각 구분소유자에게 귀속한다.

입주자대표회의의 손해배상 청구권 부인

●　　　　전유 부분에 대해서는 각 구분소유자가 하자 보수를 청구할
수 있음은 당연하다. 공유 부분에 관해서도 각 구분소유자는 보존행위
(집합건물법 제16조 1항 단서)로서 하자 보수를 청구할 수 있다.

　'건물에 대하여 구분소유 관계가 성립되면 구분소유자는 전원으로
서 건물 및 그 대지와 부속 시설의 관리에 관한 사업의 시행을 목적으
로 하는 관리단을 구성하는데, 관리단은 특별한 설립행위가 없더라도
구분소유권의 성립으로 당연 설립된다(대법원 2002다45284 판결).' 또
한 구분소유자가 10인 이상일 때는 반드시 관리인을 선임해야 하고,
관리인이 공용 부분의 보존, 관리 및 변경을 위한 행위와 관리단의 사

업 시행에 관련하여 관리단을 대표하여 행하는 재판상 또는 재판 외의 행위 등을 할 권한과 의무가 있다(집합건물법 제23조 내지 제25조). 따라서 공유 부분에 관한 하자 보수 청구는 관리단이 할 수 있다.

관리단이 전유 부분에 대한 하자 보수를 청구할 수 있는가? 공동주택의 경우에는 입주자대표회의와 관리단도 공용 부분만이 아니라 전유 부분의 하자 보수를 청구할 수 있다(주택법 제46조 제1항, 시행령 제59조 제2항). 집합건물법에는 이에 관한 특별한 규정이 없으므로 관리단에게 전유 부분에 대한 하자 보수 청구권이 인정될 것인지는 의문이다.

전유 부분에 대한 하자 보수에 갈음한 또는 하자 보수와 동시에 구하는 손해배상 청구권은 각 구분소유권자에게 귀속된다. 공용 부분에 관한 손해배상 청구권은 각 지분별로 각 구분소유자에게 귀속되므로, 각 구분소유자가 청구할 수 있다.

관리단에게 손해배상 청구권이 인정되는지 여부에 대해서는 견해가 갈리는데, 관련 대법원 판결은 나오지 않았다.

입주자대표회의가 건설사를 상대로 하자 보수에 갈음한 손해배상 청구를 할 수 있는가? 그동안 의견이 엇갈렸다. 하급심의 판례도 통일되지 못하여 입주자대표회의의 손해배상 청구권을 부인하는 판결이 있는가 하면 인정하는 판결도 있었다. 이러한 사정은 2005년 5월 26일 주택법과 집합건물법이 개정된 이후까지도 마찬가지였다.

최근 대법원은 그간의 논란을 정리하고 입주자대표회의에는 손해배상 청구권이 없다고 판단하였다. 공동주택에 하자가 있는 경우 입주자대표회의로서는 사업 주체에 대하여 하자 보수를 청구할 수 있을 뿐이며, 그에 갈음한 손해배상 청구권을 갖지 않는다고 본 것이다. 이러한 대법원 판결로 그간 엇갈리던 견해가 정리되면서 하자 관계 소송 실무에도 큰 영향을 미치고 있다. 입주자대표회의에 손해배상 청구권이 없다는 대법원 판결에 따라 건설사를 상대로 하는 하자에 갈음한 손해배상 청구 소송은 구분소유자들이 각자 제기하거나 입주자대표회의가 각 구분소유자들로부터 손해배상 채권을 양도받아 제기하고 있다.

| 판례 |

●   집합건물의 소유 및 관리에 관한 법률 제9조에 의한 하자담보 추급권은 특별한 사정이 없는 한 집합건물 구분소유자에게 귀속하는 것이고(대법원 2003. 2. 11. 선고 2001다4773 판결 참조), 비록 주택법 제46조 및 주택법 시행령 제59조 제2항이 구 주택건설촉진법(2003. 5. 29. 법률 제6916호로 전문 개정되기 전의 것. 이하 같다) 소정의 입주자대표회의에게 공동주택의 사업 주체에 대한 하자 보수 청구권을 부여하고 있으나, 이는 행정적인 차원에서 공동주택 하자 보수의 절차, 방법 및 기간 등을 정하고 하자 보수 보증금으로 신속하게 하자를 보수할 수 있도록 하는 기준을 정하는 데 그 취지가 있을 뿐(대법원 2004. 4. 9. 선고 2003다7616 판결 참조), 입주자대표회의에게 하자 보수 청구권 외에 하자담보 추급권까지 부여하는 것이라고 볼 수는 없으므로, 공동주택에 하자가 있는 경우 입주자대표회의로서는 사업 주체에 대하여 하자 보수를 청구할 수 있을 뿐이며, 그에 갈음한 손해배상 청구권을 가진다고 할 수 없다(대법원 2006. 8. 24. 선고 2004다20807 판결 참조)(대법원 2006다64863 판결).

입주자대표회의의 방해배제 청구권 유무

| 쟁점 | 입주자대표회의가 공동주택의 공용 부분이나 구분소유자들의 공유에 속하는 대지 부분을 불법적으로 점유하고 있는 제3자에 대하여 시설물의 철거를 요구할 수 있는가?

| 해결 | 입주자대표회의에는 방해배제 청구권이 없다.

집합건물 공용 부분에 대한 방해배제 청구권의 행사

집합건물의 공용 부분이나 구분소유자의 공유에 속하는 건물의 대지 또는 부속 시설을 제3자가 불법으로 점유하는 경우, 제3자에 대하여 방해의 배제와 부당이득의 반환 등을 청구할 수 있는 주체와 그 방법은 어떻게 되는가?

집합건물인 공동주택의 공용 부분 등에 관한 방해의 배제를 청구하는 법률관계는 구분소유자에게 단체적으로 귀속되는 법률관계가 아니고 공용 부분 등의 공유지분권에 기초한 것이므로, 그 소송은 각 구분소유자가 할 수 있고 구분소유자 전원의 이름으로 할 수 있는 것은 당연하다.

한편, 공용 부분 등의 관리는 구분소유자 전원에 관한 사항이므로 관리인이 선임되어 있는 때에는 그 관리인이 전원을 위하여 소송을 수행할 수 있다. '집합건물법' 제25조 제1항 제3호는 '관리인은 관리단의 사업 집행에 관련하여 관리단을 대표하여 행하는 재판상 또는 재판 외의 행위를 할 수 있다'고 규정하고 있다. 공용 부분 등을 제3자가 침해한 경우에 관리인은 그 직무(공용 부분 등의 보존행위)로서 원고가 되어 제3자에게 방해의 배제를 청구할 수 있다.

그렇다면 공동주택의 입주자대표회의도 공동주택의 공용 부분이나 구분소유자들의 공유에 속하는 대지 부분을 불법적으로 점유하고 있는 제3자에 대하여 시설물의 철거를 청구할 수 있을까?

입주자대표회의에는 공동주택의 관리에 관한 주요 사항을 결정하는 의사결정권 및 자치 관리 기구를 통하여 이를 집행하는 집행권 등이 부여되어 있다. 이에 따라 입주자대표회의는 공동주택의 입주자들로부터 관리비를 징수하여 공동주택의 유지, 보수 업무를 수행하고, 공동주택의 입주자들 상호간에 이해가 상반되는 문제가 발생하는 경우 그 분쟁을 조정하는 등 공동주택의 입주자 내부 관계에 있어 발생하는 문제에 관한 사항의 해결을 주된 업무로 한다. 따라서 입주자대표회의는 원칙적으로 공동주택의 관리자로서의 관리권한만을 가지고 있을 뿐이다.

그렇기 때문에 입주자대표회의는 공동주택의 관리에 관한 사항을 결정하여 시행하는 등의 관리 권한만을 가질 뿐이므로, 구분소유자에게 고유하게 귀속하는 공용 부분 등의 불법 점유자에 대한 방해배제 청구 등의 권리를 재판상 행사할 수 없다. 따라서 '입주자대표회의가 공동주택의 구분소유자를 대리하여 공용 부분 등의 구분소유권에 기초한 방해배제 청구 등의 권리를 행사할 수 있다'라고 규정한 공동주택 관리 규약은 효력이 없다.

| 판례 |

● 　　　　집합건물에 있어서 공용 부분이나 구분소유자의 공유에 속하는 건물의 대지 또는 부속 시설을 제3자가 불법으로 점유하는 경우에 그 제3자에 대하여 방해배제와 부당이득의 반환 또는 손해배상을 청구하는 법률관계는 구분소유자에게 단체적으로 귀속되는 법률관계가 아니고 공용 부분 등의 공유지분권에 기초한 것이어서 그와 같은 소송은 1차적으로 구분소유자가 각각 또는 전원의 이름으로 할 수 있고, 나아가 집합건물에 관하여 구분소유 관계가 성립하면 동시에 법률상 당연하게 구분소유자의 전원으로 건물 및 그 대지와 부속 시설의 관리에 관한 사항의 시행을 목적으로 하는 단체인 관리단이 구성되고, 관리단 집회의 결의에서 관리인이 선임되면 관리인이 사업 집행에 관련하여 관리단을 대표하여 그와 같은 재판상 또는 재판 외의 행위를 할 수 있다.

한편, 주택건설촉진법 제38조, 공동주택관리령 제10조의 규정에 따라 성립된 입주자대표회의는 공동주택의 관리에 관한 사항을 결정하여 시행하는 등의 관리 권한만을 가질 뿐이므로, 구분소유자에게 고유하게 귀속하는 위와 같은 권리를 재판상 행사할 수 없고, 또 집합건물의 소유 및 관리에 관한 법률 부칙 제6조에 따라서 집합주택의 관리 방법과 기준에 관한 주택건설촉진법의 특별한 규정은 그것이 위 법률에 저촉하여 구분소유자의 기본적인 권리를 해하면 효력이 없으므로 공동주택 관리 규약에서 입주자대표회의가 공동주택의 구분소유자를 대리하여 공용 부분 등의 구분소유권에 기초한 방해배제 청구 등의 권리를 행사할 수 있다고 규정하고 있더라도 이러한 규약 내용은 효력이 없다(대법원 2003다17774 판결).

주택 법령에서 정한 하자 보수 기간을 경과한 하자의 보증 여부

| **쟁점** | 주택 법령 소정의 보수 기간 경과 후 보수 보증계약에서 약정한 기간 내에 발생한 하자가 보증 대상이 되는가?

| **해결** | 공동주택의 하자가 주택법 시행령에서 정한 하자 보수 기간이 경과한 뒤에 발생하였다면, 하자 보수 보증 책임도 지지 않는다.

보증 대상인 법령상 하자 보수 기간 내의 하자

● 　　　주택법 제46조는 사업 주체는 공동주택의 사용 검사일 또는 사용 승인일부터 공동주택의 내력구조부별 및 시설공사별로 10년 이내의 범위에서 대통령령이 정하는 담보 책임 기간 안에 공사상 잘못으로 인한 균열·침하·파손 등 대통령령으로 정하는 하자가 발생한 때에는 그 하자를 보수해야 하는 것으로 규정하여, 명시적으로 사업 주체에게 담보 책임 기간 안에 발생한 하자를 보수할 의무를 부여하고 있다. 즉 주택법상의 하자담보 책임은 담보 책임 기간 안에 발생한 하

자만을 대상으로 하는 것이다.

공동주택의 하자가 주택 법령이 정한 하자 보수 기간이 도과한 뒤에 발생했지만, 보증계약 약관에 정한 보증 기간을 도과하지 아니한 경우에는 하자 보수 의무를 보증한 보증사가 하자 보수 보증 책임을 지는가? 이에 대해 대법원은 공동주택의 하자가 주택법 시행령에서 정한 하자 보수 기간이 도과한 뒤에 발생하였다면 하자 보수 보증 책임도 지지 않는다고 판단했다(대법원 2002다4290 판결).

| 판례 |

● 　　보증 대상이 되는 하자는 위 공동주택관리령 및 공동주택관리규칙 소정의 하자 보수 의무 기간을 도과하기 전에 발생한 것이어야 하고, 그 이후에 발생한 하자는 비록 그것이 의무 하자 보수 보증계약에서 약정한 보증 기간 내에 발생하였다 할지라도 그 보증 대상이 되지 아니한다(대법원 99다69662 판결).

주택 법령상 하자담보 책임 기간의 성격

> | 쟁점 | 주택법 시행령은 내력구조별 및 시설공사별 하자담보 책임 기간을 정하고 있는데, 이 기간의 성격은 무엇인가?
>
> | 해결 | 하자의 발생 기간으로서 권리 행사를 할 수 있는 기간이다.

하자담보 책임 기간에 관한 주택법의 규정

주택법 제46조 제1항은 '사업 주체는 내력구조부별 및 시설공사별로 10년 이내의 범위에서 대통령령이 정하는 담보책임 기간 안에 공사상 잘못으로 인한 균열·침하·파손 등 대통령령이 정하는 하자가 발생한 때에는 공동주택의 입주자 등 대통령령이 정하는 자의 청구에 따라 그 하자를 보수하여야 한다'고 규정하고 있다. 또한 동법 시행령 제59조 제1항 [별표 6]과 [별표 7]은 사업 주체가 보수 책임을 부담하는 하자의 범위, 내력구조부별 및 시설공사별 하자담보 책임 기간을 정하고 있다.

즉 주택법의 담보책임 기간은 그 기간 안에 발생한 하자에 대한 하자 보수 의무를 정함으로써 하자의 발생 기간을 의미하는 것으로 보인다. 그 기간은 제척기간이 아니다. 대법원 판례에서도 위 하자 보수 기간을 하자 보수 청구권 행사의 제척기간으로 해석할 수 없다고 본다. 이 기간은 제척기간이 아니라 하자의 발생 기간인 것이다(대법원 99다69662 판결 참조). 또한 이 기간은 하자의 발생 기간을 의미하는 것일 뿐, 하자 보수 의무의 존속 기간은 아니다.

∣ 판례 ∣

● 　　　　구 공동주택관리령(1998. 12. 31. 대통령령 제16069호로 개정되기 전의 것) 제16조는 제1항에서 공동주택 등에 대한 하자 보수 기간은 그 사용 검사일부터 주요 시설인 경우에는 2년 이상으로 하고, 그 외의 시설인 경우에는 1년 이상으로 하되 하자 보수 대상인 주요 시설 및 그 외의 시설의 구분 및 범위에 따른 기간은 건설교통부령으로 정한다고 한 다음, 제2항에서 '제1항의 규정에 의한 기간 내에 공동주택 등의 하자가 발생한 때'에는 입주자대표회의 등이 사업 주체에 대하여 하자의 보수를 요구할 수 있는 것으로 규정하고 있을 뿐, 그 기간 내에 하자 보수를 요구하여야 한다거나 그 기간 동안 담보 책임이 있다고 규정하고 있지는 않으므로, 위 하자 보수 기간을 하자 보수 청구권 행사의 제척기간으로 해석할 수는 없다(대법원 2005다25632 판결).

사용 검사 전에 발생한 하자의 보증 책임

| 쟁점 | 하자에 대한 보증 책임을 지는 회사는 사용 검사 이전에
발생한 하자에 대하여도 보증 책임을 지는가?

| 해결 | 보증 책임은 사용 검사 이후에 발생한 하자로 한정된다.

보증 대상의 하자의 범위

하자는 발생 시점을 기준으로 할 때 사용 검사 전의 하자와
사용 검사 후의 하자로 나눌 수 있다. 공사상 잘못으로 인한 하자는 사
용 검사 이후에 발생하는 것이지만, 미시공이나 임의적 변경 시공의
하자는 사용 검사 이전부터 존재하는 하자다.

보증사는 사용 검사 전 하자에 대한 보증 책임을 지지 않는다. '주택
법'은 사용 검사일로부터 10년 이내의 범위에서 대통령령이 정하는 담
보 책임 기간 안에 발생한 하자에 대하여 보수 의무를 지우고 있으므
로, 하자 보수 보증금은 사용 검사 이후에 발생한 하자를 보증 대상으
로 하고 있다. 대법원 판례 역시 하자 보수 보증의 대상은 사용 검사 이

후에 발생한 하자만을 대상으로 한다고 판단했다.

| 판례 |

● 　구 주택건설촉진법(1999. 12. 31. 법률 제6075호로 개정되기 전의 것) 제38조 제15항, 구 공동주택 관리령(1999. 10. 30. 대통령령 제16590호로 개정되기 전의 것) 제17조에 따른 하자 보수 보증금 예치 의무를 이행하기 위하여 주택사업공제조합(이하 '조합'이라 한다)과 사이에 아파트 신축 공사에 관하여 보증 기간을 정하여 구 주택건설촉진법 시행령(1999. 12. 7. 대통령령 제16611호로 개정되기 전의 것) 제43조의5 제1항 제2호 소정의 하자 보수 보증계약이 체결되었는데, 그 보증계약의 약관에 "조합은 보증 기간 동안 발생한 하자에 대하여 공동주택 관리령에서 정한 절차에 따라 그 보수 이행 청구를 받았음에도 조합원이 이를 이행하지 아니함으로써 입주자대표회의가 입은 손해를 보상한다."고 규정되어 있는 경우에 보증 대상이 되는 하자는 보증 기간 동안, 즉 사용 검사일 익일 이후부터 보증 기간 만료일까지 사이에 발생한 하자에 한정되는 것이고 사용 검사 이전에 발생한 손해는 보상 대상에서 제외되는 것임이 분명하나, (1) 그 보증 대상이 되는 손해는 공동주택 관리령에 따라 하자 보수를 청구할 수 있는 하자로 인한 손해이어야 할 것이므로, 그 보증 대상이 되는 하자는 공동주택 관리령 제16조 제1항 및 공동주택 관리규칙 제11조 제1항 [별표 3]에서 규정하고 있는 하자이어야 하고, 한편 위 관리령 및 관리규칙에서는 하자 보수의 대상인 시설 공사의 구분 및 하자의 범위와 그 하자 보수 책임 기간을 규정하면서 하자의 범위를 '공사상의 잘못으로 인한 균열·처짐·

비틀림·들뜸·침하·파손·붕괴·누수·누출, 작동 또는 기능 불량, 부착 또는 접지 불량 및 결선 불량, 고사 및 입상 불량 등으로 건축물 또는 시설물 등의 기능상·미관상 또는 안전상 지장을 초래할 정도의 하자'라고 규정하고 있으므로, 결국 보증 대상이 되는 하자는 미시공, 변경 시공 그 자체가 아니라 '공사상의 잘못으로 인하여 건축물 또는 시설물 등의 기능상·미관상 또는 안전상 지장을 초래할 수 있는 균열·처짐 등의 현상이 발생한 것'을 의미한다고 보아야 할 것이고, 그 공사상의 잘못이 미시공이나 변경 시공이라 할지라도 달리 볼 것은 아니라 할 것이어서, 비록 미시공이나 변경 시공으로 인하여 건축물 자체에 위와 같은 균열 등이 발생할 가능성이 내재되어 있었다고 할지라도, 그 자체만으로 보증 대상이 되는 하자가 사용 검사 이전에 발생한 것이라고 볼 것은 아니라 할 것이며, 그와 같은 균열 등이 실제로 나타나서 기능상·미관상 또는 안전상 지장을 초래하게 되었을 때 하자가 발생했다고 보아야 할 것이고, (2) 한편 그 보증 대상이 되는 하자가 되기 위해서는 보증계약에서 정한 보증 기간 동안에 발생한 하자로서 사용 검사일 이후에 발생한 하자이어야 하므로, 공사상의 잘못으로 주택의 기능상·미관상 또는 안전상 지장을 초래하는 균열 등이 사용 검사 후에 비로소 나타나야만 한다 할 것이고, 사용 검사 이전에 나타난 균열 등은 그 상태가 사용 검사 이후까지 지속되어 주택의 기능상·미관상 또는 안전상 지장을 초래한다 할지라도 이는 위 의무 하자 보수 보증계약의 보증 대상이 되지 못한다(대법원 2005다77848 판결).

사용 검사 전 하자의 손해배상 책임 여부

| **쟁점** | 공동주택의 분양자는 사용 검사 전 하자에 대하여 손해 배상 책임을 지는가?

| **해결** | 사용 승인일이 2005년 5월 26일 주택법 개정 이전인가 이후인가에 따라 달라질 수 있다.

분양자의 손해배상 책임

● 　　2005년 5월 26일 개정된 주택법 부칙 제3조의 위헌 결정(개정 주택의 소급 적용을 규정한 조항)으로 그 이전에 사용 승인된 공동주택의 분양자는 집합건물법 제9조에 의한 분양자로서의 담보 책임을 져야 한다. 집합건물법 제9조에 의한 분양자의 담보 책임은 사용 검사 전후를 묻지 않는다. 분양자는 사용 검사 후의 하자는 물론 사용 검사 전 하자인 미시공 또는 변경 시공의 하자에 대해서도 분양자로서 담보 책임을 져야 한다. 대법원 판례에서도 분양자의 담보 책임에는 당연히 사용 검사 전 하자를 포함한다는 취지로 판시하고 있다(대법원 2004다

37461 판결).

2005년 5월 26일 이후 사용 승인된 공동주택은 개정 주택법이 되는데, 주택법 제46조 제1항은 사업 주체가 하자 담보 책임을 지는 하자를 사용 검사일 또는 사용 승인일 이후에 발생한 하자로 규정하고, 집합건물법 제9조의 적용을 명시적으로 배제하고 있다.

개정 주택법의 등장으로 사용 검사 이전에 발생한 하자, 즉 잘못 시공한 것이 아니라 미시공이나 변경 시공 항목에 대해서는 사업 주체에게 담보 책임을 물을 수 없는지 의문이 제기되었다. 주택법 제46조 제1항에서 명시적으로 사용 검사일 이후에 발생한 하자에 대해서만 담보 책임을 인정하기 때문이다.

주택법 개정 이후에도 여전히 사업 주체에 대해서 사용 승인일 이전에 발생한 하자에 대한 담보 책임을 긍정하는 판결이 있는가 하면 부정하는 판결이 엇갈리고 있는데, 여전히 책임을 인정하는 판결이 다수인 것으로 보인다.

| 판례 |

● 　　　　완성된 건물의 일부 미시공, 변경 시공 부분은 건물 자체의 미완성과는 달리 완성된 건물에 발생한 하자에 포함되는 것이고, 건물이 완공되기 이전에는 사회 통념상 하자의 발생 여부를 상정하기 어려운 점, 위 하자 또한 주택법 시행령에 정한 각 항목별 하자에 포섭시킬 수 있는 점, 공사상 하자로 인한 담보 책임을 통일적으로 규율하고자 하는 법 개정의 취지를 고려할 때, 이미 완공되어 사용 검사를 마친 건축물의 일부 미시공, 변경 시공의 하자는 입주자, 입주자대표회의, 관

리 주체와 사업 주체에 대한 관계에서는 사용 검사 이전에 발생한 하자가 아니고 사용 검사 당시 비로소 발생한 하자로 의율하는 것이 타당하다고 판단된다(수원지방법원 성남지원 2004가합3846 판결).

●   주택법(2005. 5. 26. 법률 제7520호로 개정된) 제46조 제1항은 '사업 주체는 건축물 분양에 따른 담보 책임에 관하여 민법 제667조 내지 제671조의 규정을 준용하도록 한 집합건물법 제9조의 규정에 불구하고 공동주택의 사용 검사일 또는 건축법 제18조의 규정에 의한 사용 승인일부터 공동주택의 내력구조별 및 시설공사별로 10년 이내의 범위에서 대통령령이 정하는 담보 책임 기간 안에 공사상 잘못으로 인한 균열·침하·파손 등 대통령령이 정하는 하자가 발생한 때에는 공동주택의 입주자 등 대통령령이 정하는 자의 청구에 따라 그 하자를 보수해야 한다'고 규정하고 있는바, 위 규정의 문리해석상 사업 주체가 담보 책임을 지는 하자는 공동주택의 사용 검사일 또는 사용 승인일 이후 하자담보 책임 기간 내에 발생한 하자이어야 하고, 사용 검사일 또는 는 사용 승인일 이전에 이미 발생한 하자는 사업 주체가 담보 책임을 지는 하자에 포함되지 아니하는 것으로 보아야 할 것이다(서울중앙지방법원 2004가합110521 판결).

개정 주택법 시행(2005년 5월 26일) 전에 사용 승인을 받은 공동주택의 담보 책임

| 쟁점 | 2005년 5월 26일 이전에 사용 승인된 공동주택 구분소
유자가 분양자를 상대로 하자 보수에 갈음한 손해배상을
청구할 때 적용되는 법률은 무엇인가?

| 해결 | 집합건물법 제9조의 책임이다.

개정 주택법 부칙 제3조의 위헌 결정으로 인한 영향

●   2005년 5월 26일 개정된 집합건물법 부칙 제6조는 집합주택
의 관리 방법과 기준에 관한 주택법의 특별한 규정은 그것이 집합건물
법에 저촉하여 구분소유자의 기본적인 권리를 해하지 않는 한 효력이
있으나, 다만 공동주택의 담보 책임 및 하자 보수에 관하여는 주택법
제46조의 규정이 정하는 바에 따른다고 규정하고 있고, 2005년 5월 26
일 개정된 주택법 제46조 제1항은 사업 주체는 건축물 분양에 따른 담
보 책임에 관하여 민법 제667조 내지 제671조의 규정을 준용하도록 한
집합건물법 제9조의 규정에 불구하고 공동주택의 사용 검사일 또는 사

용 승인일부터 공동주택의 내력구조부별 및 시설공사별로 10년 이내의 범위에서 대통령령이 정하는 담보 책임 기간 안에 공사상 잘못으로 인한 균열·침하·파손 등 대통령령으로 정하는 하자가 발생한 때에는 공동주택의 입주자 등 대통령령이 정하는 자의 청구에 따라 그 하자를 보수하도록 규정하고 있다.

그런데 개정 주택법의 시행 전에 주택법 제29조의 규정에 의한 사용 검사 또는 건축법 제18조의 규정에 의한 사용 승인을 얻은 공동주택의 담보 책임 및 하자 보수에 관하여도 제46조의 개정 규정을 적용하도록 한 개정 주택법 부칙 제3항은 헌법재판소 '2008년 7월 31일 선고, 2005헌가16 결정'에 의하여 헌법에 위반되어 무효라고 선언됨으로써 그 효력이 상실되었다.

그 결과 2005년 5월 26일 이전에 사용 검사 또는 사용 승인을 받은 공동주택에 관하여 그 구분소유자가 하자 보수에 갈음하는 손해배상을 청구하는 경우에는 집합건물법 제9조 및 그에 의해 준용되는 민법 제667조 내지 제671조가 적용된다.

| 판례 |

●   공동주택의 사용 검사 또는 사용 승인은 집합건물의 건축이 완성된 후에 이루어지고, 그 후에 바로 주택이 피분양자인 구분소유자에게 인도되는 바, 하자 발생의 원인이 되는 부실 공사 등 공사의 잘못은 성질상 이미 그때에 모두 발생하여 있다고 할 것이어서, 그 당시에 적용되는 하자담보 책임에 관한 법률을 일률적으로 적용하여 담보 책임 등을 묻는 것이 신뢰 보호나 공평의 견지에서 타당하다. 따라서 개

정 주택법(2005. 7. 13. 법률 제7600호로 개정되기 전의 것)과 개정 집합건물의 소유 및 관리에 관한 법률 부칙 제6조(1984. 4. 10. 법률 제3725호 부칙 중 2005. 5. 26. 법률 제7502호로 개정된 것)가 시행된 2005. 5. 26. 전에 사용 검사 또는 사용 승인을 받은 공동주택에 관하여 그 구분소유자가 집합건물의 소유 및 관리에 관한 법률에 따라 하자 보수에 갈음하는 손해배상을 청구하는 경우에는 그 담보 책임 및 하자 보수에 관하여 개정 주택법 제46조를 적용할 수 없고, 집합건물의 소유 및 관리에 관한 법률 제9조 및 그에 의해 준용되는 민법 제667조 내지 제671조에 따라 하자담보 책임의 내용 및 범위가 결정된다(대법원 2008다12439 판결).

내력구조부의 하자

> **| 쟁점 |** 내력구조부의 하자는 공동주택이 무너지거나 무너질 우려가 있는 경우에만 담보 책임을 지는가?
>
> **| 해결 |** 종전 대법원 판례는 무너지거나 무너질 우려가 있는 경우에 한정되지 않는 것으로 본다.

내력구조부 하자에 대한 주택법의 내용

●   주택법 시행령 제59조 제1항 [별표 7]은 내력구조부별 하자보수 대상 하자의 범위는 내력구조부에 발생한 결함으로 인하여 당해 공동주택이 무너진 경우 또는 안전 진단 실시 결과 당해 공동주택이 무너질 우려가 있다고 판정된 경우이며, 하자담보 책임 기간은 기둥·내력벽(힘을 받지 않는 조적벽 등은 제외한다)은 10년, 보·바닥 및 지붕은 5년이다.

    사업 주체에게 5년 또는 10년의 담보 책임을 물을 수 있는 내력구조부에 발생한 하자의 범위는 '내력구조부에 발생한 결함으로 인하여 당해 공동주택이 무너진 경우 또는 안전 진단 실시 결과 당해 공동주택이 무너질 우려가 있다고 판정된 경우'로 제한하고 있는 것이다. 그렇다면 내력구조부에 발생한 하자에 대해서는 공동주택이 무너지거나 무너질 우려가 있다고 판정된 경우에만 담보 책임을 지는가?

2005년 5월 26일 개정 주택법 시행 전에 사용 승인된 공동주택의 하자에 대해 집합건물법 제9조에 따른 분양자의 담보 책임을 물을 때는 주택법의 위 제한을 고려할 필요가 없다. 이때는 하자의 발생 부위에 따라 책임이 달라지는 것이 아니고, 하자의 발생 부위가 어디든 10년의 담보 책임을 지게 된다. 대법원은 보증 책임에 대해서도 마찬가지로 본다. 내력구조부의 하자에 대한 보증 책임은 무너지거나 무너질 우려가 있는 경우로 제한되는 것이 아니라고 보는 것이다(대법원 99다69662 판결).

2005년 5월 26일 개정 주택법 시행 이후에 사용 승인된 공동주택의 내력구조부에 발생한 하자는 어떤가? 집합건물법 부칙 제6조 단서는 공동주택의 담보 책임 및 하자 보수에 관하여는 주택법 제46조를 따르도록 하고 있고, 주택법 46조 제1항은 집합건물법 제9조의 적용을 배제하면서 공동주택의 내력구조부별 및 시설공사별로 정해진 기간 안에 정해진 하자에 대한 보수 의무를 규정하고, 같은 법 제46조 제3항은 사업 주체에게 내력구조부에 발생한 중대한 하자에 대한 손해배상 책임을 지우고 있다.

또한 주택법 시행령 제59조 [별표 7]에서는 하자 보수 대상 하자의 범위를 내력구조부에 발생한 결함으로 인하여 당해 공동주택이 무너진 경우와 안전 진단 실시 결과 당해 공동주택이 무너질 우려가 있다고 판정된 경우를 들고 있다. 문언상으로만 보면 공동주택에 관해서는 집합건물법 제9조에 의한 분양자의 담보 책임을 물을 수 없고, 사업 주체에 대해 주택법 시행령 제59조 [별표 6]과 [별표 7]에 규정된 하자가 정해진 기간 내에 발생한 때에만 하자 보수를 요구할 수 있고, 손해배상 책임은 내력구조에 중대한 하자가 발생한 때에만 있는 것처럼 되어 있다. 이 때문에 해석이 분분하다.

개정된 주택법 하에서도 여전히 위 대법원 판결과 같은 이유로 내력구조부에 발생한 하자는 모두 5년 또는 10년의 담보 책임을 부담한다는 판결(대전지방법원 2004가합8825 판결)이 있는가 하면, 법문에 충실하게 공동주택이 무너지거나 무너질 우려가 있는 경우와 같은 중대한 하자에 대해서만 5년 또는 10년의 하자담보 책임을 진다는 판결(청주지방법원 2003가합3079 판결, 서울남부지방법원 2005가합22269 판결)도 있다.

| 판례 |

●   주택건설촉진법 시행령 제43조의 5 제1항 제1호 (가)목에서는 공제조합이 행할 수 있는 하자 보수 보증을 의무 하자 보수 보증과 장기 하자 보수 보증으로 구분하고, 의무 하자 보수 보증을 '공동주택 관리령 제16조'의 규정에 의한 하자 보수 의무 기간 중 발생한 하자의 보수에 대한 보증이라고 규정하고 있을 뿐, 주택건설촉진법 제38조 제16항 및 그에 따른 공동주택 관리령 제16조의 2의 규정에 의한 하자의 보수에 대한 보증으로 되어 있지 아니하고, 공동주택 관리령 제16조와 그에 따른 시행 규칙에서는 보증 기간을 10년 내지 5년이라고만 규정하고 있을 뿐, 그 범위를 주택이 무너졌거나 무너질 우려가 있는 경우

로 한정하고 있지 아니하므로, 보증기간을 10년으로 하여 이루어진 공제조합의 의무하자 보수보증의 보증대상은 결국 내력구조부에 발생한 모든 하자라고 봄이 상당하다 하겠고, 비록 하자 보수의무에 관한 주택건설촉진법 제38조 제14항 내지 제16항, 공동주택 관리령 제16조의 2에서 주택 건설 사업의 주체는 공동주택의 하자를 보수할 책임이 있고, 이를 담보하기 위하여 하자 보수 보증금을 예치하여야 할 의무가 있으며, 특히 공동주택의 내력구조부에 발생한 결함으로 인하여 당해 공동주택이 무너지거나 혹은 안전 진단을 실시한 결과 당해 공동주택이 무너질 우려가 있다고 판정된 경우와 같은 중대한 하자가 발생한 때에는 10년의 범위 내(기둥, 내력벽은 10년, 보, 바닥, 지붕은 5년)에서 이를 보수하고, 그로 인한 손해를 배상할 책임이 있다고 규정하고 있으나, 그와 같은 규정을 둔 취지는 내력구조부의 결함과 같은 중대한 하자에 대하여는 그 위험성과 주요성에 비추어 특히 가중 책임을 지게 하려는 것이지, 내력구조부에 대해서는 공동주택이 무너지거나 무너질 우려가 있는 경우와 같은 중대한 하자에 대해서만 보증 책임을 부담하는 것으로 제한하려는 취지는 아니라고 해석된다(대법원 99다 69662 판결).

방음벽의 하자

> **| 쟁점 |** 방음벽의 하자 여부를 판단하는 기준은 무엇인가?
>
> **| 해결 |** 5층 이상의 공동주택인 경우에는 1층의 실측 소음도와 5층의 예측 소음도를 합하여 평균한 소음도가 65데시벨 미만이 되는가 여부로 판단한다.

소음에 대한 규제

●   생활소음뿐만 아니라 도로나 철도, 항공기와 같이 소음을 유발하는 시설에 대해서는 특별히 소음·진동 규제법에 의하여 규제를 하고 있다. 주거 지역에서의 교통 소음은 주간에는 68데시벨, 야간에는 58데시벨을 넘어서는 안 된다. 도로나 철도와 같은 소음 발생 시설에 인접한 공동주택에 대한 소음 기준은 어떻게 될까? 도로 등에 인접한 공동주택의 소음 차단 시설은 어느 기준을 충족해야 하는 것일까? 현행 주택 건설 기준 등에 관한 규정 제9조 제1항은 이렇게 규정되어 있다.

공동주택을 건설하는 지점의 소음도(이하 '실외 소음도'라 한다)가 65데시벨 이상인 경우에는 방음벽·수림대 등의 방음 시설을 설치하여 해당 공동주택의 건설 지점의 소음도가 65데시벨 미만이 되도록 하여야 한다. 다만, 공동주택이 '국토의 계획 및 이용에 관한 법률' 제36조에 따른 도시 지역(주택 단지 면적이 300,000㎡ 미만인 경우로 한정한다) 또는 소음·진동 규제법 제26조에 따라 지정된 지역에 건축되는 경우로서, 다음 각 호의 기준을 모두 충족하는 경우에는 그 공동주택의 6층 이상인 부분에 대하여 본문을 적용하지 아니한다. 〈개정 2007. 7. 24〉

1. 세대 안에 설치된 모든 창호(窓戶)를 닫은 상태에서 거실에서 측정한 소음도(이하 '실내 소음도'라 한다)가 45데시벨 이하일 것
2. 공동주택의 세대 안에 건축법 시행령 제87조 제2항에 따라 정하는 기준에 적합한 환기 설비를 갖출 것

위의 기준을 충족하는 방음벽 시설은 하자 없는 시설이라 할 것이다. 대법원 판결도 위와 같은 기준의 충족 여부로 방음벽의 하자 여부를 판단하고 있다. 이 기준을 충족하는 경우에는 하자가 아니라는 판단을 내렸다.

한편 소음은 측정하는 지점에 따라 소음도가 높거나 낮게 나올 수 있다. 고층 아파트의 경우라면 측정하는 지점이 저층일 경우와 고층일 경우의 소음도가 크게 달라질 수 있다. 이와 같은 경우에 기준의 충족 여부는 어떻게 판단하는가? 5층 이상의 공동주택의 경우에는 1층과 5층의 소음도를 합하여 평균한 소음도를 기준으로 하여 위 관련 법령의 위반 여부를 판단한다.

●　　　건축물의 하자라 함은 일반적으로 완성된 건축물에 공사계약에서 정한 내용과 다른 구조적 · 기능적 결함이 있거나 거래 관념상 통상 갖추어야 할 품질을 제대로 갖추고 있지 아니한 것을 말하는 것으로, 하자 여부는 당사자 사이의 계약 내용, 해당 건축물이 설계도대로 건축되었는지 여부, 건축 관련 법령에서 정한 기준에 적합한지 여부 등 여러 사정을 종합적으로 고려하여 판단되어야 한다. 주택 건설 기준 등에 관한 규정 제9조 제1항은 공동주택을 건설하는 지점의 소음도가 건설부 장관이 환경처 장관과 협의하여 고시하는 소음 측정 기준에 의하여 65데시벨 이상인 경우에는 공동주택을 철도 · 고속도로 · 자동차 전용 도로 · 폭 20미터 이상인 일반 도로 기타 소음 발생 시설(설치 계획이 확정된 시설을 포함한다)로부터 수평 거리 50미터 이상 떨어진 곳에 배치하거나 방음벽 · 수림대 등의 방음 시설을 설치하여 당해 공동주택의 건설 지점의 소음도가 65데시벨 미만이 되도록 하여야 한다고 규정하고 있으며, 위 주택 건설 기준 등에 관한 규정 제9조 제1항에 의한 공동주택의 소음 측정 기준(1986. 10. 15. 건설부 고시 제463호)에 의하면, 5층 이상의 공동주택인 경우에는 1층의 실측 소음도와 5층의 예측 소음도를 합하여 평균한 소음도를 측정 소음도로 하여야 한다고 규정하고 있고, 개발 예정 지구 · 도시 계획 예정 도로 등의 경우 실측에 의하여 대상 소음도를 구할 수 없는 경우에는 예측 방법에 의할수 있다고 규정하면서, 공동주택 단지 인접에 도로 또는 철도가 신설되어 환경 영향 평가를 시행하는 경우에는 환경 영향 평가를 본 기준에 의한 평가로 한다고 규정하고 있으므로, 5층 이상의 공동주택의 경우에 있어서는 1층과 5층의 소음도를 합하여 평균한 소음도를 기준으

로 하여 위 관련 법령의 위반 여부를 판단하여야 할 것이다(대법원 2005다56193, 2005다56209 판결).

층간 소음 하자

| **쟁점** | 사업 승인 당시에는 없던 현재의 층간 소음 기준에 미달
되는 아파트의 하자가 인정되는가?

| **해결** | 개정 규정이 개정 규정 시행 전에 사업 승인을 받은 공동
주택에 그대로 적용될 수는 없다.

층간 소음에 관한 기준의 변화

● 　　　근래 갖가지 소음으로 인한 분쟁이 급증하고 있다. 도로나
철도에서 발생하는 소음은 물론이고, 공동주택의 이웃 또는 층간에서
발생하는 소음으로 인한 분쟁도 끊이지 않고 있다.

그래서 법률에서도 각종 소음 발생에 대한 규제를 강화하고 있다. 소
음·진동규제법은 소음을 기계·기구·시설, 그 밖의 물체의 사용으로
인하여 발생하는 강한 소리(제2조 제1호)라고 정의하면서, 공장 소음과
생활 소음, 교통 소음, 항공기 소음에 대해 규제하고 있는데, 아파트 층
간 소음의 기준은 어떨까? 다시 말하면, 우리가 어느 정도의 소음을 참

고 견뎌야 할까?

이에 대해서는 '주택 건설 기준 등에 관한 규정'이 있다. 위 규정 제 14조 제3항은 공동주택의 바닥에 관해서 각 층간 바닥 충격음이 경량 충격음(비교적 가볍고 딱딱한 충격에 의한 바닥 충격음을 말한다)은 58 데시벨 이하, 중량 충격음(무겁고 부드러운 충격에 의한 바닥 충격음을 말한다)은 50데시벨 이하의 구조가 되도록 해야 한다. 그러므로 경량 충격음 58데시벨을 초과하거나 중량 충격음 50데시벨을 초과하는 소음을 내는 바닥으로 시공된 아파트는 하자가 있다고 할 것이다. 그런데 이 기준은 2003년 4월 22일 위 규정을 개정하면서 등장했고, 그 이전에는 단순히 '각 층 간의 바닥 충격음을 충분히 차단할 수 있는 구조로 해야 한다'고 규정하고 있었다.

그렇다면 그 이전에 입주한 아파트의 경우에는 어떻게 되는가? 개정 규정이 적용되는 아파트의 경우에는 개정 규정에서 정하는 기준에 미달하는 경우 곧바로 하자로 인정되지만, 개정 전 규정이 적용되는 아파트의 경우에는 경량 바닥 충격음이 개정 규정을 초과한다고 해서 곧바로 개정 전 규정의 적정 기준도 초과하는 것으로 볼 수는 없다.

▌판례▌

● 　　　　공동주택의 바닥 충격음에 관한 규제에 관하여 2003. 4. 22. 개정되기 전의 주택 건설 기준 등에 관한 규정(이하 '개정 전 규정'이라고 한다) 제14조 제3항에서는 공동주택의 바닥은 각 층 간의 바닥 충격음을 충분히 차단할 수 있는 구조로 하여야 한다고 규정하고 있었는데, 2003. 4. 22. 개정된 주택 건설 기준 등에 관한 규정(이하 '개정 규정'

이라고 한다) 제14조 제3항에서는 공동주택의 바닥은 각 층 간의 바닥 충격음이 경량 충격음(비교적 가볍고 딱딱한 충격에 의한 바닥 충격음을 말한다)은 58데시벨 이하, 중량 충격음(비교적 무겁고 부드러운 충격에 의한 바닥 충격음을 말한다)은 50데시벨 이하가 되도록 하여야 한다고 규정하고 있다.

그런데 개정 전 규정에서 말하는 '각 층 간의 바닥 충격음을 충분히 차단할 수 있는 구조'를 판단함에 있어서 개정 규정의 기준이 그 판단 자료가 될 수 있는지 여부에 관하여 보건대, 개정 규정 부칙 제1조 단서에서는 제14조의 개정 규정 중 경량 충격음에 관한 규정은 공포 후 1년이 경과한 날부터 시행하고, 중량 충격음에 관한 규정은 2005. 7. 1.부터 시행한다고 규정하고 있으며, 부칙 제2조에서는 제14조의 개정 규정은 동 규정의 시행 후 주택법 제33조에 의한 사업 계획의 승인을 신청하는 주택 건설 사업부터 이를 적용한다고 하여 개정 규정의 적용 시기를 분명히 하고 있는 점, 2005. 6. 30. 대통령령 제18929호로 개정 된 주택 건설 기준 등에 관한 규정에서는 개정 규정과 같은 기준에 따르거나 건설교통부 장관이 정하여 고시하는 표준 바닥 구조가 되도록 하는 것 중 어느 하나를 선택할 수 있도록 규정하고 있는 점, 이 사건 아파트 건축 당시의 건축 현황이나 기술 수준이 개정 규정 시행 당시의 그것과 동일하다고 볼 수 없는 점 등에 비추어 보면, 개정 규정이 개정 규정 시행 전에 사업 승인을 받은 공동주택에 그대로 적용될 수는 없다 할 것이다.

그러므로 개정 전 규정의 기준에 부합하는지 여부를 판단함에 있어서도 개정 규정이 일응 참작 사유가 될 수 있을 뿐 개정 규정에 의해서만 판단될 수는 없는 것이고, 개정 규정과 아울러 이 사건 아파트 건축 당시의 공동주택들의 건축 현황이나 바닥 충격음의 정도, 당시의 기술 수준, 개정 규정의 기준 설정 경위 등 여러 사정들이 종합적으로 고려되어 판단되어야 할 것이다(대법원 2005다56193, 2005다56209 판결).

사용 검사 전에 하자 여부를 판단하는 방법

> | 쟁점 | 미시공, 부실 시공 또는 변경 시공 등의 공사상 잘못이 사용 검사 전에 있었으나 그로 인한 주택의 기능상, 미관상 또는 안전상의 지장이 사용 검사 후에 나타나는 경우에 그 하자는 보증 대상이 되는가?
>
> | 해결 | 이러한 하자는 사용 검사 후 하자로서 보증 대상이 된다.

사용 검사 후에 발생한 하자

●   건설공제조합과 같은 하자 보수 보증사의 보증 대상이 되는 하자는 사용 검사일 이후 하자 보수 책임 기간이 종료되기 이전에 발생한 하자로 한정된다. 사용 검사가 완료되기 전에 이미 발생한 하자는 그것이 사용 검사일 이후까지 존속한다고 할지라도 보증 대상이 아니다. 즉 미시공이나 임의적 변경 시공과 같은 사용 검사 전 하자는 보증 대상이 아닌 것이다.

그렇다면 원인이 되는 공사상 잘못은 사용 검사 전에 있었지만, 그 원인에 기한 장애가 사용 검사 후 발생한 하자는 사용 검사 전의 하자인가, 사용 검사 후의 하자인가? 예컨대, 공동주택 지하 주차장 및 지하 대피소 방수층 두께 부족으로 인한 방수 불량의 하자는 시공사가 설계 도면에 따라 시공하여야 할 부분을 시공하지 아니하였거나 부실하게 시공하여 사용 검사 개시 이전에 이미 위와 같은 기능상 하자가 발생할 가능성이 내재되어 있었으나 그로 인한 작동 또는 기능의 불량 등은 사용 검사 이후, 하자 보수 책임 기간이 종료되기 전에 나타났다면, 위 하자는 하자 보수 보증사의 보증 대상에 해당하는가? 이러한 하자는 사용 검사 후 하자로서 보증 대상에 해당된다.

| 판례 |

● 　　　사용 검사 전에 발생한 하자란 건설 회사가 설계도면에 따라 시공해야 할 부분을 시공하지 아니하였거나 부실 시공 또는 설계도면과 다르게 변경 시공하는 등의 공사상 잘못으로 사용 검사 이전에 이미 주택에 나타난 균열, 처짐, 비틀림, 들뜸, 침하, 파손, 붕괴, 누수, 누출, 작동 또는 기능 불량, 부착 또는 접지 불량 및 결선 불량, 조경수의 고사 및 입상 불량 등을 지칭하는 것이고, 미시공, 부실 시공 또는 변경 시공 등의 공사상 잘못이 사용 검사 이전에 이미 있었다고 하더라도 그로 인한 균열 등이나 작동 또는 기능 불량 등으로 인한 주택의 기능상, 미관상 또는 안전상 지장이 사용 검사 후에 나타나는 경우는 사용 검사가 완료되기 전에 발생한 하자에 해당하지 아니한다(대법원 2002 다7333 판결).

사용 승인 전 하자에 대한
분양자의 담보 책임

| 쟁점 | 사용 승인 전 입주한 수분양자가 분양자에게 사용 승인
전 하자에 대한 담보 책임을 물을 수 있는가?

| 해결 | 이 경우에도 분양자가 담보 책임을 진다.

사용승인 전에 입주한 수분양자에 대한 분양자의 하자 담보 책임

● 　　　집합건물법 제9조에 따른 분양자의 담보 책임은 주택법 제
46조에 따른 사업 주체의 담보 책임과 달리 사용 검사 전 하자에도 미
친다. 즉 분양자는 수분양자에 대하여 사용 검사 전 하자인 미시공 및
변경 시공의 하자에 대하여 하자담보 책임을 진다.

　그런데 분양자는 분양 잔대금을 납부하지 않고 사용 승인 전에 임의
로 입주한 수분양자에 대하여도 사용 승인 전의 하자에 대해서까지 담
보 책임을 부담하는가? 대법원은 긍정한다.

●   집합건물법 제9조 제1항은 집합건물을 건축하여 분양한 자는 수급인의 담보 책임에 관한 민법 제667조 내지 제671조의 규정에 따라 담보 책임을 지도록 규정하고 있는 바, 분양 잔대금을 지급하지 않은 채 수분양 아파트의 사용 승인 전에 임의로 입주한 자가 구 공동주택 관리령의 규정에 따라 분양자에 대하여 하자 보수를 청구할 입주자의 지위에 있지 않다고 하더라도, 위 공동주택 관리령의 하자 보수에 관한 규정은 입주자를 보호하기 위하여 입주자가 사업 주체에 대하여 하자 보수를 청구하는 절차를 규정하는 것에 불과하고 집합건물법에 따른 담보 책임을 배제하는 취지로는 보이지 않으므로, 위 입주자는 수분양자의 지위에서 같은 법의 규정에 따라 분양자에 대하여 하자 보수에 갈음하는 손해배상을 청구할 수 있다(대법원 2004다37461 판결).

손해배상 청구권의 소멸시효의 진행

| 쟁점 | 하자 보수에 갈음한 손해배상 청구권의 소멸시효는 언제부터 진행되는가?

| 해결 | 하자가 발생한 시점부터 진행된다.

소멸시효의 기산점

●　　소멸시효는 언제부터 진행되는가? 주택법 시행령 소정의 하자담보 책임 기간이 경과한 날로부터 기산하는가? 예컨대, 1년차 하자의 경우는 사용 검사일로부터 담보 책임 기간인 1년이 경과한 날의 다음날부터 소멸시효가 진행되는가? 아니면 각 하자의 발생일로부터 진행되는가?

대법원은 공동주택의 하자 보수에 갈음한 손해배상 청구권의 소멸시효 기간은 각 하자가 발생한 시점부터 별도로 진행되는 것으로 판시하였다. 즉 소멸시효는 주택법 시행령이 정하는 하자담보 책임 기간이 경과한 날부터 진행되는 것이 아니라 각 하자가 발생한 시점부터 별도로 진행된다고 판단한 것이다. 소멸시효의 기산점은 하자가 발생한 시점이라는 것이다.

| 판례 |

●   하자 보수에 갈음한 손해배상 청구권의 소멸시효 기간은 각 하자가 발생한 시점부터 별도로 진행되는 것이다(대법원 2007다83908 판결).

입주자대표회의에 의한
소멸시효의 중단 여부

> **| 쟁점 |** 공동주택의 하자 보수에 갈음한 손해배상 청구권이 없는
> 입주자대표회의가 소멸시효를 중단시킬 수는 있는가?
> ---
> **| 해결 |** 권리가 없는 입주자대표회의로서는 시효를 중단시킬 수
> 없다.

소멸시효의 중단 여부

● 　　아파트 입주자대표회의는 사업 주체에게 하자 보수를 요구
하거나 하자 보수 보증금을 청구할 수는 있지만, 공동주택의 하자에
갈음한 손해배상 청구권이 없다. 그렇다면 손해배상 청구권은 없지만,
아파트 입주자대표회의가 각 구분소유자의 손해배상 청구권의 소멸시
효의 진행을 중단시킬 수는 있는가? 이에 대해 대법원은 부정한다.

입주자대표회의가 원고로서 분양자를 상대로 하자 보수에 갈음하는
손해배상 청구 소송을 제기하였다가 각 구분소유자들로부터 채권을
양수받았다면, 그 채권 양도가 있기 전까지는 하자 보수에 갈음하는

손해배상 청구권을 가지고 있지 아니하므로, 특별한 사정이 없는 한 무권리자인 입주자대표회의에 의한 이 사건 소송의 제기로 법률상 시효 중단의 효력이 생길 수는 없다는 것이다.

그러므로 '입주자대표회의 명의로 손해배상 청구 소송을 제기하였다가 공동주택 구분소유자들로부터 하자 보수에 갈음하는 손해배상 청구권을 양수받아 양수금 청구로 청구 원인을 변경하였다면 양수금 청구로 변경한 그 시점에 비로소 소멸시효가 중단된다(대법원 2008다48490 판결).' 다만, 양수금 청구로 변경하기 전에 채권 양도의 통지를 하고 그 통지일로부터 6개월 이내에 양수금 청구 소송을 제기하였다면, 그 통지일에 시효 중단의 효력이 생긴다.

| 판례 |

● 　　　　입주자대표회의가 자신의 권원에 기한 손해배상 청구 소송 계속 중에 양수금 청구로 청구 원인을 변경하면 이는 소의 추가적 혹은 교환적 변경으로서 위 변경 신청서를 법원에 제출한 시점에 소송 제기의 효과가 발생하여 양수금 청구의 소멸시효가 중단된다고 할 것이다(민법 제168조 제1호 참조). 한편, 최고는 6월 내에 재판상의 청구 등을 하면 시효 중단의 효력이 있으므로(민법 제174조 참조), 소송 계속 중 입주자대표회의가 구분소유자들로부터 손해배상 청구권을 양수하고 채권 양도 통지를 함으로써 최고의 효력이 생기고, 그 통지 시점으로부터 6월 이내에 청구 취지 및 원인 변경 신청서가 법원에 제출된 경우라면 위 채권 양도 통지 시점에 시효 중단의 효력이 생겼다고 볼 수 있을 것이다(대법원 2007다83908 판결).

입주자대표회의의
하자 보수 청구권 행사 방법

| 쟁점 | 공동주택의 입주자대표회의가 하자 보수 청구권을 행사하는 경우, 공동주택에 발생한 모든 하자를 특정하고 그 구체적인 내용을 밝혀 행사해야 하는가?

| 해결 | 입주자대표회의가 사업 주체에게 이미 발생한 전반적인 하자를 지적하고 그 대책을 요구하였다면, 각 하자 부분에 대한 포괄적인 권리 행사를 한 것이다.

입주자대표회의에서 하자 보수 청구권을 행사하려면?

● 　　입주자대표회의가 하자 보수 보증금을 청구하기 위해서는 아파트에 발생한 모든 하자를 구체적으로 특정하여 그에 대한 보수를 요구하였어야 하는가? 하자 보수 청구의 각 하자를 구체적으로 특정하지 않으면 하자 보수 청구권을 행사하지 않은 것인가?

대법원은 건축 전문가가 아닌 입주자대표회의가 사업 주체에게 이미 발생되어 있는 전반적인 하자를 지적하고 대책을 요구한 이상, 적법하게 하자 보수 청구권을 행사한 것으로 본다.

● 입주자대표회의는 건축에 관한 전문가가 아니기 때문에 공동주택에 발생한 모든 하자를 특정하고 구체적인 내용을 밝혀 하자 보수 청구권을 행사할 것을 요구하는 것은 합리성이 없다고 할 것이므로, 입주자대표회의가 사업 주체에게 이미 발생한 전반적인 하자를 지적하고 그 대책을 요구하였다면, 각 하자 부분에 대한 포괄적인 권리 행사를 한 것으로 봄이 상당하다고 할 것이다(대법원 2002다7333 판결).

중복 보증 대상 여부

> **| 쟁점 |** 보증 기간이나 보증 대상을 특정하여 각 하자 보수 보증
> 계약을 체결하더라도 하나의 하자가 2개 이상의 각 하자
> 보수 보증계약의 보증 대상에 중복적으로 해당하는 경우
> 가 발생할 수 있는가?
>
> -
>
> **| 해결 |** 하나의 하자가 2개 이상의 각 하자 보수 보증계약의 보
> 증 대상에 중복적으로 해당할 수 있다.

중복 보증의 가능성

● 　　　하자 보수 책임 기간이 10년인 내력벽이나 기둥, 5년인 보·
바닥 및 지붕에 하자 보수 책임 기간이 1년이나 2년 또는 3년인 하자가
발생할 수 있다. 예컨대, 아파트의 주동 외벽 건식 균열이나 지하 주차
장 천장 건식 균열의 하자가 그런 경우이다. 개정 주택법이 시행된
2005년 5월 26일 이전에 사용 승인된 아파트인 경우, 내력벽이나 기둥,
바닥이나 지붕과 같은 부위에서 발생한 콘크리트 균열은 하자 보수 책
임 기간이 10년 또는 5년에 해당하는 하자인 동시에 공사의 성격상 하

자 보수 책임 기간이 3년인 콘크리트 공사에도 해당할 수 있다. 이 경우 보증 기간 10년 또는 5년에 해당하는 위 하자를 보증 기간 3년에 해당하는 콘크리트 공사 하자로 전용하여 그에 따른 하자 보수 보증금을 청구할 수 있는가?

대법원 판례는 이를 긍정한다. 즉 아파트의 주동 외벽 건식 균열의 하자는 하자 보수 책임 기간이 3년인 철근콘크리트 공사의 하자를 보증 대상으로 하고 있는 보증계약의 보증 대상에 해당함과 동시에 하자 보수 책임 기간이 10년인 기둥·내력벽의 하자를 보증 대상으로 하고 있는 보증계약의 보증 대상에도 해당되고, 아파트의 지하 주차장 천장 건식 균열의 하자는 하자 보수 책임 기간이 3년인 철근콘크리트 공사의 하자를 보증 대상으로 하고 있는 보증계약의 보증 대상에 해당함과 동시에 하자 보수 책임 기간이 5년인 보·바닥·지붕의 하자를 보증 대상으로 하고 있는 보증계약의 보증 대상에도 해당된다는 것이다.

| 판례 |

● 　　　　구 공동주택 관리령 제16조 제1항 [별표 7]에서 정하고 있는 '하자 보수 책임 기간 1년, 2년 또는 3년에 해당하는 각 공사별 하자'와 '하자 보수 책임 기간 5년 또는 10년에 해당하는 공동주택의 내력구조부의 하자'는 상호간에 중복되는 경우가 발생할 가능성이 있다. 즉 '하자 보수 책임 기간 1년, 2년 또는 3년에 해당하는 각 공사별 하자'가 공동주택의 내력구조부(기둥·내력벽 또는 보·바닥·지붕)에 발생한 경우, 그러한 하자는 '하자 보수 책임 기간 5년 또는 10년에 해당하는 내력구조부의 하자'에도 동시에 해당한다고 볼 수 있을 것이다.

그렇다면 사업 주체와 보증사가 보증 기간이나 보증 대상을 특정하여 각 보증계약을 체결하더라도, 각 보증계약 사이에서 보증 기간이나 보증 대상이 중복되는 것을 배제하기로 하는 등의 특별한 약정을 하지 않는 한, 하나의 하자가 2개 이상의 각 보증계약의 보증 대상에 중복적으로 해당되는 경우도 발생할 수 있다고 할 것이다(대법원 2008다27356 판결).

하자 보수 보증계약 간의 전용

| 쟁점 | 보증 기간이 각기 다른 하자 보수 보증금의 전용이 가능한가?

| 해결 | 전용이 인정된다.

단위 계약별 하자 보수 보증금의 전용 가능성

보증계약에서 시설공사별 및 구조부별로 각기 1년, 3년, 5년, 10년으로 나누어 하자 보수 보증계약이 체결된다. 특히 주택 법령에 의거 아파트 입주자대표회의를 채권자로 하는 하자 보수 보증계약의 경우에는 보증 대상 공사를 특정하지 않고, 단지 보증 기간만을 단기와 장기로 구분하여 그에 따라 보증계약을 별도로 체결한 경우가 많다. 이 경우 보증계약 간의 전용이 허용되는가?

전체 공사에 대한 하자 보수 보증을 편의상 보증 기간에 따라 나눠 놓은 것에 불과하다고 보고 개별 보증계약의 한도에 구애받지 않고 전체 하자 보수금에 대하여 전체 보증 한도액 내에서 보증 책임을 지울 수 있느냐가 문제이다.

각 보증 대상 공사를 구체적으로 특정하지 않고, 단지 보증 기간만을 단기와 장기로 구분하여 그에 따라 보증계약을 별도로 체결한 경우에는 전용을 허용할 수 있다고 본다. 이러한 경우에는 단기 보증계약의 보증 기간은 장기 보증계약의 보증 기간과 병존하게 되는데, 장기 보증계약은 단기 보증계약의 보증 기간까지도 보증하게 된다. 결국 보증 기간 1년짜리 하자 보수 보증서는 1년차 하자를 보증하지만, 2년짜리 보증서는 2년차 하자만이 아니라 1년차 하자를 포함해서 보증하는 것이며, 3년짜리 하자 보수 보증서는 2년차 하자만이 아니라 1년차와 2년차 하자도 포함해서 보증하는 것이다.

따라서 하자 보증 기간 3년 내에 발생한 하자라 하더라도 하자 보증 기간이 3년인 보증서의 보증금으로 하자를 보수하는 데 필요한 보수비가 부족하다면, 하자 보증 기간이 10년인 보증서에 기하여서도 이에 대한 하자 보증금을 청구할 수 있는 것이다.

하자 보증계약을 각 단위 공사의 종별로 체결하는 경우도 있다. 예컨대, 미장이나 타일 공사의 경우에는 보증 기간을 1년으로, 토공이나 조적은 2년으로, 철근콘크리트 공사는 10년 등으로 각 별개의 보증계약을 체결하는 경우가 있다. 이와 같은 경우에도 개별 보증계약상 보증 한도액을 초과하는 하자가 발생한 경우에 다른 보증계약상의 보증금을 전용할 수 있는가? 명시적으로 하자 보수 보증계약을 시설공사별 및 구조부별로 구분된 기간별로 나누어 체결한 이상 보증계약의 전용은 허용되지 않는다.

● 　　　주택공제조합과 사업 주체가 보증계약을 체결할 때 정하는 보증 기간이 공동주택 관리령 제16조에서 정한 하자 보수 책임 기간에 의하여 제한된다고 볼 것은 아니므로, 사업 주체와 주택공제조합 사이에 특별히 보증계약으로 보증하고자 하는 하자의 내용을 정하지 않고, 단지 보증 기간만을 정하는 경우에는 그 보증계약상의 보증금액에 의하여 보증되는 하자는 그의 보증 기간 내에 발생한 하자 보수 책임 기간 내의 모든 하자를 의미한다고 볼 것이고, 당해 보증계약이 보증 기간으로 정한 기간 내에 속하는 단기인 다른 보증계약의 보증 기간을 제외한 나머지 기간 중의 하자만을 보증하는 것은 아니라고 할 것이다(대법원 2001다63728 판결).

● 　　　사업 주체와 건설공제조합 사이에 관련 법령의 규정에 위배되지 않는 범위 내에서 특별히 하자 보수 보증계약으로 보증하고자 하는 하자의 내용(보증 대상)을 정하는 것은 가능하고, 이러한 경우에는 당해 하자 보수 보증계약에 의하여 보증되는 하자는 그와 같이 보증 대상으로 특정된 하자만이 대상이 된다(대법원 2008다27356 판결).

하자 보수 보증금 채권의 소멸시효

| **쟁점** | 하자 보수 보증금 채권의 소멸시효 기간은 몇 년인가?

| **해결** | 보증 기간 만료일부터 5년간이다.

하자 보수 보증금 채권의 소멸시효 기간과 진행

● 건설공제조합에 대한 하자 보수 보증금 채권의 소멸시효는 보증 기간 만료일로부터 5년이다. 보증 채권자가 조합에 대하여 갖는 보증금에 관한 권리는 보증 기간 만료일부터 5년간 행사하지 않으면 시효로 소멸한다(건설산업기본법 제67조 제2항).

하자 보수 보증서에 기재된 하자담보 책임 기간이 법령상의 담보 책임 기간보다 장기로 기재된 경우라도 보증은 법령상의 담보 책임 기간으로 제한되므로, 이와 같은 경우 시효의 기산점은 하자 보수 보증서에 기재된 보증 기간 만료일이 아니라 주택법 시행령 제59조 제1항 [별표 6]과 [별표 7]에 정해진 하자 보수 책임 기간 만료일이다.

대한주택보증주식회사에 대한 하자 보수 보증금 채권의 소멸시효에 관하여는 1999년 2월 28일까지 발생한 보증 채권의 소멸시효 기간은 보증 기간 만료일부터 5년간이라고 규정되어 있었으나, 그 이후부터 현재는 관련 규정이 없다. 따라서 1999년 3월 1일부터 발생한 보증 채권은 5년의 상사소멸시효가 적용된다.

| 판례 |

● 　　　　구 건설공제조합법(1995. 1. 5. 법률 제4922호로 개정되기 전의 것) 제39조 제3항은 '보증 채권자가 조합에 대하여 가지는 보증금에 관한 권리는 보증 기간 만료일로부터 5년간 행사하지 아니하면 시효로 인하여 소멸한다'고 규정하고 있는 바, 이 사건 제1보증서에 보증 기간이 3년으로 기재되어 있음에도 불구하고 구 공동주택 관리규칙 제11조 제1항 [별표 3]에 정해진 하자 보수 책임 기간 안에 발생한 하자의 보수만이 보증의 대상이 된다고 함은 앞서 본 바와 같으므로, 위 규정에서 정한 보증 기간 만료일도 구 공동주택 관리규칙 제11조 제1항 [별표 3]에 정해진 하자 보수 책임 기간 만료일과 같은 의미로 해석하여야 한다.

그런데 이 사건 제1보증서에 의하여 그 보수가 보증되는 하자 중 구 공동주택관리규칙 제11조 제1항 [별표 3]에 하자 보수 책임 기간이 1년으로 정해진 하자의 보수 책임 기간은 이 사건 아파트의 사용 검사일인 1994년 10월 29일로부터 1년이 경과된 1995년 10월 28일로 종료되었다고 할 것이고, 따라서 그로부터 5년이 경과한 2000년 10월 28일에 하자 보수 보증금 청구 채권도 시효로 인하여 소멸하였다고 할 것이다(대법원 2002다7333 판결).

● 1999년 3월 1일 이후에 발생한 보증 채권의 경우에는 이 사건 규정에 따라 소멸시효 기간 및 기산일을 정할 수 없으므로, 일반 원칙에 따라 소멸시효 기간 및 기산일을 정하여야 할 것이고, 이 사건 보증 채권은 상행위로 인한 채권에 해당하여 5년의 상사소멸시효가 적용되므로, 1999년 3월 1일 이후에 발생한 보증 채권은 특별한 사정이 없는 한, 채권을 행사할 수 있는 때로부터 5년간 권리를 행사하지 아니하면 시효로 소멸한다고 보아야 한다(대법원 2007다83908 판결).

＊ 위 판례의 이 사건 규정은 대한주택보증의 전신인 주택사업공제조합의 소멸시효에 관하여 규정한 구 주택건설 촉진법 제47조의 12 제2항(보증 채권자가 하자 보수 보증계약에 따라 가지는 보증금에 관한 권리에 대하여 보증 기간 만료일부터 5년간 행사하지 아니하면 시효로 인하여 소멸한다)을 말한다.

하자 보수에 갈음한 손해배상 청구권의 소멸시효 기간

| 쟁점 | 집합건물 분양자의 손해배상 책임의 소멸시효 기간은 몇 년인가?

| 해결 | 10년의 소멸시효 기간이 적용된다.

분양자에 대한 손해배상 청구권의 소멸시효

●   수분양자는 집합건물법 제9조에 따라 분양자에게 하자 보수에 갈음한 손해배상 청구권을 갖게 되는데, 이때 손해배상 청구권의 소멸시효 기간이 몇 년인가에 대한 논란이 분분했다. 분양자의 손해배상채무는 분양계약이라는 상행위에서 발생한 채무이므로 5년의 상사 소멸시효가 적용된다는 견해도 있었지만, 대법원은 집합건물법 제9조의 담보 책임은 법정 책임이므로 그에 따른 하자 보수에 갈음한 손해배상 청구권의 소멸시효 기간은 10년이라고 판시하였다.

●   집합건물의 소유 및 관리에 관한 법률 제9조는 건축업자 내지 분양자로 하여금 견고한 건물을 짓도록 유도하고 부실하게 건축된 집합건물의 소유자를 두텁게 보호하기 위하여 집합건물 분양자의 담보 책임에 관하여 민법상 도급인의 담보 책임에 관한 규정을 준용하도록 함으로써 분양자의 담보 책임의 내용을 명확히 하는 한편 이를 강행 규정화한 것으로서, 같은 조에 의한 책임은 분양계약에 기한 책임이 아니라 집합건물의 분양자가 집합건물의 현재의 구분소유자에 대하여 부담하는 법정 책임이므로, 이에 따른 손해배상 청구권에 대하여는 민법 제162조 제1항에 따라 10년의 소멸시효 기간이 적용된다(대법원 2008다12439 판결).

사례 23

하자 보수 보증서에 기재된
보증 기간의 효력

> **| 쟁점 |** 하자 보수 보증서에 모든 하자에 대한 보증 기간이 3년으로 기재되었다면, 1년 또는 2년차 하자도 3년간 보증되는가?
>
> **| 해결 |** 주택법 시행령에 기재된 기간 내에 발생한 하자만이 보증 대상이 된다.

법령상 기간과 계약상 기간이 상이한 경우

● 　　사업 주체가 보수 의무를 부담하는 담보 책임 기간은 공동주택의 내력구조부별 및 시설공사별로 다르게 규정되어 있다. 주택법 시행령 제59조 제1항 [별표 6]과 [별표 7]은 하자담보 책임 기간을 1년, 2년, 3년, 4년, 5년, 10년으로 구분하고 있다.

사업 주체는 하자 보수 의무를 담보하기 위하여 하자 보수 보증금을 예치해야 하는데, 건설공제조합이나 대한주택보증주식회사가 발행하는 보증서로 갈음할 수도 있다. 그렇다면 보증서에 기재된 보증 기간과 법령상의 담보 책임 기간이 일치하지 않는 경우에는 어느 것이 우선하는가?

대법원은 당사자 사이에 법령상의 기간과 다른 보증 기간을 약정하는 것은 허용되지만, 보증서에 법령상 기간과 다르게 기재되었다는 사정만으로는 당사자 사이에 특약이 성립된 것은 아니라고 판단한다. 더나아가 보증인의 책임이 주된 채무자의 책임보다 무거울 수는 없다는 전제에서 보증서에 기재된 책임 기간이 법령상의 기간보다 장기라 하더라도 보증인은 법령상의 기간만 보증 책임을 진다고 본다.

사업 주체의 하자 보수 책임 기간은 주택법 시행령 제59조 제1항 [별표 6]과 [별표 7]에 정해진 대로 각 세부 항목별로 사용 검사일로부터 1년 또는 2년, 3년으로 한정되는 것이므로 보증인의 보증 대상이 되는 하자도 사용 검사일로부터 1년 또는 2년, 3년 이내에 발생한 것에 한정되고, 그 기간이 경과한 후에 발생한 하자는 비록 위 보증서에 보증 기간으로 기재된 3년 이내에 발생한 것이더라도 보증 대상에서 제외된다는 것이다.

| 판례 |

●   사업 주체가 공동주택의 사용 검사권자에게 사용 검사 신청서를 제출하면서 위 규정에 따라 건설공제조합(피고)이나 주택사업공제조합으로부터 하자 보수 보증서를 발급받아 이를 예치한 경우, 그 하자 보수 보증서에 의하여 보증 대상이 되는 하자의 보수 책임 기간도 사용 검사일로부터 구 공동주택 관리규칙 제11조 제1항 [별표 3]에 규정된 바와 같이 각 세부 항목별로 1년 또는 2년, 3년으로 한정된다고

보아야 하며, 설령 그 하자 보수 보증서에 구 공동주택 관리규칙 [별표 3]에 정해진 1년 또는 2년, 3년의 하자 보수 책임 기간에 관계없이 모든 하자에 대한 보증 기간이 3년으로 기재되어 있다고 하더라도, 보증 대상이 되는 하자는 구 공동주택 관리규칙 [별표 3]에 정해진 하자 보수 책임 기간을 도과하기 전에 발생한 것이어야 하고, 그 이후에 발생한 하자는 비록 그것이 하자 보수 보증서에 기재된 보증 기간 내에 발생하였다 할지라도 그 보증 대상이 되지 않는다고 보아야 한다(대법원 99다69662 판결 등 참조). 왜냐하면 보증인인 건설공제조합이나 주택사업공제조합의 채무 범위가 주 채무자인 사업 주체의 채무 범위를 넘을 수는 없기 때문이다.

한편 구 공동주택 관리규칙 제11조 제1항 [별표 3]에 정해진 하자 보수 책임 기간에 불구하고 사업 주체가 스스로 그 기간보다 장기간의 하자 보수 책임 기간을 약정하는 것이 금지되는 것은 아니라고 할 것이지만, 사업 주체가 사용 검사권자에게 사용 검사 신청서를 제출하면서 그에 필요한 구비 서류로 건설공제조합으로부터 하자 보수 보증 기간 및 하자담보 책임 기간이 3년으로 기재된 하자 보수 보증서를 발급받아 이를 제출하였다는 사정만으로는 사업 주체와 하자 보수 청구권자 사이에 구 공동주택 관리규칙 제11조 제1항 [별표 3]에 정해진 단기간의 하자 보수 책임 기간에 관계없이 모든 하자에 대한 보수 책임 기간을 3년으로 연장하기로 약정한 것이라고 볼 수는 없다(대법원 2002다73333 판결).

사례 24

하자 보수 보증에서 보증 사고의 의미

> **| 쟁점 |** 하자가 발생했다는 사유만으로 보증 사고가 발생한 것으로 인정하여 보증금을 청구할 수 있는가?
>
> -
>
> **| 해결 |** 하자 보수 보증계약의 보증 채권자가 시공자에게 하자 보수를 청구하였다거나 시공자가 이에 불응하였다는 점에 관한 입증이 없는 이상, 하자가 발생했다는 사유만으로는 보증 사고가 발생한 것이라고 할 수 없다.

보증금의 지급 사유가 되는 보증사고

● '전문건설공제조합이 건설산업기본법에 따라 하는 각종 보증에 있어서의 보증 사고라 함은 보증인인 전문건설공제조합의 보증 책임을 구체화하여 정하는 불확정한 사고를 의미하는 것이므로, 하자 보수 보증에서 보증 사고가 무엇인지는 당사자 사이의 약정으로 계약 내용에 편입된 보증 약관과 보증서 및 주 계약의 구체적 내용 등을 종합하여 결정해야 한다(대법원 2002다55199 판결).'

전문건설공제조합의 하자 보수 보증 약관 제1조는 '보증 사고에 관하여 '전문건설공제조합은 계약자가 시공 중 설계도서 기타 지시서에 위배된 사실로 발생한 하자에 대한 보수 이행 의무를 이행하지 아니함으로써(보증 사고), 상대방(보증 채권자)에게 부담하는 채무를 보증서에 기재된 사항과 약관에 따라 하자 보수에 실제로 소요되는 비용으로 일반적으로 타당하다고 인정되는 금액 또는 관계 법령에서 정한 금액으로 보증 금액 범위 내에서 청구하는 금액을 지급하여 드립니다'라고 정하고 있다.

그렇다면 전문건설공제조합의 보증 채권자에 대한 하자 보수 보증금 채무가 구체적으로 발생하는 사유가 되는 보증 사고는 '계약자의 공사 시공상의 잘못으로 인하여 하자가 발생하고, 그 하자의 보수 의무를 계약자가 불이행하는 것'을 의미한다.

따라서 보증 채권자가 계약자에게 발생한 하자의 보수를 청구하였다거나 계약자가 이러한 청구를 받고서도 불응하였다는 점에 관한 입증이 없는 이상, 즉 계약자의 공사 시공상의 잘못으로 하자가 발생하였다는 사유만으로는 계약자가 미리 하자 보수를 하지 않겠다는 태도를 표시하였다는 등의 특별한 사정이 없는 한 보증 사고가 발생한 것이라 할 수 없다.

따라서 보증 채권자의 전문건설공제조합에 대한 하자 보수 보증금 채권이 성립했다고 할 수 없다.

| 판례 |

●　　하자 보수 보증계약의 보증 채권자가 시공자에게 하자의 보수를 청구하였다거나 시공자가 이에 불응하였다는 점에 관한 입증이

없는 이상, 시공자의 공사 시공상의 잘못으로 하자가 발생하였다는 사유만으로는 보증 사고가 발생한 것이라고 할 수 없다(대법원 2006다 87880 판결).

| 보증 관련 분쟁 |

13

건설공제조합이 발급하는 계약 보증서의 성격

| **쟁점** | 건설공제조합이 발급하는 계약 보증서의 성격은 무엇인 가?

| **해결** | 수급인의 계약 이행 보증금 지급을 담보하는 것이다.

계약 보증금의 담보

●   건설공제조합에서 발급하는 계약 보증서는 조합원이 부담하는 계약 보증금의 납부에 관한 의무 이행을 보증하기 위해 계약 이행 보증금을 대신하는 것이다. 또한 수급인이 약정한 공사 기간 내에 공사를 완공하는 것을 내용으로 하는 공사 도급계약의 이행을 보증하고, 만일 계약의 이행 과정에서 수급인이 그 귀책사유로 인하여 도급인에게 채무를 부담하게 될 경우 그 채무의 이행을 보증하는 것이다.

● 　　　건설산업기본법에 따라 설립된 공제조합이 조합원과의 보증 위탁계약에 따라 조합원이 도급받은 공사 등의 계약 이행과 관련하여 부담하는 계약 보증금의 납부에 관한 의무 이행을 보증하기 위하여 계약 보증서를 발급하는 방법으로 도급인과 보증계약을 체결하는 경우, 공제조합은 그 조합원이 도급계약에 따른 채무를 이행하지 아니함으로 말미암아 도급인에게 부담하게 될 채무를 보증하는 것이다(대법원 2002다34727 판결).

보증보험의 법적 성질

실질적 보증인 보증보험

● 　　　보증보험은 보증과 보험의 성격을 모두 가지고 있지만, 실질적으로는 보증의 성격을 갖는 것으로 이해된다. 따라서 보증보험에는 민법상 보증에 관한 규정이 적용되고, 보증인 상호간의 구상권 청구도 가능하다. 건설공제조합에서 하는 하자 보수 보증도 마찬가지다.

| 판례 |

● 　　　보험계약자인 채무자의 채무 불이행으로 인하여 채권자가 입게 되는 손해의 전보를 보험자가 인수하는 것을 내용으로 하는 보증

보험계약은 손해 보험으로, 형식적으로는 채무자의 채무 불이행을 보험 사고로 하는 보험계약이다. 하지만 실질적으로는 보증의 성격을 가지고 보증계약과 같은 효과를 목적으로 하므로, 민법의 보증에 관한 규정, 특히 민법 제441조 이하에서 정한 보증인의 구상권에 관한 규정이 보증보험계약에도 적용된다(대법원 95다46265 판결).

보증보험계약에 대한
상법 제659조의 적용 여부

> | 쟁점 | 보험 계약자의 고의 또는 중과실로 인한 보험 사고의 경우에 보험자는 면책되는가?
>
> ---
>
> | 해결 | 면책되지 않는다.

면책 규정의 비적용

●　　　　상법 제659조는 보험자의 면책에 관하여 보험 사고가 보험 계약자 또는 피보험자나 보험 수익자의 고의 또는 중대한 과실로 인하여 발생했을 경우, 보험자는 보험금을 지급할 책임이 없는 것으로 규정하고 있다.

　보증보험의 경우에도 이러한 면책 규정이 적용되는가? 보증보험은 오히려 보험 계약자인 채무자의 채무 불이행이 있어야 보험 사고가 발생하는 것이므로, 상법상의 면책 규정이 적용될 수 없다.

● 　　　보증보험의 성질상 상법 제659조의 규정은 보증보험 계약이 보험 계약자의 사기 행위에 피보험자가 공모하였다거나 적극적으로 가담하지는 않았더라도 그러한 사실을 알면서도 묵인한 상태에서 체결되었다고 인정되는 경우를 제외하고는 원칙적으로 보증보험에는 그 적용이 없다(대법원 99다13737 판결).

이행기의 변경과 보험계약의 효력

| 쟁점 | 계약 이행 보증보험계약에서 보험자의 동의 없이 주 계약의 이행 기간을 연장했지만, 당초 약정한 보험 기간 내에 보험 사고가 발생하였다면 보험금을 지급받을 수 있는가?

| 해결 | 보험 사고가 당초 보험 기간 내에 발생한 이상 보험금을 지급받을 수 있다.

당초 보험계약의 유효성

●　　보험자의 동의를 받지 않고 보증 채권자와 보증 채무자 사이에 당초의 이행 기간을 연장하는 계약을 체결하더라도 보험 기간이 변경된 주 계약에 따라 연장되는 것은 아니다. 따라서 당초의 이행 기간을 경과한 시점에 보증 사고가 발생하더라도 보증 보험금을 지급받을 수 없다.

　그런데 주 계약상 이행 기간을 보증 채권자와 보증 채무자가 임의로 변경하긴 하였지만 보증 사고는 당초의 이행 기간 내에 발생한 경우는 어떻게 되는가? 이 경우 보증 사고는 당초 보험 기간 내에 발생한 것이기 때문에 보험자는 보험금을 지급해야 한다. 당초 약정한 보험 기간 내에 발생한 보험 사고를 대상으로 하는 보험계약의 효력은 여전히 유지되고 있기 때문이다.

| 판례 |

● 　　　피보험자와 보험 계약자 사이에 주 계약의 이행 기간이 당초 보험 기간 내이던 것이 보험 기간 이후로 연장되었다 하여 보험 기간도 연장된 주 계약의 이행 기간에 맞추어 연장되는 것은 아니고, 보험자로서는 당초 정해진 보험 기간 내에 발생한 보험 사고에 대해서만 보험 책임을 부담할 뿐이므로, 그러한 주 계약의 이행 기간 연장이 보험자의 동의 없이 이루어졌다 하여 당초 약정한 보험 기간 내에 발생한 보험 사고를 대상으로 하는 보험계약의 효력이 당연히 소멸된다고 볼 수는 없다 할 것이다(대법원 2004다16976 판결).

선급금 반환 보증에서 보증 사고

> **| 쟁점 |** 공사 기간과 보증 기간의 종기가 일치하는 선급금 보증
> 에 있어서 보증 사고의 발생 시점은 언제인가?
>
> --
>
> **| 해결 |** 주 계약에서 정한 채무 불이행이 있은 때이다.

보증 사고의 발생 시점

● 　　　하도급인은 하수급인에게 공사를 하도급을 주면서 선급금
도 지급하였다. 하수급인은 선급금 반환을 보증하기 위하여 전문건설
공제조합으로부터 발급받은 보증서를 제출했다. 보증 기간의 말일은
하도급 공사 기간의 말일과 일치되게 하였다. 그런데 하도급 공사가
지연되자 하도급인은 공사를 독촉하다가 약정한 하도급 공사의 준공
기일이 경과되는 즉시 하도급 공사 도급계약의 해지 통보를 하였다.

이 경우 원도급인은 전문건설공제조합에 보증 사고의 발생을 이유
로 선급금 반환 보증금을 지급받을 수 있는가? 이 사건 원도급인은 보
증 기간이 경과된 이후에 하도급계약을 해지하였는데, 보증 사고가 보

중 기간 내에 발생한 것인가, 보증 기간이 경과한 이후에 발생한 것인가?

하수급인의 하도급인에 대한 선급금 반환 의무가 하도급 계약이 해지 또는 해제됨으로써 발생한다는 점을 앞세우면 보증 사고가 보증 기간 이후에 발생된 것으로 해석될 여지가 있다. 하지만 대법원은 그렇게 해석하지 않는다. 주 계약인 하도급계약이 해지된 때가 아니라 하도급계약에서 정한 채무의 불이행이 있음으로써 선급금 반환 의무의 발생이 객관적으로 확실하게 된 때에 보증 사고가 발생한 것으로 보아야 한다는 것이다.

| 판례 |

● 　　　이 사건 선급금 보증서의 일반 약관 제1조에는 계약자인 하수급인이 하도급인으로부터 하도급을 받은 공사와 관련한 의무를 이행하지 아니하는 것을 '보증 사고'로 규정하고, 특별 약관에는 의무 이행을 '주 채무자의 귀책사유로 정산되지 아니한 선급금 채무'로 정의하고, 보증금의 지급 한도를 '미회수금 채권액 중 미지급 기성금을 차감한 금액'으로 규정하면서, 선급금의 정산 내지 반환 의무가 언제, 어떤 요건 아래에서 발생하는지에 대하여는 아무런 규정이 없고, 하도급계약에서도 그에 관하여는 아무런 정함이 없는 바, 비록 하수급인의 하도급인에 대한 선급금 반환 의무는 달리 정함이 없는 한 하도급계약이 해지 또는 해제됨으로써 발생하는 것이기는 하나, 선급금 보증의 취지에 비추어 선급금 보증에 있어서의 보증 사고의 발생에 관하여서까지 반드시 하도급계약의 해지 또는 해제가 전제되어야 하는 것으로

볼 필요는 없는 점과, 이 사건 선급금 보증에 있어서의 보증인과 보증 채권자의 이해관계, 특히 이 사건에서와 같이 공사 기간과 선급금 보증의 보증 기간의 종기가 일치하는 경우에 만일 주 계약인 하도급계약의 해지시에 비로소 보증 사고가 발생하는 것으로 본다면, 하수급인의 귀책사유로 인하여 하도급계약에서 정한 공사 기간 내에 공사를 완공하지 못할 것임이 그 공사 기간이 만료되기 상당 기간 전에 분명하게 드러나는 등의 특별한 사정이 있는 때에 한하여 비로소 보증 채권자인 하도급인이 보증 기간의 종기 이전에 하도급계약을 해지하거나 해제하여 보증 사고가 발생하는 것이 가능하게 되고, 그러한 특별한 사정이 없는 경우에는 보증 기간 내에 보증 사고가 발생하는 것이 불가능하게 되어 원천적으로 이 사건 선급금 보증에 의하여 담보되는 위험이 거의 없게 되는 불합리가 발생하는 점 등에 비추어 볼 때, 이 사건 선급금 보증에 있어서는 주 계약인 하도급계약이 해지된 때가 아니라 하도급계약에서 정한 채무의 불이행이 있음으로써 선급금 반환 의무의 발생이 객관적으로 확실하게 된 때에 보증 사고가 발생한 것으로 봄이 상당하다고 할 것이므로, 이 사건 선급금 보증계약에서 정한 보증 사고는 하수급인의 귀책사유로 인하여 공사 기간 내에 공사를 완료하지 못함으로써 보증 기간 내에 발생한 것으로 보아야 할 것이고, 하도급인의 하도급계약 해지 의사표시의 효력이 보증 기간 경과 후에 발생하였다고 하여 달리 볼 것은 아니다(대법원 2002다55199 판결).

이행기를 보증 기간 이후로 연기했을 때 보증금 지급 여부

| **쟁점** | 보증 채권자가 당초의 보증 기간 이후로 연기해 준 이행기 내에 보험 계약자가 이행을 하지 않은 경우, 건설공제조합의 보증금 지급 사유에 해당하는가?

| **해결** | 보증 채권자는 보증금을 지급받을 수 없다.

이행기의 임의적 변경

● 　　　　　건설공제조합으로부터 하도급대금의 지급 보증을 받은 보증 채권자가 보증보험 계약자의 부탁을 받고 당초의 이행 기일을 보증 기간 이후로 연기해 주었는데, 보험 사고가 당초의 이행 기일을 경과하여 변경된 이행 기간 내에 발생하였다. 이 경우 보증 채권자는 건설공제조합으로부터 보증금을 지급받을 수 있는가? 대법원은 보증 사고가 보증 기간 이후에 발생한 것이어서 보증금 지급 사유에 해당되지 않는다고 본다.

'건설공제조합은 보증서에 기재된 보증 기간 내에 발생한 보증 사고에 대하여 보증금액의 한도 안에서 보증 책임을 부담하는데, 주 채무자와 보증 채권자 사이에서 주 채무의 이행기를 보증 기간 이후로 연기하는 변경계약을 체결하더라도 건설공제조합의 보증계약상의 보증 기간도 당연히 변경된다고 할 수는 없다는 것이다(대법원 2007다68244 판결).'

▎판례 ▎

● 　　　건설산업기본법에 따라 건설공제조합이 조합원으로부터 보증 수수료를 받고 조합원이 타 조합원 또는 제3자와 하도급계약을 체결하는 경우, 부담하는 하도급대금 지급 채무를 보증하는 보증계약은 그 성질에 있어서 조합원 상호의 이익을 위하여 영위하는 상호보험으로서 보증보험과 유사한 것이라고 할 것이므로, 이에 대하여도 보험에 관한 법리가 적용되고, 따라서 보증 채권자가 조합원에게 그 이행기를 보증 기간 이후로 연기하여 준 경우에는 이로써 건설공제조합의 보증계약상의 보증 기간도 당연히 변경된다고 할 수는 없으며, 연기된 이행 기일이 보증 기간 이후로 된 이상 비록 조합원이 변경된 주 계약상의 이행 기일에 이행을 하지 않는다고 하더라도 이는 보증 사고가 보증 기간 이후에 발생한 것이어서 보증금 지급 사유에 해당되지 아니한다(대법원 2000다5961 판결).

보증계약의 취소와 보증 채권자의 보호

> | **쟁점** | 보증보험계약에서 보험자가 보험계약자의 기망을 이유
> 로 계약을 취소한 경우, 보험금을 지급하지 않아도 되는
> 가?
> ---
> | **해결** | 보증채권자가 그러한 사실을 알았거나 알 수 있었던 것
> 이 아니면 지급하여야 한다.

보증보험계약 취소의 효력

● 일반적으로 타인을 위한 보험계약에서 보험계약자의 사기
를 이유로 보험자가 보험계약을 취소하는 경우 보험사고가 발생하더
라도 피보험자는 보험금을 지급받을 수 없다. 그러나 보증보험은 이와
다르다. 계약보증계약의 채권담보적 기능을 신뢰하여 보증채권자가
새로운 이해관계를 가지게 되었다면 그와 같은 보증채권자의 신뢰는
보호되어야 한다. 따라서 보증채권자가 보험계약자의 기망행위가 있
었음을 알았거나 알 수 있었던 경우가 아니면 그 취소를 가지고 보증

채권자에게 대항할 수 없다.

●   계약이행보증계약의 경우 채무자가 보증계약 체결에 있어서 보증인을 기망하였고, 보증인은 그로 인하여 착오를 일으켜 보증계약을 체결하였다는 이유로 보증계약 체결의 의사표시를 취소하였다 하더라도 보증채권자가 보증계약이 체결되는 것을 전제로 채무자와 계약을 체결하거나 또는 보증인이 이미 보증서를 교부하여 보증채권자가 그 보증서를 수령한 후 이에 터잡아 새로운 계약을 체결하거나 혹은 이미 체결한 계약에 따른 의무를 이행하는 등으로 계약보증계약의 채권담보적 기능을 신뢰하여 새로운 이해관계를 가지게 되었다면 그와 같은 보증 채권자의 신뢰를 보호할 필요가 있다 할 것이나, 보증 채권자가 그와 같은 기망 행위가 있었음을 알았거나 알 수 있었던 경우에는 그 취소를 가지고 보증 채권자에게 대항할 수 있다(대법원 2001다33000 판결).

하자 보수 보증금과 구상권

| 쟁점 | 연대보증인이 수급인을 대신하여 하자 보수에 갈음하는 손해배상 채무를 이행하였다면, 하자 보수 채무를 보증한 공제조합이나 보험사에 구상권을 행사할 수 있는가?

| 해결 | 구상권을 행사할 수 있다.

판례의 변경

●   건설공사 도급계약의 경우 거의 예외 없이 수급인의 하자 보수 의무를 담보하기 위하여 하자 보수 보증금을 예치하거나 공제조합이나 보증보험사와 하자 보증 보험계약을 체결한다. 이와는 별도로 건설 공사 수급인에게는 통상 하자 보수 의무까지도 보증하는 연대보증인이 있기 마련이다. 이와 같은 경우에 연대보증인이 수급인을 대신하여 하자 보수에 갈음하는 손해배상 채무를 이행하였다면, 하자 보수 채무를 보증한 공제조합이나 보험사에 구상권을 행사할 수 있는가?

하자 보수 의무를 보증하는 보증보험계약은 '보험 계약자인 채무자의 채무 불이행으로 인하여 채권자가 입게 되는 손해의 전보를 보험자가 인수하는 것을 내용으로 하는 손해보험으로서 형식적으로는 채무자의 채무 불이행을 보험 사고로 하는 보험계약이나 실질적으로는 보증의 성격을 가지고 보증계약과 같은 효과를 목적으로 하므로 민법의 보증에 관한 규정, 특히 민법 제441조 이하에서 정한 보증인의 구상권에 관한 규정이 보증보험계약에도 적용된다(대법원 95다46265 판결).'

요컨대, 보증보험계약은 형식상으로는 보험계약이지만 실질적으로는 보증의 성격을 갖기 때문에 공동보증인들 사이에는 민법 제448조를 준용해서 당연히 구상권을 행사할 수 있다는 것이다.

만약 이와 달리 조합과 주 계약상의 보증인 사이에 민법 제448조가 준용되지 아니한다고 보고, 주 계약상 보증 관계와 조합과의 보증계약 관계를 단절시켜 상호간의 구상 및 변제자대위를 부정하게 되면 어떻게 될까?

'채무자가 무자력일 경우 채무를 먼저 이행한 쪽이 종국적으로 모든 책임을 지는 결과가 되어, 조합과 주 계약상의 보증인이 서로 채무의 이행을 상대방에게 미루고 종국적인 책임을 지지 않으려고 함에 따라 채무의 신속한 이행을 통한 분쟁 해결을 어렵게 하는 결과가 된다(대법원 2005다37154 판결).'

그러나 위 대법원 전원합의체 판결로 판례가 변경되기 전까지는 연대보증인이 하자 보수 보증 채무를 이행하더라도 공제조합에 대하여 구상권을 행사할 수 없었다.

'이행(지급)보증보험은 보험 계약자인 채무자의 주 계약상의 채무 불이행으로 인하여 피보험자인 채권자가 입게 되는 손해의 전보를 보험자가 인수하는 것을 내용으로 하는 손해보험으로서, 실질적으로는 보증의 성격을 가지고 보증계약과 같은 효과를 목적으로 하는 점에서 보험자와 채무자 사이에는 민법의 보증에 관한 규정이 준용된다고 할 것이나, 이와 같은 보증보험계약과 주 계약에 부종하는 보증계약은 계약의 당사자, 계약 관계를 규율하는 기본적인 법률 규정 등이 상이하여 보증보험계약상의 보험자를 주 계약상의 보증인과 동일한 지위에 있는 공동보증인으로 보기는 어렵다 할 것이므로, 보험계약상의 보험자와 주 계약상의 보증인 사이에는 공동보증인 사이의 구상권에 관한 민법 제448조가 당연히 준용된다고 볼 수는 없다(대법원 2001다 25887 판결).'

| 판례 |

● 　　　　건설공제조합(이하 '조합'이라고만 한다)이 조합원으로부터 보증 수수료를 받고 그 조합원이 다른 조합원 또는 제3자와 사이의 도급계약에 따라 부담하는 하자 보수 의무를 보증하기로 하는 내용의 이 사건 보증계약은 무엇보다 채무자의 신용을 보완함으로써 일반적인 보증계약과 같은 효과를 얻기 위하여 이루어지는 것으로서, 그 계약의 구조와 목적, 기능 등에 비추어 볼 때 그 실질은 의연 보증의 성격을 가진다 할 것이므로, 민법의 보증에 관한 규정, 특히 보증인의 구상권에 관한 민법 제441조 이하의 규정이 준용된다 할 것이다.

따라서 조합과 주 계약상 보증인은 채권자에 대한 관계에서 채무자의 채무 이행에 관하여 공동보증인의 관계에 있다고 보아야 할 것이므로, 그들 중 어느 일방이 변제 기타 자기의 출재로 채무를 소멸하게 하였다면 그들 사이에 구상에 관한 특별한 약정이 없다 하더라도 민법 제448조에 의하여 상대방에 대하여 구상권을 행사할 수 있다고 할 것이다(대법원 2005다37154 판결).

계약 보증금과 손해담보 약정

> **| 쟁점 |** 수급인의 채무 불이행이 있는 경우 도급인은 계약 보증
> 금 전액을 몰취할 수 있는가?
>
> **| 해결 |** 특별한 약정이 없는 한 실제 손해액만을 청구할 수 있다.

손해담보 약정

●　　　공사 도급계약에서 수수되는 계약 이행 보증금은 수급인이
채무를 불이행한 사실만 있다면, 실제 손해액을 따질 것도 없이 도급
인에게 귀속되는가? 아니면 실손해액에 한정되는가?

　계약 이행 보증금 액수만 약정하고 채무 불이행시 그 귀속 방법에 관
한 특별한 약정이 없다면, 계약 이행 보증금 약정은 공사 도급계약으
로 인하여 도급인이 입게 되는 손해를 전보해 주기로 하는 손해담보
약정에 해당한다. 즉 몰취 규정이 없는 경우는 손해담보 약정인 것이
다. 따라서 도급인이 약정한 계약 이행 보증금을 청구하기 위해서는
수급인의 채무 불이행 사실과 실제 손해액을 입증할 책임이 있다.

● 　　　도급인과 수급인 사이에 계약 보증금의 한도에 관한 약정이 있었을 뿐, 보증금에 해당하는 금액을 위약벌 내지 제재금이나 손해배상액의 예정으로 하는 특약이 있었다고는 인정되지 아니하는 경우, 도급인이 수급인의 채무 불이행을 이유로 보증인에 대하여 계약 보증금을 청구하기 위하여는 보증인이 이행을 보증한 수급인의 구체적인 채무 및 그 채무액에 대한 입증이 필요하다고 할 것이므로, 공사 도급계약이 해제되었다는 사유만으로 계약 보증서에 정한 보증금 전액을 청구할 수는 없다(대법원 96다23306 판결).

계약 보증금과 손해배상액의 예정

> **| 쟁점 |** 수급인의 채무 불이행시 계약 보증금을 몰취하기로 하는 특약은 어떤 의미인가?
>
> --
>
> **| 해결 |** 손해배상액의 예정으로 추정된다.

손해배상액의 예정

● 　　　　계약 이행을 담보하기 위하여 수수되는 계약 이행 보증금을 도급인이 몰취하기로 하는 특약이 있는 경우, 그 계약 이행 보증금 약정은 위약금의 약정으로서 손해배상액의 예정으로 추정한다. 수급인이 채무를 이행하지 않을시 보증금을 도급인에게 귀속시킨다는 약정이 있는 경우에는 손해배상액의 예정에 해당하기 때문에 도급인은 보증금 전액을 취할 수 있다.

또한 손해배상액의 예정이기 때문에 보증 채권자는 하자로 인하여 자신이 입은 실제 손해액을 입증할 필요도 없이 약정한 보증금을 청구할 수 있다. 입증 책임의 부담을 피하기 위하여 미리 손해배상액을 약정한 셈이기 때문에 입증이 필요 없는 것이다. 보증 채권자의 실제 손해가 약정한 보증금액에 미치지 못하더라도 보증 채무자는 보증금 전액을 보증 채권자에게 지급하여야 한다. 보증 채권자로서도 별도의 특약이 없다면 실제 손해액이 약정 보증금액을 초과하더라도 그 초과 손해액을 청구할 수 없다.

| 판례 |

● 　　　　도급계약서 및 그 계약 내용에 편입된 약관에 수급인이 하자 담보 책임 기간 중 도급인으로부터 하자의 보수를 요구받고 이에 불응한 경우 하자 보수 보증금은 도급인에게 귀속한다는 조항이 있을 때, 이 하자 보수 보증금이 손해배상액의 예정인지 위약벌인지는 도급계약서 및 위 약관 등을 종합하여 구체적 사건에서 개별적으로 결정할 의사 해석의 문제이고, 위약금은 민법 제398조 제4항에 의하여 손해배상액의 예정으로 추정되므로, 위약금이 위약벌로 해석되기 위하여는 특별한 사정이 주장·입증되어야 한다.

도급계약의 내용으로 되어 있는 공사 계약 일반 조건에 수급인이 하자 보수 의무를 이행하지 아니하는 경우 하자 보수 보증금이 도급인에게 귀속한다고만 규정되어 있을 뿐, 이와 별도로 도급인이 입은 손해에 대하여는 따로 배상해야 한다는 취지의 규정이 있지도 아니하고, 오히려 도급계약상 도급인이 하자 보수를 위하여 실제로 지출한 비용이 수급인이 예치한 하자 보수 보증금을 초과하더라도 그 이상의 책임을 수급인에게 물을 수 없다면, 위 하자 보수 보증금의 귀속 규정은 수급인이 하자 보수 의무를 이행하지 아니하는 경우 그 보증금의 몰취로써 손해의 배상에 갈음한다는 취지로서, 하자 보수 보증금은 손해배상액의 예정으로서의 성질을 가진다(대법원 2001다14689 판결).

● 공사 도급계약서 또는 그 계약 내용에 편입된 약관에 수급인이 하자담보 책임 기간 중 도급인으로부터 하자 보수의 요구를 받고 이에 불응한 경우 하자 보수 보증금은 도급인에게 귀속한다는 조항이 있을 때, 이 하자 보수 보증금은 특별한 사정이 없는 한 손해배상액의 예정으로 볼 것이고, 다만 하자 보수 보증금의 특성상 실손해가 하자 보수 보증금을 초과하는 경우에는 그 초과액의 손해배상을 구할 수 있다는 명시 규정이 없다고 하더라도, 도급인은 수급인의 하자 보수 의무 불이행을 이유로 하자 보수 보증금의 몰취 외에 그 실손해액을 입증하여 수급인으로부터 그 초과액 상당의 손해배상을 받을 수도 있는 특수한 손해배상액의 예정으로 봄이 상당하다(대법원 2000다17810 판결).

계약 보증금의 몰취와
초과 손해 지급 약정

| 쟁점 | 계약 보증금의 몰취와 함께 보증금을 초과하는 손해까지
도 배상하기로 하는 약정이 있는 경우, 두 약정의 관계
는?

| 해결 | 계약 보증금 약정은 손해배상액의 예정이고, 보증금을
초과하는 손해액의 지급 약정은 손해담보의 약정이다.

계약 보증금과 실손해 지급 약정의 병존

● 　　　도급계약을 체결하면서 수급인의 귀책사유로 도급계약이
해제되는 경우 약정한 계약 보증금을 도급인에게 귀속시키되, 도급인
의 손해가 계약 보증금을 초과하는 경우 그 초과하는 손해배상을 청구
할 수 있다는 약정이 병존하는 경우가 있다. 이 경우 계약 보증금을 위
약벌의 약정으로 볼 수 있는가? 위약벌의 약정으로 인정된다면, 도급
인은 계약 보증금을 전액 몰취할 수 있으며, 그 액수가 과다하더라도
법원은 적당히 감액할 수 없다.

수급인의 귀책사유로 인하여 계약이 해제된 경우에는 계약 보증금이 도급인에게 귀속한다는 조항이 있는 경우, 그 계약 보증금이 손해배상액의 예정인지 위약벌인지는 도급계약서 및 위 약관 등을 종합하여 개별적으로 결정할 의사 해석의 문제이다. 그러나 위약금은 민법 제398조 제4항에 의하여 손해배상액의 예정으로 추정되므로, 위약금이 위약벌로 해석되기 위해서는 특별한 사정이 주장·입증되어야 한다.

대법원은 계약 보증금을 도급인에게 귀속시키기로 하는 약정 외에 보증금을 초과하는 손해를 배상하기로 하는 약정이 병존하는 경우에는 계약 보증금은 손해배상의 예정으로서의 성질을 갖되, 다만 수급인이 배상할 손해액이 이를 초과하는 경우에는 단순한 손해담보로서의 성질을 갖는 것으로 본다.

따라서 도급인으로서는 수급인의 채무 불이행이 있는 경우 손해액에 관한 별다른 입증 없이 약정한 보증금을 몰취하거나 손해액이 보증금을 초과한다는 사실을 구체적으로 입증함으로써 보증금을 초과하는 실제 손해액을 청구할 수 있다.

| 판례 |

● 　　　　하도급계약에서 하수급인의 귀책사유로 계약이 해제 또는 해지될 경우, 그로 인하여 하도급인이 입은 손해 중 계약 보증금 범위 내의 손해는 계약 보증금의 몰취로써 그 배상에 갈음하고 이를 초과하는 손해가 있으면 그에 대하여 하수급인이 손해배상 책임을 진다는 약정이 있는 경우, 계약 보증금은 손해배상액의 예정으로서의 성질을 가지되, 다만 하수급인이 배상할 손해액이 이를 초과하는 경우에는 단순

한 손해담보로서의 성질을 갖는다고 보아야 할 것이다(대법원 2000다 42632 판결).

계약 보증금과 지체상금 약정의 병존

> | 쟁점 | 도급계약서에 계약 보증금 외에 지체상금도 함께 규정되
> 어 있는 경우에 계약 보증금을 위약벌로 볼 수 있는가?
>
> | 해결 | 손해배상액의 예정으로 추정된다.

계약 보증금과 지체상금 약정의 병존

● 　　　지체상금 약정은 손해배상액의 예정으로 이해된다. 몰취 규
정이 있는 경우, 계약 보증금도 손해배상액 예정의 성질을 가진 것으
로 이해된다. 도급계약에 지체상금 약정과 계약 보증금 약정이 함께
규정되어 있는 경우에는 어떻게 되는가? 이와 같은 경우 계약 보증금
은 위약벌 약정이고, 지체상금 약정은 손해배상액의 예정으로 이해할
수 있는가?

　대법원 판례는 계약 보증금이 손해배상액의 예정인지 위약벌인지는
개별적인 의사 해석의 문제지만, 위약금은 민법 제398조 제4항에 의하
여 손해배상액의 예정으로 추정되므로, 위약금이 위약벌로 해석되기

위해서는 특별한 사정이 주장·입증되어야 한다는 전제 위에서 도급계약서에 계약 보증금 외에 지체상금도 규정되어 있다는 것만으로 계약보증금을 위약벌로 단정할 수는 없다고 본다.

따라서 수급인은 동일한 채무 불이행에 대하여 계약 보증금과 별도로 지체상금을 지급할 이유는 없다.

| 판례 |

● 　　　도급계약서 및 그 계약 내용에 편입된 약관에 수급인의 귀책사유로 인하여 계약이 해제된 경우에는 계약 보증금이 도급인에게 귀속한다는 조항이 있는 경우, 그 계약 보증금이 손해배상액의 예정인지위약벌인지는 도급계약서 및 위 약관 등을 종합하여 개별적으로 결정할 의사 해석의 문제이고, 위약금은 민법 제398조 제4항에 의하여 손해배상액의 예정으로 추정되므로 위약금이 위약벌로 해석되기 위하여는 특별한 사정이 주장·입증되어야 하는 바, 도급계약서에 계약 보증금 외에 지체상금도 규정되어 있다는 점만을 이유로 하여 계약 보증금을 위약벌이라고 보기는 어렵다(대법원 2004다40597 판결).

계약 보증금이 담보하는 손해
- 선급금 반환

| **쟁점** | 건설공제조합의 계약 보증 하에 체결된 도급계약이 수급인의 귀책사유로 해제된 경우, 수급인의 선급금 반환 의무가 보증 대상에 포함되는가?

| **해결** | 선급금 반환 의무는 수급인의 채무 불이행에 따른 계약 해제로 인하여 발생한 것으로서, 건설공제조합이 한 계약 보증의 대상에 포함된다.

담보하는 손해의 범위

● 　　　계약 보증금은 손해배상액의 예정으로 추정되므로 수급인의 공사 도급계약상 채무 불이행으로 인하여 도급인이 입게 되는 모든 손해를 담보한다. 따라서 공사 도급계약이 수급인의 귀책사유로 인하여 해제되는 바람에 수급인은 도급인으로부터 지급받은 선급금을 반환할 의무를 지게 되었다면, 계약 보증금은 그 선급금 반환 채무를 담보하고, 계약보증서를 발급한 건설공제조합이 한 계약 보증의 대상에 포함된다. 선급금 반환 의무는 수급인의 채무 불이행에 따른 계약 해

제로 인하여 발생한 것이므로, 계약 보증의 대상에 포함되는 것이다.

| 판례 |

●   건설공제조합의 조합원인 공사 수급인이 도급인으로부터 공사를 도급받고 선급금을 지급받은 다음 건설공제조합이 발급한 계약보증서를 도급인에게 교부하였는데, 그 후 수급인의 귀책사유로 인하여 계약이 해지되어 도급인으로부터 지급받은 선급금을 반환할 의무가 발생하였다면, 그 선급금 반환 의무는 수급인의 채무 불이행에 따른 계약 해지로 인하여 발생한 것으로서 건설공제조합이 한 계약 보증의 대상에 포함된다(대법원 2000다13016 판결).

계약 보증금이 담보하는 손해
- 원상회복 의무

> | 쟁점 | 기성고율을 초과하여 지급된 공사대금의 반환 채무도 계
> 약 보증금이 담보하는가?
> --
> | 해결 | 계약 보증금은 수급인의 귀책사유로 인한 도급계약의 해
> 제에 따른 수급인의 원상회복 의무에도 미친다.

계약 보증금의 담보 범위

●   계약 보증은 수급인의 채무 불이행 그 자체로 인한 손해의
배상만을 담보하는가? 계약 관계가 종료됨으로써 발생하게 되는 채무
의 지급을 담보하지는 않는가? 공사 도급계약이 해제됨으로써 수급인
이 반환해야 할 초과 지급된 공사금에 대하여는 계약 보증에 따른 보
증 채무의 범위에 속하지 않는가?

계약 보증은 수급인이 약정한 공사 기간 내에 공사를 완공하는 것을
내용으로 하는 공사 도급계약의 이행을 보증하고, 만일 계약의 이행
과정에서 수급인이 그 귀책사유로 인하여 도급인에게 채무를 부담하

게 될 경우, 그 채무의 이행을 보증하는 것이므로 계약 해제에 따른 원상회복 의무도 보증 대상에 포함된다.

| 판례 |

● 　　　　구 건설공제조합법(1993. 12. 10. 법률 제4600호로 개정되기 전의 것) 제2조 제6호는 '계약 보증이라 함은 조합이 발주자에 대하여 조합원이 도급받은 공사에 대한 계약의 이행을 보증함을 말한다'고 규정하고 있으므로, 계약 보증이란 수급인이 공사 도급계약상 부담하는 모든 채무의 이행을 보증하는 것으로서 그 보증 책임은 특별한 사정이 없는 한 수급인의 귀책사유로 인한 도급계약의 해제에 따른 수급인의 원상회복 의무에도 미친다(대법원 96다23306 판결).

계약 보증금이 담보하는 손해
- 지체상금

| 쟁점 | 지체상금액도 계약 보증의 대상이 되는가?

| 해결 | 수급인의 채무 불이행으로 인한 도급인의 모든 손해를
담보하므로 지체상금도 계약 보증의 대상이다.

담보하는 손해의 범위 - 지체상금

● 　　　계약 보증금은 공사 도급계약상 수급인의 채무 불이행으로 인하여 도급인이 입게 되는 모든 손해를 담보한다. 지체상금은 수급인이 약정한 준공 기한을 지키지 못하여 도급인이 입게 되는 위약금 약정으로서 손해배상액의 예정에 해당한다. 따라서 지체상금도 계약 보증의 대상이 된다. 다만, 계약 보증금과 지체상금 약정이 병존하더라도 이중 배상을 의미하는 것은 아니므로, 지체상금이 계약 보증금을 초과하지 않는 한 계약 보증금만 지급하면 된다.

● 　　　　계약 보증에 관한 구 건설공제조합법(1996. 12. 30. 법률 제
5230호로 전문 개정되어 1997. 7. 1. 시행된 건설산업기본법 부칙 제2조 제
1호에 의하여 폐지되기 전의 법률) 제2조 제2호, 제8조 제1항 제1호, 그
시행령 제2조 제2호의 각 규정을 종합하여 보면, 위 법이 정하는 '계약
보증'은 건설 공사 도급계약의 수급인이 도급계약을 약정대로 이행하
는 것을 보증하고, 만약 수급인의 귀책사유로 도급계약을 불이행하는
경우에는 그로 인한 수급인의 도급인에 대한 손해배상 채무의 이행을
계약 보증금의 한도에서 보증하는 것이므로(대법원 1997. 8. 26. 선고 97
다18813 판결, 1999. 10. 12. 선고 99다14846 판결 등 참조), 수급인의 귀책
사유로 도급계약의 목적이 된 공사의 완공이 지연되는 경우에 그 지연
으로 인한 손해배상 채무도 당연히 계약 보증의 대상이 되는 것이고,
이 경우 만일 도급인과 수급인 사이에 공사 완공의 지연에 대비한 지
체상금의 약정이 있다면 그 약정에 따라 산정되는 지체상금액이 계약
보증의 대상이 되는 것이다(대법원 2004다39511 판결).

보증 기간 이후로 연기해 준 이행 기일 내에 발생한 사고에 대한 보증금 지급 여부

| **쟁점** | 보증 채권자가 당초의 보증 기간 이후로 연기해 준 이행 기 내에 보험 계약자가 이행을 하지 않은 경우, 건설공제 조합의 보증금 지급 사유에 해당하는가?

| **해결** | 보증 채권자는 보증금을 지급받을 수 없다.

이행기의 임의적 변경

● 　　　　건설공제조합으로부터 하도급 대금의 지급 보증을 받은 보증 채권자가 보증보험 계약자의 부탁을 받고 당초의 이행 기일을 보증 기간 이후로 연기해 주었는데, 당초의 이행 기일을 경과하여 변경된 보증 기간 내에 보험 사고가 발생하였다. 이 경우 보증 채권자는 건설 공제조합으로부터 보증금을 지급받을 수 있는가? 이에 대해 대법원은 보증 사고가 보증 기간 이후에 발생한 것이어서 보증금 지급 사유에 해당되지 않는다고 판단했다.

'건설공제조합은 보증서에 기재된 보증 기간 내에 발생한 보증 사고에 대하여 보증금액의 한도 안에서 보증 책임을 부담하는데, 주 채무자와 보증 채권자 사이에서 주 채무의 이행기를 보증 기간 이후로 연기하는 변경계약을 체결하더라도 건설공제조합의 보증계약상의 보증 기간도 당연히 변경된다고 할 수는 없다(대법원 2007다68244 판결).'

▎판례▎

● 건설산업기본법에 따라 건설공제조합이 조합원으로부터 보증 수수료를 받고 조합원이 타조합원 또는 제3자와 하도급계약을 체결하는 경우에 부담하는 하도급대금 지급 채무를 보증하는 보증계약은 그 성질에 있어서 조합원 상호의 이익을 위하여 영위하는 상호보험으로서 보증보험과 유사한 것이라고 할 것이므로, 이에 대하여도 보험에 관한 법리가 적용되고, 따라서 보증 채권자가 조합원에게 그 이행기를 보증 기간 이후로 연기하여 준 경우에는 이로써 건설공제조합의 보증계약상의 보증 기간도 당연히 변경된다고 할 수는 없으며, 연기된 이행 기일이 보증 기간 이후로 된 이상 비록 조합원이 변경된 주 계약상의 이행 기일에 이행을 하지 않는다고 하더라도 이는 보증 사고가 보증 기간 이후에 발생한 것이어서 보증금 지급 사유에 해당되지 아니한다(대법원 2000다5961 판결).

선급금 반환 보증에서 보증 사고

> | 쟁점 | 공사 기간과 보증 기간의 종기가 일치하는 선급금 보증
> 에 있어서 보증 사고의 발생 시점은 언제인가?
>
> | 해결 | 주 계약에서 정한 채무의 불이행이 있은 때이다.

보증 사고의 발생 시점

● 하도급인은 하수급인에게 공사의 하도급을 주면서 선급금
도 지급하였다. 하수급인은 선급금 반환을 보증하기 위하여 전문건설
공제조합으로부터 발급받은 보증서를 제출했다. 보증 기간의 말일은
하도급 공사 기간의 말일과 일치되게 하였다. 그런데 하도급 공사가
지연되자 하도급인은 공사를 독촉하다가 약정한 하도급 공사의 준공
기일이 경과되는 즉시 하도급 공사 도급계약의 해지 통보를 하였다.
이 경우 원도급인은 전문건설공제조합에 보증 사고의 발생을 이유로
선급금 반환 보증금을 지급받을 수 있는가? 이 사건의 원도급인은 보
증 기간이 경과된 이후에 하도급계약을 해지하였는데, 보증 사고가 보

중 기간 내에 발생한 것인가, 보증 기간 경과 이후에 발생한 것인가?

하수급인의 하도급인에 대한 선급금 반환 의무가 하도급계약이 해지 또는 해제됨으로써 발생한다는 점을 앞세우면 보증 사고가 보증 기간 이후에 발생된 것으로 해석될 여지가 있다. 그러나 대법원은 그렇게 해석하지 않는다. 주 계약인 하도급계약이 해지된 때가 아니라 하도급계약에서 정한 채무의 불이행이 있음으로써 선급금 반환 의무의 발생이 객관적으로 확실하게 된 때에 보증 사고가 발생한 것으로 봐야 한다는 것이다.

| 판례 |

● 　　　　　이 사건 선급금보증서의 일반 약관 제1조에는 계약자인 하수급인이 하도급인으로부터 하도급받은 공사와 관련한 의무를 이행하지 아니하는 것을 '보증 사고'로 규정하고, 특별 약관에는 의무 이행을 '주 채무자의 귀책사유로 정산되지 아니한 선급금 채무'로 정의하고, 보증금의 지급 한도를 '미회수금 채권액 중 미지급 기성금을 차감한 금액'으로 규정하면서, 선급금의 정산 내지 반환 의무가 언제, 어떤 요건 아래에서 발생하는지에 대하여는 아무런 규정이 없고, 하도급계약에서도 그에 관하여는 아무런 정함이 없는 바, 비록 하수급인의 하도급인에 대한 선급금 반환 의무는 달리 정함이 없는 한 하도급계약이 해지 또는 해제됨으로써 발생하는 것이기는 하나, 선급금 보증의 취지에 비추어 선급금 보증에 있어서의 보증 사고의 발생에 관해서까지 반드시 하도급계약의 해지 또는 해제가 전제되어야 하는 것으로 볼 필요는 없는 점과 이 사건 선급금 보증에 있어서의 보증인과 보증 채권자

의 이해관계, 특히 이 사건에서와 같이 공사 기간과 선급금 보증의 보증 기간의 종기가 일치하는 경우에 만일 주 계약인 하도급계약의 해지 시에 비로소 보증 사고가 발생하는 것으로 본다면, 하수급인의 귀책사유로 인하여 하도급계약에서 정한 공사 기간 내에 공사를 완공하지 못할 것임이 그 공사 기간이 만료되기 상당 기간 전에 분명하게 드러나는 등의 특별한 사정이 있는 때에 한하여 비로소 보증 채권자인 하도급인이 보증 기간의 종기 이전에 하도급계약을 해지하거나 해제하여 보증 사고가 발생하는 것이 가능하게 되고, 그러한 특별한 사정이 없는 경우에는 보증 기간 내에 보증 사고가 발생하는 것이 불가능하게 되어 원천적으로 이 사건 선급금 보증에 의하여 담보되는 위험이 거의 없게 되는 불합리가 발생하는 점 등에 비추어 볼 때, 이 사건 선급금 보증에 있어서는 주 계약인 하도급계약이 해지된 때가 아니라 하도급계약에서 정한 채무의 불이행이 있음으로써 선급금 반환 의무의 발생이 객관적으로 확실하게 된 때에 보증 사고가 발생한 것으로 봄이 상당하다고 할 것이므로, 이 사건 선급금 보증계약에서 정한 보증 사고는 하수급인의 귀책사유로 인하여 공사 기간 내에 공사를 완료하지 못함으로써 보증 기간 내에 발생한 것으로 보아야 할 것이고, 하도급인의 하도급계약 해지 의사표시의 효력이 보증 기간 경과 후에 발생하였다고 하여 달리 볼 것은 아니다(대법원 2002다55199 판결).

하자 보수 보증금과 구상권

| 쟁점 | 연대보증인이 수급인을 대신하여 하자 보수에 갈음하는 손해배상 채무를 이행하였다면, 하자 보수 채무를 보증한 공제조합이나 보험사에게 구상권을 행사할 수 있는가?

| 해결 | 구상권을 행사할 수 있다.

판례의 변경

●   건설 공사 도급계약의 경우 거의 예외 없이 수급인의 하자 보수 의무를 담보하기 위하여 하자 보수 보증금을 예치하거나 공제조합이나 보증보험사와 하자 보증보험계약을 체결한다. 이와는 별도로 건설 공사 수급인에게는 통상 하자 보수 의무까지도 보증하는 연대보증인이 있기 마련이다. 이와 같은 경우에 연대보증인이 수급인을 대신하여 하자 보수에 갈음하는 손해배상 채무를 이행하였다면, 하자 보수 채무를 보증한 공제조합이나 보험사를 상대로 구상권을 행사할 수 있

는가?

　하자 보수 의무를 보증하는 보증보험계약은 '보험 계약자인 채무자의 채무 불이행으로 인하여 채권자가 입게 되는 손해의 전보를 보험자가 인수하는 것을 내용으로 하는 손해보험으로서 형식적으로는 채무자의 채무 불이행을 보험 사고로 하는 보험계약이나 실질적으로는 보증의 성격을 가지고 보증계약과 같은 효과를 목적으로 하므로 민법의 보증에 관한 규정, 특히 민법 제441조 이하에서 정한 보증인의 구상권에 관한 규정이 보증보험계약에도 적용된다(대법원 95다46265 판결).'

　요컨대, 보증보험계약은 형식상으로는 보험계약이지만 실질적으로는 보증의 성격을 갖기 때문에 공동보증인들 사이에는 민법 제448조를 준용해서 당연히 구상권을 행사할 수 있다는 것이다.

　만약 이와 달리 조합과 주 계약상의 보증인 사이에 민법 제448조가 준용되지 아니한다고 보고, 주 계약상 보증 관계와 조합과의 보증계약 관계를 단절시켜 상호간의 구상 및 변제자대위를 부정하게 되면 어떻게 될까?

　'채무자가 무자력일 경우 채무를 먼저 이행한 쪽이 종국적으로 모든 책임을 지는 결과가 되어, 조합과 주 계약상의 보증인이 서로 채무의 이행을 상대방에게 미루고 종국적인 책임을 지지 않으려고 함에 따라 채무의 신속한 이행을 통한 분쟁 해결을 어렵게 하는 결과가 된다(대법원 2005다37154 판결).'

　그러나 위 대법원 전원합의체 판결로 판례가 변경되기 전까지는 연대보증인이 하자 보수 보증 채무를 이행하더라도 공제조합에 대하여 구상권을 행사할 수 없었다.

　'이행(지급)보증보험은 보험계약자인 채무자의 주 계약상의 채무 불이행으로 인하여 피보험자인 채권자가 입게 되는 손해의 전보를 보험자가 인수하는 것을 내용으로 하는 손해보험으로서 실질적으로는 보증의 성격을 가지고 보증계약과 같은 효과를 목적으로 하는 점에서 보험자와 채무자 사이에는 민법의 보증에 관한 규정이 준용된다고 할 것이나, 이와 같은 보증보험계약과 주 계약에 부종하는 보증계약은 계약의 당사자, 계약 관계를 규율하는 기본적인 법률 규정 등이 상이하여 보증보험계약상의 보험자를 주 계약상의 보증인과 동일한 지위에 있는 공동보증인으로 보기는 어렵다 할 것이므로, 보험계약상의 보험자와 주 계약상의 보증인 사이에는 공동보증인 사이의 구상권에 관한 민법 제448조가 당연히 준용된다고 볼 수는 없다(대법원 2001다25887 판결).'

| 판례 |

● 　　　 건설공제조합(이하 '조합'이라고만 한다)이 조합원으로부터 보증 수수료를 받고 그 조합원이 다른 조합원 또는 제3자와 사이의 도급계약에 따라 부담하는 하자 보수 의무를 보증하기로 하는 내용의 이 사건 보증계약은 무엇보다 채무자의 신용을 보완함으로써 일반적인 보증계약과 같은 효과를 얻기 위하여 이루어지는 것으로서, 그 계약의 구조와 목적, 기능 등에 비추어 볼 때 그 실질은 의연 보증의 성격을 가진다 할 것이므로, 민법의 보증에 관한 규정, 특히 보증인의 구상권에 관한 민법 제441조 이하의 규정이 준용된다 할 것이다.

따라서 조합과 주 계약상 보증인은 채권자에 대한 관계에서 채무자의 채무 이행에 관하여 공동보증인의 관계에 있다고 보아야 할 것이므로, 그들 중 어느 일방이 변제 기타 자기의 출재로 채무를 소멸하게 하였다면 그들 사이에 구상에 관한 특별한 약정이 없다 하더라도 민법 제448조에 의하여 상대방에 대하여 구상권을 행사할 수 있다고 할 것이다(대법원 2005다37154 판결).

부가가치세 관련 분쟁

14

공사 도급계약과 부가가치세의 부담

> | 쟁점 | 별도의 약정이 없는 경우 부가가치세는 누가 부담하는가?
> --
> | 해결 | 별도로 부담자를 정하지 않았다면 수급인이 부담한다.

부가가치세 부담에 관한 분쟁

●　　　통상 공사 도급계약에서는 부가가치세를 누가 부담할 것인가를 정하게 된다. '공사 도급 금액' 란에 부가하여 부가가치세는 별도 부담이라든가 부가가치세는 포함된다고 기재되어 있는 것이다.

그런데 간혹 공사 도급계약서에 부가가치세를 누가 부담할 것인가에 관해 명확한 기재를 해두지 않았다가 뒤늦게 분쟁이 발생하는 경우가 있다. 누가 부담하게 되는가?

부가가치세법에는 사업자로 하여금 재화 또는 용역의 공급시에 공급받는 자로부터 공급 대가 외에 별도로 부가가치세를 징수하도록 규정하고 있다(부가가치세법 제15조).

약정이 있는 경우

● 　　　부가가치세 부담에 관한 약정이 있는 경우에는 특별한 문제가 없다. '공사 도급계약을 체결하면서 공사대금과 별도로 도급인이 부가가치세를 지급하기로 약정한 경우에는 사적 자치의 원칙상 수급인은 그 약정에 따라 도급인에게 부가가치세 상당액의 지급을 직접 청구할 수 있는 것이다(대법원 96다48930, 48947 판결).'

그렇다면 부가가치세 부담에 관한 약정은 반드시 공사 도급계약을 체결할 당시에 있어야 하는가? 서면 약정만 유효한가?

'부가가치세 부담에 관한 위와 같은 약정은 반드시 재화 또는 용역의 공급 당시에 있어야 하는 것은 아니고, 공급 후에 한 경우에도 유효하며, 또한 반드시 명시적이어야 하는 것은 아니고 묵시적인 형태로 이루어질 수도 있다(대법원 2002다38828 판결).'

약정이 없는 경우

● 　　　분쟁은 분명한 약정이 없는 경우에 발생한다. 부가가치세의 부담에 관한 별도의 약정이 없을 때는 어떻게 되는가?

별도의 약정이 없더라도 사업자인 수급인은 부가가치세법을 근거로 하여 도급인에게 약정한 공사대금 이외에 부가가치세를 청구할 수 있을까? 그렇지 않다. 대법원 판례는 사업자인 수급인이 부가가치세법을 근거로 도급인에게 부가가치세를 징수할 사법상의 권리는 없다고 본다(대법원 2002다38828 판결).

또한 용역이나 재화를 공급받는 자도 거래 상대방이나 국가에 대하여 직접 부가가치세를 지급하거나 납부할 의무가 있는 것은 아니다.

따라서 건축 공사의 수급인이 부가가치세를 납부했더라도 별도의 약정이 없다면 도급인에 대하여 부가가치세 상당액을 구상할 수는 없다. '건축 공사의 수급인이 공사를 완성한 후에 공사 도급 거래에 따른 부가가치세를 납부하였다 하더라도 이는 위 건축 용역의 공급자로서 자기의 납세 의무를 이행한 것일 뿐 거래 상대방인 도급인이 납부하여야 할 부가가치세를 대위 납부한 것으로는 볼 수 없기 때문에 도급인에 대하여 위 부가가치세 상당액을 구상할 수 없는 것이다(대법원 93다13780).'

대법원 판례에 따르면 공사 도급계약을 체결하면서 공사대금과 별도로 도급인이 수급인에게 부가가치세를 추가 지급하기로 하는 특약이 없다면, 특별한 사정이 없는 한 약정 공사대금에는 부가가치세가 포함된 것으로 본다. 그렇기 때문에 도급인은 수급인에게 별도로 부가가치세를 지급할 의무는 없다. 따라서 도급인이 공사대금과는 별도로 부가가치세를 부담하기로 하는 약정이 없다면 수급인이 부가가치세를 납부하였다고 하더라도 도급인에게 이를 구상할 수 없게 된다.

다시 한 번 정리하면, 공사 도급계약을 체결하면서 부가가치세의 부담에 관한 특별한 약정이 없는 경우 수급인은 도급인에 대하여 부가가치세를 별도로 청구할 수 없다. 도급인이 부가가치세를 별도로 부담하기로 하는 명시 또는 묵시의 특약이 있는 경우에만 수급인은 도급인에 대하여 공사대금과 별도로 부가가치세 상당액을 청구할 수 있는 것이다. 또한 공사 도급계약서에 공사계약 금액만 기재되어 있고 특별히 '부가가치세 별도'와 같은 기재가 없다면 이는 공사계약 금액에 부가가치세가 포함된 것으로 해석될 가능성이 높다. 그러므로 수급인 입장에서는 반드시 공사 도급계약서를 작성할 때 '부가가치세 별도'라는 문구를 기재해야 할 것이다.

| 판례 |

● 　　　무면허 건설업자와 공사대금을 평당 일정액으로 정하고 공사 도급계약을 체결하면서 그 공사대금과 별도로 도급인이 수급인에게 부가가치세를 추가 지급하기로 약정한 바 없다면, 특별한 사정이 없는 한 약정 공사대금에는 부가가치세가 포함된 것으로 보아야 하고, 수급인이 도급받은 공사의 전부를 직접 시공하지 아니하고 그 일부를 하도급을 주어 하수급인에게 그에 따른 부가가치세를 포함한 하도급 공사비를 지급하였다고 하더라도 도급계약상의 약정 공사대금이 지급된 부가가치세 금액만큼 추가된다고 볼 수는 없으므로, 수급인이 무면허 건설업자로서 부가가치세를 환급받을 처지가 되지 못하여 도급인이 임대 사업자로서 임대 건물의 신축 공사와 관련하여 하수급인에게 지급된 부가가치세를 매입세액으로 하여 환급받았다 하여 약정 공사비와 별도로 그 환급받은 금원을 수급인에게 반환해야 할 의무는 없다 (대법원 99다62821 판결).

수급인의 부가가치세 미납에 대한 도급인의 대응

| 쟁점 | 도급인으로부터 부가가치세를 징수한 수급인이 국가에 납부하지 않는 경우에 도급인이 이를 문제 삼아 수급인에게 부가가치세를 돌려달라고 할 수 있는가?

| 해결 | 부가가치세의 반환을 청구할 수는 없고, 손해배상을 청구할 수는 있다.

환급받지 못한 부가가치세 상당의 손해배상 청구

● 　　　부가가치세 납세 의무는 국가에 대한 의무이지 공사 도급계약상의 의무는 아니다. 수급인이 도급인으로부터 부가가치세를 수령한 것은 부가가치세 부담에 관한 약정에 따른 것이므로, 법률상 원인이 없는 것도 아니므로 부당이득도 아니다. 따라서 도급인의 입장에서는 수급인이 부가가치세를 납부하지 않았다고 하더라도 이의 반환을 청구할 수는 없다.

그러나 수급인이 부가가치세를 납부하지 않는 바람에 도급인이 부가가치세 상당액의 공제를 받지 못해 손해를 보는 경우가 있을 수 있다. 이와 같은 경우에는 수급인에게 손해배상을 청구할 수 있다.

| 판례 |

● 수급인이 도급받은 공사 전체가 아니라 일부분에 대한 부가가치세만을 신고하고 세무 공무원의 사실 조사 과정에서도 나머지 공사 부분에 대한 도급계약 체결 사실을 부인하는 허위 진술을 한 결과, 그 부분에 대한 세금계산서가 가공계산서로 인정되어 매출 세액에서 공제받지 못함으로써 도급인이 부당하게 부가가치세를 납부하게 된 경우, 수급인은 그와 같은 고의의 불법행위로 인하여 도급인이 입은 손해를 배상할 책임이 있다(대법원 97다26531 판결).

공사대금 채권의 양도와 부가가치세

| 쟁점 | 수급인이 공사대금 채권을 양도한 경우, 도급인은 부가가 치세 상당액에 대해서는 양수인에게 지급을 거부할 수 있는가?

| 해결 | 부가가치세 상당액도 양도되었으므로 도급인은 지급을 거절할 수 없다.

부가가치세액의 양도 가능성

●　　　수급인이 공사대금 채권을 양도할 경우 도급인은 부가가치 세 상당액에 대해서는 양수인에게 지급을 거부할 수 있을까? 공사 수 급인이 공사대금 채권을 양도할 경우 부가가치세액도 함께 양도할 수 있는가의 문제이다. 수급인이 이를 양도하더라도 수급인의 부가가치 세 납세 의무에는 아무런 변함이 없고, 이의 양도를 금지할 이유도 없 다. 수급인이 공사대금 채권과 이에 따른 부가가치세를 양도한 경우, 도급인은 부가가치세액 상당도 양수인에게 지급해야 할 것이다.

●   부가가치세 납세 의무자인 공사 수급자가 공사대금 채권과 함께 이에 따른 부가가치세 상당액을 양도한다 하더라도 공사 수급자의 부가가치세 납세 의무 그 자체의 존속에 대하여는 아무런 영향도 없다 할 것이어서, 그 세액 상당 금액의 양도성을 부정할 이유는 없다 (대법원 87다카1338 판결).

지체상금과 부가가치세

| 쟁점 | 지체상금에 대하여도 부가가치세를 부담하는가?

| 해결 | 지체상금은 부가가치세의 부과 대상이 아니다.

부가가치세의 과세 대상

● 　　부가가치세의 과세 대상은 재화·용역의 공급과 재화의 수입이다. 따라서 재화나 용역의 공급 대가가 아닌 위약금이나 손해배상금은 공급가액이 될 수 없어 부가가치세의 과세 대상이 아니다. 그래서 아파트 분양대금에 대한 연체료는 '아파트의 공급과 대가 관계에 있는 금전이라고 볼 수 없어서 부가가치세의 과세 표준에 포함되지 않는다(대법원 97누15722 판결).'

공사대금에 대한 약정 연체료도 '공사 용역과 대가 관계에 있는 금전이라고 볼 수 없어 부가가치세의 과세 표준에 포함되지 않는다(대법원 99두12229 판결).'

● 　　　부가가치세법 제13조 제1항에서 말하는 공급가액이란 금전으로 받는 경우 재화나 용역의 공급에 관계있는 가액 곧 그 대가를 말한다 할 것이므로, 재화나 용역의 공급 대가가 아닌 위약금이나 손해배상금 등은 공급가액이 될 수 없다 할 것이니, 원고가 연강선재를 국내 업자들에게 팔면서 기일 내에 내국신용장을 개설하면 그들이 찾아가고 기일 내에 내국신용장을 개설하지 못하면 원고가 임의로 처리한다는 약정 아래 원고에게 예치하였던 계약 보증금은 그 명목 여하에도 불구하고 연강선재의 공급과 대가 관계에 있는 대금의 일부라 할 수 없으므로 공급가액이 될 수 없다(대법원 81누412 판결).

제3자의 손해

15

제3자의 손해에 대한 도급인의 책임 여부

| 쟁점 | 수급인이나 수급인의 피용자가 저지른 불법행위에 대하여 도급인도 손해배상 책임을 지는가?

| 해결 | 도급인은 도급 또는 지시에 관하여 중대한 과실이 없는 한 수급인이 그 일에 관하여 제3자에게 가한 손해를 배상할 책임이 없다.

수급인의 불법행위에 대한 도급인의 사용자 책임 가능성

● 건설 공사 과정에서 뜻하지 않게 도급인이나 수급인이 아닌 제3자가 신체 또는 재산상의 손해를 입게 되는 일이 허다한데, 피해를 본 제3자는 누구에게 손해배상을 청구해야 하는가? 공사 과정에서 피해자에게 직접 손해를 끼친 가해자가 손해배상 의무자인 것은 당연하다. 통상 직접 시공에 관여한 수급인이나 시공상의 주의 의무를 준수하지 않은 시공 기술자 등이 손해배상 의무자가 될 것이다.

그런데 도급인도 제3자에 대한 손해배상 의무를 지게 될까? 이에 대하여 민법 제757조는 도급인은 원칙적으로 수급인의 시공상 불법행위에 관하여 손해배상 책임을 지지 않는 것으로 규정하고 있다. 즉 도급인은 도급 또는 지시에 관하여 중대한 과실이 없는 한 수급인이 그 일에 관하여 제3자에게 가한 손해를 배상할 책임이 없다. 도급인은 수급인의 일에 관하여 지휘·감독권이 없고, 수급인 자신이 독립해서 자유재량으로 그의 사무를 처리하기 때문에 책임을 물을 수 없는 것이다.

그렇다고 도급인이 언제나 수급인이나 수급인의 피용자에 의한 불법행위에 대한 손해배상 책임을 지지 않는 것은 아니다. 도급인이 수급인의 일의 진행 및 방법에 관하여 구체적인 지휘 감독권을 행사한 것으로 인정되는 경우, 도급인은 민법 제756조에 의한 사용자 책임을 질 수 있다.

| 판례 |

●   도급인은 도급 또는 지시에 관하여 중대한 과실이 없는 한 수급인이 그 일에 관하여 제3자에게 가한 손해를 배상할 책임이 없으나 도급인이 수급인의 일의 진행 및 방법에 관하여 구체적인 지휘 감독권을 유보한 경우에는 도급인과 수급인의 관계는 실질적으로 사용자 및 피용자의 관계와 다를 바 없으므로, 수급인이 고용한 제3자의 불법행위로 인한 손해에 대하여 도급인은 민법 제756조에 의한 사용자 책임을 면할 수 없고, 이러한 이치는 하도급의 경우에도 마찬가지이다(대법원 92다48109 판결).

수급인에 대한 도급인의 사용자 관계

| 쟁점 | 수급인에 대한 도급인의 사용자 관계가 인정되는 경우는
언제인가?

| 해결 | 구체적인 지휘 감독이냐, 아니면 감리에 따른 감독이냐에
따라 달라진다.

감독과 감리의 구분

●   위의 쟁점과 같은 사용자 및 피용자 관계 인정의 기초가 되
는 도급인의 수급인에 대한 지휘 감독은 건설 공사의 경우에는 현장에
서 구체적인 공사의 운영 및 시행을 직접 지시, 지도하고 감시, 독려함
으로써 시공 자체를 관리하는 것을 말한다. 단순히 공사의 운영 및 시
공의 정도가 설계도 또는 시방서에 따라 시행되고 있는가를 확인하여
공정을 감독하는 데에 불과한 이른바 감리는 여기에 해당하지 않는다
고 할 것이므로, 도급인이 수급인의 공사에 대하여 감리적인 감독을
함에 지나지 않을 때는 양자의 관계를 사용자 및 피용자의 관계와 같

이 볼 수 없는 것이다.

그래서 하도급인이 수급받은 공사 중 일부를 하수급인에게 하도급을 주고 하수급인은 다시 그 중 일부를 재하수급인에게 재하도급을 주었으며, 하도급인은 그 직원을 공사 현장의 대리인으로 파견하여 공사의 공정을 조정하고, 공사 내용이 시방서대로 잘 되고 있는가에 관하여 점검하는 정도의 감독을 하였다. 이때 재하수급인에게 고용된 미장 조공 및 잡부가 지상 4미터 높이의 발판 위에서 미장 공사를 하다가 발판을 떠받친 재목이 부러져 발판이 내려앉는 바람에 추락하여 부상을 당한 경우에는 하도급인에게 사용자 책임을 물어 손해배상을 지울 수는 없다.

하도급인이 행사한 감독권은 공정을 감독하는 이른바 감리에 불과하고, 구체적인 공사의 운영과 시행을 직접 지휘 감독한 것이라고는 볼 수 없기 때문이다. 요컨대, 도급인의 행위가 구체적인 공사의 운영과 시행을 직접 지휘 감독했는가, 그렇지 않고 단순한 감리에 불과했느냐에 따라 책임 여부가 달라진다.

| 판례 |

● 　　　도급인이 수급인의 일의 진행 및 방법에 관하여 구체적인 지휘감독권을 유보한 경우에는 도급인과 수급인의 관계는 실질적으로 사용자 및 피용자의 관계와 다를 바 없으므로, 수급인이나 하수급인이 고용한 제3자의 불법행위로 인한 손해에 대하여 도급인은 사용자 책임을 면할 수 없다.

사용자 및 피용자 관계 인정의 기초가 되는 도급인의 수급인에 대한 지휘 감독은 건설 공사의 경우에는 현장에서 구체적인 공사의 운영 및 시행을 직접 지시, 지도하고 감시 독려함으로써 시공 자체를 관리함을 말하고, 단순히 공사의 공정을 조정하고 공사의 운영 및 시공의 정도가 설계도 또는 시방서대로 시행되고 있는가를 점검하는 정도의 것이라면, 이는 공정을 감독하는 감리에 불과하고 여기에 해당한다고 볼 수 없으므로 도급인이 수급인의 공사에 대하여 감리적인 감독을 함에 지나지 않을 때는 양자의 관계를 사용자 및 피용자의 관계에 있다고 볼 수 없으니 사용자 책임이 없다(대법원 83다카1153 판결).

사례 03

노무도급인의 책임

| **쟁점** | 노무도급인은 노무수급인의 신체 또는 재산상의 손해에 대하여 배상책임을 지는가?

| **해결** | 노무도급의 경우에는 도급인이 수급인에 대하여 사용자 지위에 있는 것으로 인정되기 때문에 손해배상 책임을 면할 수 없다.

노무도급

●　　　도급인은 수급인의 불법행위에 대하여 손해배상 책임이 없다. 민법 제757조에서도 '도급인은 수급인이 그 일에 관하여 제3자에게 가한 손해를 배상할 책임이 없다'라고 규정하고 있다. 또한 도급인과 수급인은 고용 관계에 있지 않기 때문에 도급인은 수급인에 대하여 사용자 책임을 지지 않는다. 그러나 노무도급의 경우에는 도급인이 수급인에 대하여 사용자 지위에 있는 것으로 인정된다. 노무도급이란 '건축 공사의 일부분을 하도급받은 자가 구체적인 지휘 감독권을 유보

한 채, 재료와 설비는 자신이 공급하면서 시공 부분만을 시공 기술자에게 재하도급을 하는 경우'를 말한다.

도급인과 수급인의 관계가 실질적으로 사용자와 피용자의 지위에 있는 노무도급인 경우, 도급인은 수급인이 노무를 제공하는 과정에서 생명과 신체, 건강을 해치는 일이 없도록 물적 환경을 정비하고 필요한 조치를 강구할 보호 의무를 부담한다.

사례 해설

●   Y는 Z로부터 3층짜리 상가 건물의 신축 공사 가운데 천장 석고보드 공사의 하도급을 받았다. Y는 하도급을 받은 천장 석고보드 공사에 필요한 자재를 자신이 공급하되, 현장에서의 시공은 전문 기술자인 X에게 재하도급을 하였다. Y는 Z와 상의도 없이 임의로 당초 예정되었던 천장 석고보드 공사의 시공 일자를 하루 앞당겨 X로 하여금 공사를 시작하도록 지시하고 자신은 공사 현장에 나가보지도 않았다. X는 자신이 고용한 인부 2명을 데리고 위 신축 공사 현장에 임하여 고장난 전기드릴을 점검한 후 이를 위 공사장 입구에 임시로 가설된 콘센트에 연결시켜 시험 가동을 하다가 전기 누전에 의한 감전으로 그 자리에서 사망하였다.

사고 당시 X가 작업했던 위 상가 건물 1층 바닥은 그 전날 바닥 갈기 작업을 실시한 탓으로 물기가 많이 남아 있었고, 철구조물 등이 공사장 바닥 곳곳에 널려 있어 전기를 이용한 공사를 할 경우 전기 누전으로 인한 감전 사고가 발생할 위험이 있었다. 위 공사 현장에 임시로 가설된 전선은 원래 계량기에서 누전차단기를 통해 콘센트에 연결되도록 설치되었음에도, 사고 당시 그 전기선이 계량기로부터 누전차단기를 통하지 않고 곧바로 콘센트에 연결된 상태로 이용되었다.

이와 같은 사안에서 X의 상속인들은 Y에게 손해배상을 청구할 수 있을까?

도급인과 수급인의 관계가 실질적으로 사용자와 피용자의 지위에 있는 노무도급의 경우, 도급인은 수급인이 노무를 제공하는 과정에서 생명과 신체, 건강을 해치는 일이 없도록 물적 환경을 정비하고 필요한 조치를 강구할 보호 의무를 부담하기 때문에, Y는 손해배상 책임을 면할 수 없다.

Y로서는 공사를 시작하기 전에 마땅히 공사 현장에 나가 전체적인 공정의 진척 정도, 작업 현장 및 그 주변 상황 등을 고려하여 X에게 작업을 시켜도 안전한지 여부를 확인했어야 하는데도 이를 게을리 한 것은 안전 배려 의무를 위반한 것이기 때문이다.

| 판례 |

●   건축 공사의 일부분을 하도급받은 자가 구체적인 지휘 감독권을 유보한 채, 재료와 설비는 자신이 공급하면서 시공 부분만을 시공 기술자에게 재하도급하는 경우와 같은 노무도급의 경우, 그 노무도급의 도급인과 수급인은 실질적으로 사용자와 피용자의 관계에 있다.

이 경우 도급인은 수급인이 노무를 제공하는 과정에서 생명·신체·건강을 해치는 일이 없도록 물적 환경을 정비하고 필요한 조치를 강구할 보호 의무를 부담하며, 이러한 보호 의무는 실질적인 고용계약의 특수성을 고려하여 신의칙상 인정되는 부수적 의무로서 구 산업안전

보건법시행령(1995. 10. 19. 대통령령 제14787호로 개정되기 전의 것) 제3조 제1항에 의하여 사업주의 안전상 조치 의무를 규정한 산업안전보건법 제23조가 적용되지 아니하는 사용자일지라도 마찬가지로 인정된다고 할 것이고, 만일 실질적인 사용 관계에 있는 노무도급인이 고의 또는 과실로 이러한 보호 의무를 위반함으로써 노무수급인의 생명·신체·건강을 침해하여 손해를 입힌 경우, 노무도급인은 노무도급계약상의 채무 불이행 책임과 경합하여 불법행위로 인한 손해배상 책임을 부담한다(대법원 96다53086 판결).

도급인이 사용자 책임을 지는 사례

| **쟁점** | 도급인이 공사 현장에 자신의 현장 감독관을 두어 수급인이 행하는 구체적인 공사의 운영 및 시행을 직접 지휘 감독하였는데, 그 공사로 재산상 손해를 입은 피해자는 도급인에게 손해배상을 청구할 수 있는가?

| **해결** | 수급인의 사용자로서 도급인은 제3자에게 손해배상 책임을 져야 한다.

사례 해설

●   타인의 건물에 인접한 대지 위에서 빌딩 신축을 위한 지하 굴착 공사를 하다가 상수도관이 파열되고 공사장 주위의 흙이 내려앉으면서 지반이 약해져서 위 건물 전체에 균열이 생기게 하는 등 손해를 가한 사건이 있었다.

수급인의 현장 대리인은 공사 현장에서 도급인이 파견한 현장 감독관의 감독 또는 지시에 따라 공사에 관한 모든 사항을 처리하기로 하였다. 현장 감독관은 공사의 시행을 지휘 감독하고, 공사에 사용할 재료는 사용 전에 도급인 또는 현장 감독관의 검사를 받아야 하고, 수급인은 재해 방지를 위하여 필요하다고 인정할 때는 미리 도급인의 현장 감독관의 의견을 들어 임시의 조치를 취하기로 하는 등의 약정을 하였다.

위 약정에 따라 도급인의 현장 감독관이 공사 현장에 상주하면서 구체적인 공사를 직접 지휘 감독하였다면, 도급인도 인접한 빌딩 소유자의 손해를 배상할 책임을 질까?

위의 사실 관계를 보면, 도급인은 공사 현장에 자신의 현장 감독관을 두어 수급인이 행하는 구체적인 공사의 운영 및 시행을 직접 지휘 감독하기로 약정한 것이고, 단순히 공사의 운영 및 시공이 설계도나 시방서대로 시행되고 있는가를 확인하는, 이른바 감리에 그친 것으로 보기 어렵다. 더구나 이 사건과 같이 기존 건물에 인접하여 지하 굴착 공사를 하는 경우에는 공사 과정에서 생기는 진동이나 토압 붕괴로 인하여 인접 건물에 피해를 줄 우려가 많음은 도급인으로서는 능히 예견할수 있는 일이므로, 사고 방지를 위한 조치는 당연히 도급인이 지정한 현장 감독관의 지휘 감독 업무에 속한다고 할 것이다.

또한 도급인은 위와 같은 도급계약에서 정한 도급인의 수급인에 대한 지휘 감독 권한을 특별한 사정이 없는 한, 그 하수급인이나 노무수급인에게도 미치기로 한 것이라고 보아야 할 것이다. 따라서 수급인자신은 물론 수급인의 피용자나 그 하수급인, 노무수급인 등의 불법행위로 사고가 발생하고, 그 사고로 인하여 손해를 입은 피해자는 도급인에게 사용자 책임을 물어 손해배상을 청구할 수 있다.

●   도급인은 도급 또는 지시에 관하여 중대한 과실이 없는 한 수급인이 그 일에 관하여 제3자에게 가한 손해를 배상할 책임이 없으나(민법 제757조), 다만 도급인이 수급인의 일의 진행 및 방법에 관하여 구체적인 지휘 감독권을 유보한 경우에는 도급인과 수급인의 관계는 실질적으로 사용자 및 피용자의 관계와 다를 바 없으므로, 수급인 또는 그 피용인의 불법행위로 인한 손해에 대하여 도급인은 민법 제756조에 의한 사용자 책임을 면할 수 없고, 이러한 이치는 하도급의 경우에도 마찬가지인 바, 사용자 및 피용자 관계 인정의 기초가 되는 도급인의 수급인에 대한 지휘 감독은 건설 공사의 경우에는 현장에서 구체적인 공사의 운영 및 시행을 직접 지시 지도하고 감시 독려함으로써 시공 자체를 관리함을 말하는 것이고, 단순히 공사의 운영 및 시공의 정도가 설계도 또는 시방서대로 시행되고 있는가를 확인하여 공정을 감독하는 데에 불과한 이른바 감리는 여기에 해당하지 않는다(대법원 92다2615 판결).

사무집행 관련성의 결여

| 쟁점 | 노무도급인은 노무수급인이 도급과 무관하게 저지른 행위에 대해서도 책임을 지는가?

| 해결 | 사무 집행 관련성이 인정되지 않으면 책임을 지지 않는다.

사무 집행 관련된 행위에 대한 책임

●   도급인이 수급인에 대하여 특정한 행위를 지휘하거나 특정한 사업을 도급시키는 경우와 같은 이른바 노무도급의 경우에는 도급인이라고 하더라도 민법 제756조가 규정하고 있는 사용자 책임의 요건으로서의 사용 관계가 인정되어 수급인의 불법행위에 대한 책임을 지게 되지만, 그렇다고 노무도급관계만 인정되면 언제나 노무도급인에게 책임이 인정되는 것은 아니다.

민법 제756조에 의하면, 타인을 사용하여 어느 사무에 종사하게 한 자는 피용자가 그 사무 집행에 관하여 제3자에게 가한 손해를 배상할 책임이 있다. 즉 사용 관계에 있다면 도급인은 사용자로서 '그 사무 집행에 관하여' 피용자인 수급인의 불법행위에 대한 사용자 책임을 지게되는 것이다.

사례 해설

●   Y는 선박 수리업체를 경영하는 자로서, Y는 Z와 사이에 Y가 수리 작업을 도급받은 선박 3척의 발전기 기관을 수리해 주기로 하는 도급계약을 체결하였으며, Y와 Z의 관계는 노무도급이었다. Z는 Y의 지시를 받고 위 선박의 수리 작업을 시행하던 도중 X로부터 직접 오징 어채낚기 어선의 발전기 기관에 관한 수리를 의뢰받았다. X는 Y에게 선박 수리를 의뢰한 것이 아니라 Y를 거치지 않고 직접 Z에게 선박 수리를 의뢰한 것이다. Z의 과실로 X가 수리를 의뢰한 선박에 문제가 생겨 손해가 발생하였다며, Y는 노무수급인 Z의 불법행위에 대한 손해배상 책임을 져야 하는가?

Z가 Y로부터 하도급을 받아 그의 지시 감독 아래 인근에 있는 다른 선박의 수리 작업을 수행하고 있어, 일단 Z와 Y 사이에 민법 제756조가 규정하고 있는 사용자 책임의 요건에 따른 사용 관계가 성립되었다는 점은 인정될 수 있다. 사용 관계에 있다고 해서 사용자가 피용자의 모든 불법행위에 대하여 사용자 책임을 지는 것은 물론 아니다.

민법 제756조에서는 타인을 사용하여 어느 사무에 종사하게 한 자는 피용자가 그 사무 집행에 관하여 제3자에게 가한 손해를 배상할 책임이 있는 것으로 규정하고 있다. 즉 사용 관계에 있다면 도급인은 사용자로서 '그 사무 집행에 관하여' 피용자인 수급인의 불법행위에 대한 사용자 책임을 지게 되는 것이다. 다시 말하면, 사용자 책임이 인정되기 위해서는 이 사건 사고가 외형상 객관적으로 Z가 Y의 사무 집행으로 행한 위 수리 작업과 관련된 것이라고 볼 수 있어야 한다. 민법 제756조 소정의 '사무 집행에 관하여'라는 뜻은 피용자의 불법행위가 외형상 객관적으로 사용자의 사업 활동 내지 사무 집행 행위 또는 그와 관련된 것이라고 보여질 때는 행위자의 주관적 사정을 고려함이 없이 이를 사무 집행에 관하여 한 행위로 본다는 것이다. 또한 외형상 객관적으로 사용자의 사무 집행에 관련된 것인지 여부는 피용자의 본래 직무와 불법행위의 관련 정도 및 사용자에게 손해 발생에 대한 위험 창출과 방지 조치 결여의 책임이 어느 정도 있는지를 고려하여 판단해야 한다.

예컨대, '회사 소속 중기 기사가 회사의 작업 지시를 받고 회사의 굴삭기로 작업을 하다가 덤프트럭에 돌을 싣는 과정에서 덤프트럭 운전사와 시비가 되어 싸우던 중 흥분하여 굴삭기로 현장 사무실 막사와 식당, 기타 기물들을 파손시켰다면, 이는 외형상 객관적으로 회사의 사무 집행과 밀접하게 관련된 것이므로 회사는 중기 기사의 사용자로서 불법행위로 인한 손해를 배상할 책임이 있다(대법원 92다25939 판결).'

그런데 Z가 X의 선박을 수리한 것은 Y의 의무 이행에 필요하거나 그에 부수하는 행위가 아니라 Y의 사무와는 무관하게 Z가 독자적으로 X로부터 수리를 의뢰받아 그 고유의 업무를 수행한 것이고, 그 당시 Z가 Y를 대리하여 수리계약을 체결할 권한이 있는 것과 같은 외관을 보였다거나 Y와 사이에 명의대여의 관계에 있었던 것도 아닌 이상, Z가 행한 이 사건 선박에 관한 수리 작업이 외형으로 관찰할 때 Y의 직무 범위 내에 속하는 행위라고 할 수 없다.

●   도급인의 지시와 감독하에 선박의 수리 작업을 수행하던 노무수급인이 인근에 있는 다른 선박에 대한 수리를 독자적으로 의뢰받아 그 수리 작업 중 사고를 낸 경우, 그 당시 노무수급인이 도급인을 대리하여 수리계약을 체결할 권한이 있는 것과 같은 외관을 보였다거나 도급인과 사이에 명의대여의 관계에 있었던 것이 아닌 이상, 그 수리 작업이 외형으로 관찰할 때 도급인의 직무 범위 내에 속하는 것으로 볼 수 없어 도급인의 사용자 책임이 부인된다(대법원 97다58170 판결).

수급인의 피용자의 행위에 대한 도급인의 책임

| **쟁점** | 도급인은 수급인의 피용자가 저지른 불법행위에 대하여도 책임을 지는가?

| **해결** | 수급인에 대하여 사용자 관계가 인정되면 수급인의 피용자에 대하여도 사용자 책임을 질 수 있다.

사용자 책임의 확장

● 　　도급인은 수급인이나 수급인의 피용자가 행한 불법행위에 대하여 손해배상 책임을 지지 않는 것이 원칙이지만, 노무도급으로 인정될 경우에는 수급인은 물론이고 수급인의 피용자가 행한 불법행위에 대해서까지 사용자로서 손해배상 책임을 질 수 있다.

사례 해설

● 　　한전은 수급인과 사이에 지장전주 이설 공사에 관하여 한전

의 현장 감독 직원이 공사의 수행을 지휘 감독하며, 공사에 사용될 자재 또는 공작물을 검사 또는 시험하고, 수급인은 현장 대리인을 지명하여 한전에 통지하고, 수급인의 현장 대리인은 한전의 현장 감독 직원의 지시와 감독에 따라 공사 현장의 공사에 관한 사항을 처리하기로 하는 내용의 공사 도급계약을 체결하였다. 공사 도중 수급인의 직원이 전주에 올라가 변압기를 철거하고 전선을 절단하는 순간 전주가 땅으로 넘어지는 바람에 상해를 입고 수급인 회사와 한전을 상대로 손해배상 청구 소송을 제기하였다.

사용자 및 피용자 관계 인정의 기초가 되는 도급인의 수급인에 대한 지휘 감독은 건설 공사의 경우에는 현장에서 구체적인 공사의 운영 및 시행을 직접 지시·지도하고, 감시·독려함으로써 시공 자체를 관리함을 말한다. 단순히 공사의 운영 및 시공의 정도가 설계도 또는 시방서대로 시행되고 있는가를 확인하여 공정을 감독하는 데에 불과한 이른바 감리는 여기에 해당하지 않는다고 할 것이므로, 도급인이 수급인의 공사에 대하여 감리적인 감독을 함에 지나지 않을 때는 양자의 관계를 사용자 및 피용자의 관계와 같이 볼 수 없다.

이와 같은 맥락에서 대법원은 도급인인 한전의 책임을 부정하였다. 수급인에 대한 도급인의 관계를 감리에 불과한 것으로 본 결과이다. 도급인의 현장 감독 직원이 도급공사의 수행을 지휘 감독하며 공사에 사용될 자재 또는 공작물을 검사 또는 시험하고, 수급인의 현장 대리인은 도급인의 현장 감독 직원의 지시 감독에 따라 공사 현장의 공사에 관한 사항을 처리하기로 하였다는 것만으로는 도급인의 현장 감독 직원이 수급인이 도급받은 이 사건 전주 이설 공사 현장에서 구체적인 공사의 운영 및 시행방법 등에 관하여 직접 지도하고 감시 독려함으로써 그 시공 자체를 직접 관리하기로 한 것이라고는 볼 수 없다는 것이다.

오히려 이 사건 공사가 경지 정리 지구 지장전주의 이설 공사였던 점을 감안하여 보면, 도급인의 현장 감독으로서의 지휘 감독이란 수급인에 대하여 작업을 개시하게 하거나 중지하게 하는 등의 시공 관리와 공사 관련 휴전 조작 관리에 관한 사항을 지시 감독할 수 있는 정도의 것에 불과하여, 이른바 앞에서 본 감리에 지나지 아니한다고 판시하였다.

같은 맥락에서 대법원은 '도급인이 지명한 감독 기사는 일체의 계약된 서류에 기초하여 공사의 수행을 지휘 감독하며 수급인은 위 감독 기사의 시공상의 감독 지시에 따라야 하는 것으로 되어 있고, 또 수급인이 위 감독 기사의 감독 및 지시에 불응할 경우에 도급인은 언제든지 수급인에 대한 서면 통지로써 공사 도급계약의 전부 또는 일부를 중지 또는 해제할 수 있는 것으로 되어 있더라도 공사의 규모, 도급인과 수급인과의 관계 등 여러 사정에 비추어 도급공사 계약에 위에 든 조항이 있다 하여 이것만으로 도급인이 수급인의 공사 진행 및 방법에 관하여 구체적인 지휘 감독권을 유보하고 있다고 볼 수 없다고 판단하였다(대법원 88다카27249 판결).'

| 판례 |

● 　도급인이 수급인의 일의 진행 및 방법에 관하여 구체적인 지휘 감독권을 보유한 경우에는 도급인과 수급인의 관계는 실질적으로 사용자 및 피용자의 관계와 다를 바 없으므로, 수급인이 고용한 제3자의 불법행위로 인한 손해에 대하여 도급인은 민법 제756조에 의한 사용자 책임을 면할 수 없다(대법원 88다카102 판결).

| 하도급 관련 분쟁 |

16

하도급법의 적용 범위

> | **쟁점** | 하도급법이 원도급에도 적용되는가?
> --
> | **해결** | 하도급법은 원도급 관계에도 적용된다.

하도급법의 적용 범위

● 　　　　도급계약은 수급인이 일을 완성할 것을 약정하고 도급인은 그 일의 결과에 대해서 보수를 지급하기로 약정하는 계약이다. 도급계약은 약정한 일의 완성에 목적이 있는 것이므로, 특별한 사정이 없는 한 반드시 수급인 본인이 직접 일을 해야 하는 것은 아니다. 그렇기 때문에 도급계약에서는 특별히 금지되지 않는 한 수급인이 도급받은 일을 다시 하수급인에게 하도급을 주는 경우가 많다.

　이처럼 수급인이 도급받은 일을 스스로 수행하지 않고 하수급인에게 다시 일을 시키는 경우, 원수급인과 하수급인의 관계가 '하도급 관계'라 하고, 이러한 관계를 규율하는 법률이 하도급 거래 공정화에 관한 법률(이하 '하도급법'이라 한다)이다. 하도급법상 하도급 거래는 원수급인과 하수급인 사이의 관계뿐만 아니라 원사업자와 수급사업자 사이의 관계까지도 하도급 거래로 본다.

한편 하도급법에서는 도급인과 수급인이라는 용어를 사용하지 않고 원사업자와 수급사업자라는 용어를 사용한다. 원사업자는 중소기업자가 아닌 자로서 중소기업자에게 제조 등을 위탁한 자이고, 건설업의 경우에는 시공 능력 평가액 30억 원 이상의 중소기업자 중에서 연간 매출액 또는 상시 고용 종업원 수를 기준으로 2배 이상 차이가 나는 다른 중소기업자에게 제조 등의 위탁을 한 자를 말한다.

수급사업자는 원사업자로부터 제조 등의 위탁을 받은 중소기업자를 뜻한다. 즉 하도급법상 하도급 거래는 수급인과 하수급인 사이의 하도급 관계뿐만 아니라 도급인과 수급인 사이의 원도급 관계까지도 포괄한다. 다만 도급인과 수급인 사이의 원도급 관계에 모두 하도급법이 적용되는 것은 아니고, 하도급법에서 말하는 원사업자와 수급사업자의 관계에만 하도급법이 적용된다. 하도급법의 적용을 받는 원사업자는 중소기업이 아닌 건설업자이거나 시공 능력 평가액이 30억 원 이상의 중소기업으로서 연간 매출액이나 상시 고용 종업원 수가 2배 이상 차이나는 중소기업에 건설 위탁을 한 중소기업이다.

| 판례 |

●　　　　하도급 거래 공정화에 관한 법률 제2조 제1항은 일반적으로 흔히 하도급이라고 부르는 경우, 즉 원사업자가 다른 사업자로부터 제조 위탁·수리 위탁 또는 건설 위탁을 받은 것을 수급사업자에게 다시 위탁하는 경우뿐만 아니라, 원사업자가 수급사업자에게 제조 위탁·수

리 위탁 또는 건설 위탁을 하는 경우도 하도급 거래로 규정하여 그 법률을 적용하도록 정하고 있고, 같은 조 제2항에 의하여 그 법률의 적용 범위는 하도급 관계냐 아니냐에 따르는 것이 아니라 원사업자의 규모에 의하여 결정됨을 알 수 있으므로, 하도급 거래 공정화에 관한 법률은 그 명칭과는 달리 일반적으로 흔히 말하는 하도급관계뿐만 아니라 원도급 관계도 규제한다(대법원 2001다27470 판결).

일괄 하도급의 금지

> | **쟁점** | 건설산업기본법 제29조가 금지하는 일괄 하도급의 범위
>
> | **해결** | 건설 공사 중 부대 공사만을 하도급하거나 부대 공사를 제외한 주된 공사의 일부를 하도급하는 행위는 하도급 금지 대상에 포함되지 않는다.

일괄 하도급의 금지와 예외

●   특별한 사정이 없다면 수급인이 도급인으로부터 도급받은 공사를 하수급인에게 하도급을 주는 것은 금지되지 않지만, 건설산업기본법에서는 일괄 하도급을 금지하고 있다. 즉 건설업자는 그가 도급받은 건설 공사의 전부 또는 부대 공사에 해당하는 부분을 제외한 주된 공사의 전부를 다른 건설업자에게 하도급할 수 없는 것이다.

다만 예외적으로 발주자가 필요하다고 인정하여 서면으로 승낙한 경우로서, 건설 공사에 관한 설계를 포함하여 건설 공사를 도급받은 건설업자가 하도급하는 경우와 대통령령이 정하는 바에 의하여 2인 이

상에게 분할하여 하도급하는 경우에는 가능하다(건설산업기본법 제29조, 동법 시행령 제31조). 전문 공사의 하도급은 전문 공사업자에게 해야 하고, 같은 업종의 건설업자에게 하도급할 수 없는 게 원칙이다.

이러한 일괄 하도급 금지 규정을 위반한 건설업자는 3년 이하의 징역 또는 3천만 원 이하의 벌금에 처하고(건설산업기본법 제96조 제5호), 1년 이내의 영업정지, 위반한 공사의 도급금액의 100분의 30에 상당하는 금액 이하의 과징금이 부과될 수 있다.

사례 해설

●   A건설사는 수해로 무너진 하천 제방을 복구하기 위한 공사를 도급받았다. 이 공사는 토공, 구조물공, 부대공으로 구성되어 있는데, 그 중 구조물공은 전석 쌓기, 앞사석 쌓기, 뒷채움 잡석, 레미콘 타설 및 합판거푸집, 전석 채집 및 운반, 전석 구입 및 운반의 세부 공정으로 나누어져 있다. A건설사는 토공과 부대공을 제외한 구조물공을 하도급하였다가 원도급계약 및 하도급계약의 변경으로 구조물공 중 레미콘 타설 및 합판거푸집, 전석 구입 및 운반의 세부 공정과 추가된 교량 건설 공정을 직접 시공하였다.

A건설사가 시공한 레미콘 타설 및 합판거푸집 공정은 하천 제방을 축조하기 위해 쌓은 전석의 상단부가 서로 부착될 수 있도록 쌓은 전석의 양쪽에 합판거푸집을 설치한 후 폭 80cm 내지 1m, 두께 약 10cm의 콘크리트 타설 작업 공정이었다. A건설사가 하도급하지 않고 직접 시공한 토공에는 제방을 쌓을 기초 공사로서 구조물 터파기 공정이 포함되어 있다.

A건설사는 건설산업기본법에서 금지하는 일괄 하도급을 한 것일까?

이와 같은 사례에 대하여 대법원은 A건설사가 도급받은 이 사건 공사는 하천 제방을 축조하기 위한 공사인데, 레미콘 타설 및 합판거푸집 공정이나 토공 중 구조물 터파기 공정 등은 하천의 제방 자체를 형성하기 위한 공정이므로, 이 사건 공사의 주된 공사에 해당한다고 할 것이고, A건설사가 이러한 주된 공사의 일부를 직접 시공한 이상 하수급인에게 주된 공사의 전부를 하도급하였다고 할 수는 없으므로, 원고가 하도급을 금지하는 관계 법령을 위반한 것으로 볼 수 없다고 판단하였다.

| 판례 |

● 　구 건설산업기본법(2004. 12. 31. 법률 제7306호로 개정되기 전의 것) 제29조 제1항 본문, 같은 법 시행령(2005. 6. 30. 대통령령 제18918호로 개정되기 전의 것) 제31조 제1항, 제21조 제1항 등의 규정은 건설업자에 대하여 그가 도급받은 건설 공사의 '전부'나 '부대 공사에 해당하는 부분을 제외한 주된 공사의 전부'를 다른 건설업자에게 하도급하는 것을 금지하고 있으므로, 건설 공사 중 부대 공사만을 하도급하거나 부대 공사를 제외한 주된 공사의 일부를 하도급하는 행위는 하도급 금지 대상에 포함되지 않는다고 할 것이다.

그리고 수급인이 발주자로부터 도급받은 건설 공사를 하수급인에게 하도급하는 경우, 그 하도급이 위 금지 규정에 위반하였는지 여부를 판단함에 있어서는 원도급 금액과 하도급 금액, 하도급 금액이 원도급 금액에서 차지하는 비중 외에도 발주자로부터 도급받은 전체 건설 공사 및 하도급한 공사의 내용, 하도급한 공사가 전체 공사에서 차지하는 위치, 하도급한 공사의 수급인과 하수급인이 실제 시공한 각 공사의 내역, 건설업자의 업종 등을 참작하여 주된 공사가 무엇인지를 확정한 다음, 주된 공사의 전부가 하도급되었는지를 살펴보아야 할 것이다(대법원 2006두8198 판결).

하도급법을 위반한 계약의 사법상 효력

> **| 쟁점 |** 하도급법을 위반한 하도급계약은 유효한가?
> -
> **| 해결 |** 대법원은 사법상의 효력은 무효가 아니라고 판시한 바
> 있다.

하도급법 위반 계약의 유효성

●   하도급법은 하수급인의 보호를 위한 여러 규정을 두고 있다. 부당한 방법을 이용하여 통상 지급되는 대가보다 현저하게 낮은 수준으로 하도급대금을 결정하거나 하도급을 받도록 강요해서는 안 되며(하도급법 제4조), 물품 등의 구매 강제가 금지되며(하도급법 제5조), 원사업자가 발주자로부터 선급금을 받은 때에는 그가 받은 선급금의 내용과 비율에 따라 15일 이내에 선급금을 수급사업자에게 지급해야 하며(하도급법 제6조), 부당 반품과 부당 감액이 금지된다(하도급법제10조 ~ 제11조).

하도급 대금은 목적물 인수일로부터 60일 이내에 지급해야 하며(하

도급법 제13조), 원사업자의 파산, 부도 등의 경우에는 발주자가 수급사업자에게 하도급 대금을 직접 지급하도록 정하고 있다(하도급법 제14조). 원사업자가 발주자로부터 설계 변경 등의 이유로 계약 금액을 조정받은 경우에는 그 내용과 비율에 따라 하도급대금을 조정하도록 규정하고 있으며(하도급법 제16조), 원사업자는 수급사업자의 의사에 반하여 하도급대금을 물품으로 지급해서는 안 된다(하도급법 제17조).

원사업자가 이와 같은 하도급법을 위반하여 수급사업자와 하도급계약을 체결한 경우, 그 하도급계약의 효력은 어떻게 될까? 특히 발주자로부터 설계 변경을 이유로 계약 금액을 증액받더라도 원사업자와 수급사업자 사이에는 계약 금액의 증액은 없기로 하는 내용의 하도급계약은 어떤가? 이러한 하도급계약의 내용에 불구하고 하수급인은 원사업자에게 하도급법을 근거로 하도급계약 금액의 증액을 요구할 수 있을까?

대법원의 판례에 따르면 쉽지 않아 보인다. 대법원은 하도급법을 위반한 하도급계약의 사법상 효력은 원칙적으로 유효하다는 태도를 취하고 있기 때문이다. 부당한 대물변제의 금지 규정(하도급법 제17조)을 위반한 계약에 관해서도 마찬가지다.

| 판례 |

● 　　　구 하도급 거래 공정화에 관한 법률(1995. 1. 5. 법률 제4860호로 개정되기 전의 것) 제16조에는 원사업자가 제조 등의 위탁을 한 후에 발주자로부터 설계 변경 또는 경제 상황의 변동 등을 이유로 추가 금액을 지급받는 경우, 동일한 사유로 목적물의 완성에 추가 비용이 소

요되는 때는 그가 받은 추가 금액의 내용과 비율에 따라 하도급 대금을 증액해야 한다는 취지로 규정되어 있으나, 그 법은 그 조항에 위반된 하도급 약정의 효력에 관하여는 아무런 규정을 두지 않는 반면, 위의 조항을 위반한 원사업자를 벌금형에 처하도록 하면서 그 조항 위반 행위 중 일정한 경우만을 공정거래위원회에서 조사하게 하여 그 위원회로 하여금 그 결과에 따라 하도급분쟁조정협의회에 조정 등을 요청하게 하거나 원사업자에게 통지, 최고하게 하거나 그 위반 행위의 신고를 각하 또는 기각하게 하도록 규정하고 있을 뿐이다. 따라서 그 조항은 그에 위배한 하도급인과 하수급인 간의 계약의 사법상의 효력을 부인하는 조항이라고 볼 것은 아니다(대법원 2000다20434 판결).

●   하도급 거래 공정화에 관한 법률 제17조는 '원사업자는 수급사업자의 의사에 반하여 하도급대금을 물품으로 지급해서는 아니된다'라고 규정하고 있고, 같은 법 제20조는 '원사업자는 하도급 거래와 관련하여 우회적인 방법에 의하여 실질적으로 이 법의 적용을 면탈하려는 행위를 하여서는 아니된다'라고 규정하고 있으나, 하도급 거래 공정화에 관한 법률은 그 조항에 위반된 도급 또는 하도급 약정의 효력에 관하여는 아무런 규정을 두지 않는 반면, 위의 조항을 위반한 원사업자를 벌금형에 처하도록 하면서 그 조항 위반 행위 중 일정한 경우만을 공정거래위원회에서 조사하게 하여 그 위원회로 하여금 그 결과에 따라 원사업자에게 시정조치를 명하거나 과징금을 부과하도록 규정하고 있을 뿐이어서 그 조항은 그에 위배한 원사업자와 수급사업자 간의 계약의 사법상의 효력을 부인하는 조항이라고 볼 것은 아니다(대법원 2001다27470 판결).

착오로 직접 지급한 하도급대금에 대한 반환 청구의 가부

> | **쟁점** | 착오로 하도급대금을 하수급인에게 직접 지급한 도급인은 하수급인에게 부당이득 반환을 청구할 수 있는가?
>
> | **해결** | 부당이득으로 반환을 청구할 수는 없다.

하도급대금 직접 지급에 관한 규정

●　　　　　건설산업기본법과 하도급 거래 공정화에 관한 법률은 하수급인의 보호를 위하여 하도급대금의 직접 지급에 관하여 규정하고 있다. 건설산업기본법 제35조와 하도급법 제14조의 규정이 그것인데, 과거에는 일정한 경우에 도급인이 하수급인에게 '직접 지급할 수 있다'는 근거 규정이었지만, 현재는 일정한 경우에 도급인이 하수급인에게 '직접 지급해야 한다'는 의무 규정으로 되어 있다.

그런데 발주자가 수급인 등에 대하여 공사대금 지급 채무를 부담하고 있지 않은데도 채무를 부담하는 것으로 잘못 알고 하도급대금을 하수급인에게 직접 지급한 경우, 발주자가 하수급인에 대하여 부당이득 반환 청구를 할 수 있는가? 이에 대해 대법원은 부정한다.

사례 해설

● B건설 회사는 도급인 A로부터 공사를 수급받아 일부를 C건설 회사에 하도급하였다. 도급인 A와 수급인 B, 하수급인 C는 하도급대금을 A가 C에게 직접 지급하기로 약정하였다. B건설은 도급인 A로부터 지급받을 공사대금 채권을 D에게 양도하였다. 그런데도 도급인 A는 B건설이 공사대금 채권을 D에게 양도했다는 사실을 모르고 C건설에게 하도급대금 상당을 직접 지급했다가 뒤늦게 B건설이 공사대금 채권을 D에게 양도한 사실을 알고 C건설을 상대로 부당이득금 반환 청구를 하였다. B건설은 A로부터 직접 지급받은 하도급 공사대금을 부당이득으로 반환해야 하는가?

이와 같은 사례에 대하여 서울고등법원은 도급인 A의 하수급인 C에 대한 급부로써 도급인 A의 수급인 B건설에 대한 공사대금 지급이 이루어질 뿐 아니라, B건설의 C건설에 대한 하도급 공사대금의 지급도 이루어지는 것이므로, 설사 A가 B건설에 지급해야 할 공사대금이 이미 제3자에게 채권양도되어 그 부분에 관하여는 B건설에게 지급할 것이 없는데도 착오로 잘못 지급하게 된 것이라 하더라도, 위와 같이 B건설이 C에게 지급해야 할 하도급 공사대금이 남아 있었던 이상, A로서는 B를 상대로 부당이득 반환을 구해야 하는 것이지 C를 상대로 부당이득 반환을 구할 수는 없다고 판단하였다.

대법원 역시 A로서는 B를 상대로 부당이득 반환을 구할 수 있을 뿐, C를 상대로 부당이득 반환을 구할 수 없다고 판단하였다.

| 판례 |

● 　　　건설산업기본법 제35조 제1항은 '발주자는 다음 각 호의 1
에 해당하는 경우에는 하수급인이 시공한 분에 해당하는 하도급대금
을 하수급인에게 직접 지급할 수 있다. 이 경우 발주자의 수급인에 대
한 대금 지급 채무는 하수급인에게 지급한 한도 안에서 소멸한 것으로
본다'라고 규정하고 있고, 구 하도급 거래 공정화에 관한 법률(1999. 2.
5. 법률 5816호로 개정되기 전의 것, 이하 같다) 제14조는 '발주자는 수급
사업자가 제조·수리 또는 시공한 분에 해당되는 하도급대금을 대통령
령이 정하는 바에 의하여 직접 수급사업자에게 지급할 수 있다.

　이 경우 발주자의 원사업자에 대한 대금 지급 채무와 원사업자의 수
급사업자에 대한 하도급대금 지급 채무는 그 지급한 한도에서 소멸한
것으로 본다'라고 규정하고 있는 바, 발주자가 위 규정들에 의하여 하
도급대금을 직접 하수급인 또는 수급사업자(이하 '하수급인 등'이라 한
다)에게 지급하게 되면 발주자의 수급인 또는 원사업자(이하 '수급인
등'이라 한다)에 대한 공사대금 지급 채무와 수급인 등의 하수급인 등
에 대한 하도급대금 지급 채무가 발주자가 하수급인 등에게 지급한 한
도에서 함께 소멸하게 되는 점에 비추어 볼 때, 발주자의 하수급인 등
에 대한 하도급대금의 지급으로써 발주자의 수급인 등에 대한 공사대
금 지급과 수급인 등의 하수급인 등에 대한 하도급대금 지급이 함께
이루어지는 것으로 볼 수 있다.

　따라서 발주자가 수급인 등에 대하여 공사대금 지급 채무를 부담하
지 않고 있음에도 이를 부담하고 있는 것으로 잘못 알고 위 규정들에
의하여 하도급대금을 직접 하수급인 등에게 지급하였다고 하더라도,
하수급인 등이 발주자로부터 하도급대금을 지급받은 것은 수급인 등

과의 하도급계약에 의한 것이어서 이를 법률상 원인 없이 하도급대금을 수령한 것이라고 볼 수 없으므로, 발주자는 수급인 등에 대하여 부당이득 반환 청구를 할 수 있을 뿐 하수급인 등을 상대로 부당이득 반환 청구를 할 수는 없다(대법원 2006다63884 판결).

직접 청구권의 발생 시점

> | 쟁점 | 발주자와 수급인, 하수급인 3자가 하도급대금을 직접 지급하기로 합의한 경우, 하도급대금 직접 지급 청구권은 언제 발생하는가?
>
> ---
>
> | 해결 | 3자간에 합의한 시점으로 봐야 할 것이다.

하도급대금 직접 지급에 관한 규정의 개정

●　　　3자간 합의에 의한 하도급대금 직접 지급에 관한 규정은 2007년 7월 19일에 개정되었다. 개정 전에는 3자간 합의하여 직접 지급을 요청한 때에 직접 지급 청구권이 발생하지만, 현재는 '발주자가 하도급대금을 직접 수급사업자에게 지급하기로 발주자와 원사업자 및 수급사업자 간에 합의한 때'에 직접 지급 청구권이 발생하는 것으로 개정되었다.

따라서 현재는 3자간 합의한 바로 그 시점에 직접 지급 청구권을 취득한다고 보아야 할 것이다. 아래 판례는 개정 전 법률이 적용된 사례로서 직불 합의가 있더라도 발주자에 대한 수급사업자의 직접 지급 청구권은 실제로 청구한 시점에 발생한다는 취지인데, 더 이상 유지되기 어려울 것으로 생각된다.

사례 해설

● 수급인 B건설(= 원사업자)은 발주자 C로부터 도급받은 공사 중 일부를 하도급 업체인 A건설(= 수급사업자, 하수급인)에 하도급하였다. 원사업자 A와 수급사업자 B는 공사에 착공도 하기 전인 2006년 1월 1일 '하도급대금은 하도급 제14조 및 같은 법 시행령 제4조에 따라 A에게 직접 지급하기로 한다'라는 하도급대금의 직불에 관한 합의서를 C에게 제출하였다.

즉 3자 간에 직불 합의를 한 것이다. 하수급인 A가 하도급 공사를 완공하고 2006년 11월 11일 발주자 C에게 하도급대금의 직접 지급을 요청하였다. 한편 B건설의 다른 채권자들이 C에 대한 B건설의 공사대금 채권에 대하여 한 채권 압류 및 추심 명령, 채권 가압류 등이 A가 직접 지급을 요청한 2006년 11월 11일 이전에 C에게 송달되었다. 이 경우 A는 직불 합의가 채권 압류 등보다 우선한다고 주장할 수 있는가?

이 사례에서 원심 법원은 하도급대금 직접 지급에 관한 합의가 있었던 2006년 1월 1일에 하수급인 A의 발주자 C에 대한 하도급대금의 직접 지급을 요청하는 의사표시가 포함되어 있기 때문에, 발주자 C의 원사업자 B건설에 대한 공사대금 채무는 하도급대금의 범위 안에서 위 직불 합의일인 2006년 1월 1일에 소멸하였다고 보았다.

그 이후 B건설의 다른 채권자들이 B건설의 C에 대한 공사대금 채권을 압류 또는 가압류하였다 하더라도 그 압류 또는 가압류의 효력은 C가 A에게 직접 지급할 하도급대금 해당 부분에는 미치지 아니한다고 판단하였다.

하지만 대법원은 '하도급대금의 직접 지급 요청이 있기도 전에 3자 간의 직불 합의만으로 즉시 발주자의 원사업자에 대한 대금 지급 채무가 하도급대금의 범위 안에서 소멸한다고 볼 수는 없고, 또한 수급사업자가 하도급 공사를 시행하기도 전에 3자 간의 직불 합의가 먼저 이루어진 경우, 그 직불 합의 속에 아직 시공하지도 않은 부분에 상당하는 하도급대금의 직접 지급 요청의 의사표시가 미리 포함되어 있다고 볼 수도 없다'라고 판단하였다.

3자 간에 하도급대금의 직접 지불이 합의된 경우라도 수급사업자가 하도급계약에 따른 공사를 시행하고, 발주자에게 그 시공한 분에 상당하는 하도급대금의 직접 지급을 요청한 때에 비로소 수급사업자의 발주자에 대한 직접 지급 청구권이 발생함과 아울러 발주자의 원사업자에 대한 대금지급 채무가 하도급대금의 범위 안에서 소멸하는 것으로 해석해야 한다는 것이다.

하수급인 A의 발주자 C에 대한 하도급대금 직접 지급 청구권이 발생함과 아울러 발주자 C의 원수급인 B에 대한 공사대금 지급 채무가 위 하도급대금의 범위 안에서 소멸한 시점은 A가 하도급공사를 완성하고 C에게 시공한 분에 상당하는 하도급대금의 직접 지급을 요청한 2006년 11월 11일이라는 것이다.

● 　　　　구 하도급 거래 공정화에 관한 법률(2007. 7. 19. 법률 제8359호로 개정되기 전의 것) 제14조 제1항의 문언상 발주자·원사업자 및 수급사업자의 3자 간에 하도급대금의 직접 지급이 합의된 경우라도 수급사업자가 하도급계약에 따른 공사를 시행하고 발주자에게 그 시공한 분에 상당하는 하도급대금의 직접 지급을 요청한 때에 비로소 수급사업자의 발주자에 대한 직접 지급 청구권이 발생함과 아울러 발주자의 원사업자에 대한 대금지급 채무가 하도급대금의 범위 안에서 소멸하는 것으로 해석해야 하므로, 이와 달리 수급사업자의 하도급 공사 시행 및 발주자에 대한 시공한 분에 상당한 하도급대금의 직접 지급 요청이 있기도 전에 3자 간의 직불 합의만으로 즉시 발주자의 원사업자에 대한 대금 지급 채무가 하도급대금의 범위 안에서 소멸한다고 볼 수는 없다(대법원 2007다50717 판결).

3자 간에 직불 합의가 있는 경우에 직접 지급 의무의 범위

| 쟁점 | 3자 간에 직불 합의가 있는 경우, 발주자가 하수급인에게 지급할 의무를 지는 하도급대금의 범위는 어떻게 되는가?

| 해결 | 수급사업자가 시공한 하도급대금에 대해서만 직접 지급할 의무가 발생한다.

하도급 직불 의무의 범위

하도급법 제14조 소정의 하도급대금 직불에 관한 합의가 있는 경우, 발주자가 하수급인에게 직접 지급할 의무를 지는 하도급대금의 범위가 문제된다. 발주자가 직접 지급할 의무를 지는 한도에서 수급인에 대한 도급 금액도 소멸하기 때문에 제3자의 이해와도 밀접하게 관련된 문제이다.

대법원은 3자 간의 합의가 있을 때 곧바로 하도급대금 전액에 대한 직접 지급 의무가 발생하는 것이 아니라 하수급인이 시공한 하도급대금의 범위에서만 지급 의무가 발생하고, 그 한도에서 원도급공사대금이 소멸하는 것으로 본다. 이 판례에 의하면, 3자 간에 직불 합의가 먼저 이루어졌다 하더라도 압류 이후에 하도급 공사가 시공되었다면, 압류 채권자가 우선하는 결과가 된다. 하수급인의 하도급대금 지급을 보장하기 위하여 발주자에게 하도급대금을 직접 지급할 의무를 지운 하도급법이 무력화 될 우려가 있는 것으로 보인다.

하도급대금의 지급을 확실히 하기 위해서는 하도급법상의 하도급대금 직접 지급 합의보다는 채권양도를 받고 수급인으로 하여금 발주자에게 확정 일자 있는 증서로 채권양도 통지를 하도록 하는 것이 좋을 것이다.

사례 해설

● 　　　도급인 A와 수급인 B건설은 2003년 8월 11일 공장 증축 공사에 관한 공사 도급계약을 체결하고, 동시에 원수급인인 B건설은 위 공사 전부에 관하여 C건설과 사이에 하도급계약을 체결하였다. 위 도급계약 및 하도급계약 체결 당시 도급인 A, 원수급인 B, 하수급인 C는 공사대금은 도급인인 A가 원수급인인 B건설의 입회하에 하수급인인 C에게 직접 지급함과 아울러 '경영난을 겪고 있는 B건설에는 지급하지 않는 것'으로 약정하였다.

B건설의 채권자 D는 2003년 10월 14일 B건설의 A에 대한 공사대금을 압류하고, 2003년 10월 15일 A에게 압류 통지가 도달하였다. 그 뒤 위 공사는 완료되었다. 하수급인과 가압류 채권자 중 누가 우선하는가?

이에 대해 대법원은 아래에 인용한 판례로 알 수 있듯이 '발주자가

하도급대금을 직접 수급사업자에게 지급하기로 발주자, 원사업자 및
수급사업자 간에 합의한 경우'에 발주자는 바로 그 하도급대금 전액을
해당 수급사업자에게 직접 지급할 의무가 발생하는 것이 아니라 '수급
사업자가 시공한 분에 상당하는' 하도급대금을 해당 수급사업자에게
직접 지급할 의무가 발생하는 것이고, 그 범위 내에서 발주자의 원사
업자에 대한 대금 지급 채무가 소멸한다고 해석한다.

따라서 이 사례에서 압류 명령의 통지가 A에게 도달되기 전에 C건설
이 위 공사를 실제로 시행 내지 완료하였는지 여부나 그 기성고 정도
등에 따라 압류 채권자와 하수급인의 우선 관계가 달라지게 될 것이다.

┃판례┃

● 　　　하도급 거래 공정화에 관한 법률 제14조 제2항의 규정 취지
는 같은 조 제1항의 규정 내용에 비추어 보면, '발주자가 하도급대금을
직접 수급사업자에게 지급하기로 발주자, 원사업자 및 수급사업자 간
에 합의한 경우'에 발주자는 바로 그 하도급대금 전액을 해당 수급사
업자에게 직접 지급할 의무가 발생하는 것이 아니라, '수급사업자가
제조, 수리, 시공 또는 용역 수행한 분에 상당하는' 하도급대금을 해당
수급사업자에게 직접 지급할 의무가 발생하는 것이고, 그 범위 내에서
발주자의 원사업자에 대한 대금 지급 채무가 소멸한다고 해석함이 상
당하다(대법원 2007다54108 판결).

하도급대금 확보를 위한 채권양도

| 쟁점 | 수급인의 다른 채권자들보다 우선적으로 하도급대금을
지급받을 수 있는 유력한 수단은 무엇인가?

| 해결 | 채권양도를 받는다.

대항 요건을 갖춘 채권양도의 효용

하도급대금의 지급을 담보하기 위하여 하도급계약의 체결과 동시에 발주자와 수급인, 하수급인 3자 사이에 하도급대금의 직접 지급에 관한 합의서를 작성한다. 하지만 대법원 판례에 따르면, 하도급 직불에 관한 3자 간에 합의가 있더라도 하수급인이 하도급공사를 완료하기 전에 수급인의 채권자가 수급인의 공사대금 채권에 대하여 압류하면 하수급인에게 우선할 수 있다. 하도급 직접 지급에 관한 3자 간의 합의는 이미 시공한 기성 부분에 대해서만 의미가 있고, 장래 취득하는 하도급 공사대금에 대한 직접 지급의 합의는 큰 의미가 없는 것이다.

장래 취득하는 하도급 공사대금의 지급을 담보하는 유력한 수단은 오히려 채권양도가 될 것이다. 장래 채권에 대한 양도도 가능하기 때문에 하도급계약을 체결함과 동시에 발주자에 대한 수급인의 공사대금 채권 중 하도급 공사대금 상당액을 양도받고, 수급인이 발주자에게 채권양도 사실을 확정일자 있는 증서로 통지하면 제3자에게 대항할 수 있으므로, 그 이후 수급인의 공사대금 채권에 대하여 압류 등이 있더라도 우선하게 된다.

판례도 장래 채권의 양도를 긍정한다.

'장래 발생할 채권이라도 현재 그 권리의 특정이 가능하고 가까운 장래에 발생할 것임이 상당한 정도 기대되는 경우에는 채권양도의 대상이 될 수 있다(대법원 88다카6358 판결).'

| 판례 |

● 　　공사 도급계약 및 하도급계약을 함께 체결하면서 도급인, 원수급인과 하수급인이 '공사대금은 도급인이 원수급인의 입회하에 하수급인에게 직접 지급하고, 원수급인에게는 지급하지 않는 것'으로 약정한 경우, 당사자들의 의사가 위 도급계약 및 하도급계약에 따른 공사가 실제로 시행 내지 완료되었는지 여부와 상관없이 원수급인의 도급인에 대한 공사대금 채권 자체를 하수급인에게 이전하여 하수급인이 도급인에게 직접 그 공사대금을 청구하고 원수급인은 공사대금 청구를 하지 않기로 하는 취지라면, 이는 실질적으로 원수급인이 도급인에 대한 공사대금 채권을 하수급인에게 양도하고 그 채무자인 도급인이 이를 승낙한 것이라고 봄이 상당하다.

이러한 경우 위와 같은 채권양도에 대한 도급인의 승낙이 확정 일자 있는 증서에 의하여 이루어지지 않는 이상, 도급인은 위와 같은 채권 양도와 그에 기한 채무의 변제를 들어서 원수급인의 위 공사대금 채권에 대한 압류 채권자에게 대항할 수 없다(대법원 2007다54108 판결).

●   건축 공사가 수급인의 부도로 중단된 후 도급인, 수급인 및 하수급인 3자 사이에 하수급인이 시공한 부분의 공사대금 채권에 대하여 도급인이 이를 하수급인에게 직접 지급하기로 하고, 이에 대하여 수급인이 아무런 이의를 제기하지 않기로 합의한 경우에 그 실질은 수급인이 도급인에 대한 공사대금 채권을 하수급인에게 양도하고 그 채무자인 도급인이 이를 승낙한 것이라고 봄이 상당하다(대법원 98다34812 판결).

하도급 공사대금 직접 지급 사유 발생 이전에 집행된 압류의 효력

| 쟁점 | 하도급대금 직접 지급 사유가 발생한 경우, 그 전에 원사업자의 발주자에 대한 채권에 대하여 압류 또는 가압류 등으로 집행 보전된 채권이 소멸하는가?

| 해결 | 선행 가압류나 압류의 효력은 그대로 유지된다.

하도급대금 직접 지급 사유 발생보다 선행한 압류의 효력

● 원사업자(= 수급인)가 부도 등으로 하도급대금을 지급할 수 없게 된 경우에 수급사업자(= 하수급인)가 하도급대금의 직접 지급을 요청한 때에는 발주자가 수급사업자에게 하도급대금을 직접 지급해야 한다(하도급법 제14조 제1항 제1호).

그렇다면 이와 같은 직접 지급 사유가 발생한 경우 하수급인의 하도급대금 직접 지급 청구권이 수급인의 공사대금 채권을 압류한 제3자보다 우선하는가? 직접 지급 청구권이 발생하기 전에 집행된 압류의 효력은 어떻게 되는가? 하도급대금의 직접 지급 사유가 발생하더라도 선행한 가압류나 압류의 효력에는 아무런 영향이 없다.

사례 해설

● 　　발주자 A와 수급인 B건설은 2000년 6월 5일 마을 진입로 개설 공사에 관한 공사 도급계약을 체결하였다. 공사대금은 159,096,000원이었으며, 발주자 A는 2000년 6월 16일 선급금 6,800만 원을 B건설에 지급하였다.

B건설의 채권자 X는 B건설의 위 공사대금 채권에 대하여 2,000만 원의 가압류 신청을 하였고, 법원의 가압류 결정이 2000년 7월 18일 피고에게 송달되었다.

수급인 B건설은 2000년 8월 2일 하수급인 C건설에게 위 공사 중 배수 공사 등을 6,500만 원에 하도급하면서 하도급대금 직불 합의를 하고, 2000년 9월 1일 하도급계약 사실을 발주자 A에게 통보하였다. B건설과 C건설은 2000년 11월 2일 하도급 금액을 9,042만 원으로 변경하는 계약을 체결한 다음, 2000년 11월 14일 발주자 A에게 하도급 금액이 변경되었음을 다시 통보하였다.

C건설은 2000년 11월 4일 위 하도급 공사를 완공하였고, B건설은 같은 달 9일 전체 공사를 완공하였다.

B건설은 2000년 11월 13일 부도가 났고, C건설은 같은 달 16일 발주자 A에게 B건설과 공동 명의로 하도급대금 9,042만 원의 직접지급을 청구하였다.

그런데 같은 달 15일에 6,200만 원, 같은 달 16일에 3,000만 원의 압류가 있었다. 결과적으로 하수급인 C건설이 발주자 A에게 하도급대금의 직접 지급을 청구한 2000년 11월 16일 이전에 압류 또는 가압류된 금액이 B건설의 공사대금 채권을 상회하게 되었다.

이 경우 C건설은 하도급대금을 발주자 A로부터 직접 지급받을 수 있을까?

하도급대금의 직접 지급 청구가 있기 전에 있었던 가압류와 압류의 효력이 우선한다. 하도급대금 직접 지급 사유가 발생하기 전에 원사업자(= B건설)의 제3채권자가 원사업자의 공사대금 채권에 대하여 압류 또는 가압류 등으로 채권의 집행 보전이 된 경우에는 그 이후에 발생한 하도급 공사대금의 직접 지급 사유에도 불구하고 그 집행 보전된 채권은 소멸하지 않는다.

따라서 이 사건에서 하도급 공사대금의 직접 지급 청구가 있었던 2000년 11월 16일 이전에 이미 B건설의 A에 대한 공사대금 채권에 대한 가압류 및 압류 금액을 공제하고 남은 공사대금에 관하여만 C건설은 직접 지급받을 수 있게 된다.

따라서 사례의 C건설은 하도급대금 직불 합의에도 불구하고 하도급대금을 지급받을 수 없게 된다.

| 판례 |

● 　　　하도급 거래 공정화에 관한 법률 제14조와 같은 법 시행령 제4조 제1항 제1호의 규정상, 원사업자의 부도로 원사업자가 하도급대금을 지급할 수 없어 수급사업자가 발주자에게 하도급대금의 직접 지급을 요청하면 발주자는 수급사업자에게 하도급 공사대금을 직접 지급해야 할 의무를 지는 한편, 발주자의 원사업자에 대한 대금 지급 채

무와 원사업자의 수급사업자에 대한 하도급 대금 지급 채무는 지급된 범위 안에서 소멸하게 되나, 그렇다고 하여 그 사유 발생 전에 이루어진 강제집행 또는 보전집행의 효력을 배제하는 규정은 없으므로, 그 규정들에 의한 하도급대금 직접 지급 사유가 발생하기 전에 원사업자의 제3채권자가 원사업자의 발주자에 대한 채권에 대하여 압류 또는 가압류 등으로 채권의 집행 보전이 된 경우에는 그 이후에 발생한 하도급 공사대금의 직접 지급 사유에도 불구하고 그 집행 보전된 채권은 소멸하지 않는다(대법원 2001다64769 판결).

선급금 반환과
하도급대금 직접 지급의 관계

| **쟁점** | 선급금 지급 후 도급계약의 해제 또는 해지 등의 사유가 발생한 경우, 하수급인이 시공한 부분을 수급인의 기성고로 보아 선급금에서 공제할 수 있는가?

| **해결** | 하도급 공사 부분도 수급인의 기성고로서 공제 대상이다.

공사계약 일반 조건 제44조 제6항은 하도급대금을 직접 지급할 사유가 있는 때에는 공사대금과 선급금의 상계로 인한 정산에 앞서 하도급대금을 직접 지급하도록 규정하고 있다. 이와 같은 조항을 이유로 발주자가 수급인에게 선급금을 지급했는지 여부에 불문하고, 하도급대금을 직접 지급할 사유가 발생했을 때는 전액을 지급할 의무가 있다고 주장하는 견해도 있다.

하지만 대법원은 '선급금을 지급한 후 계약이 해제 또는 해지되는 등의 사유로 중도에 선급금을 반환하게 된 경우에 선급금은 별도의 상계 의사표시 없이 그때까지의 기성고에 해당하는 공사대금에 당연 충당된다'고 본다. 그래서 이미 지급된 선급금이 기성 공사대금에 미치지 못하면 그 차액만 지급하면 되고, 거꾸로 선급금이 미지급 공사대금에 충당되고 남는다면 그 남은 선급금을 반환받으면 된다는 것이다.

또한 수급인이 일부 공사를 하도급한 경우에 하수급인은 수급인의 이행 보조자에 불과하므로, 수급인의 기성공사 금액에는 그 이행 보조자인 하수급인의 기성공사 부분이 당연히 포함된다.

따라서 선급금을 지급한 후 계약의 해제 또는 해지 등의 사유가 발생한 경우에는 하수급인의 기성공사 부분에 대한 공사대금을 포함한 수급인의 기성고를 선급금에서 공제해야 하고, 그래도 남는 공사대금이 있는 경우에 한하여 하도급대금을 하수급인에게 직접 지급해야 한다고 보아야 할 것이다.

사례 해설

●   발주자 A와 수급인 B는 2005년 5월 13일 공사 도급계약을 체결하였다. 공사대금은 3억 5,600만 원이었고, 약정에 따라 수급인 B는 같은 달 20일 선급금 1억 600만 원을 지급받았다. 수급인 B는 공사 중 일부를 C에게 2억 8,000만 원에 하도급하였다. 발주자 A와 수급인 B, 하수급인 C는 '하도급법'에 따라 하도급대금을 직접 지급하기로 합의하였다. B는 C에게 선급금 3,000만 원을 지급하였다. 수급인 B가 2005년 8월 16일경 부도를 내고 같은 달 22일 공사 포기 각서를 제출하여 공사 도급계약은 해지되었는데, 그때까지 수급인의 기성공사 금액은 1억 4,600만 원이고, 하수급인의 기성공사 금액은 1억 2,400만 원이었다.

이 경우 하수급인 C는 기성금 중 지급받지 못한 9,400만 원(= 기성금

1억 2,400만 원 - 선급금 3,000만 원)을 발주자 A로부터 직접 지급받을 수 있는가?

이 사례를 보면, 수급인의 기성고는 1억 4,600만 원이고, 이미 지급된 선급금은 1억 600만 원이므로 발주자로서는 이미 지급한 선급금과 기성공사 대금을 상계하고 남은 4,000만 원만을 지급할 의무가 있다. 따라서 하수급인으로서도 9,400만 원의 하도급 공사대금을 직접 지급할 것을 요구할 수 없고, 4,000만 원만 직접 지급받을 수 있다는 것이다.

| 판례 |

● 건설산업기본법 제35조 제1항, 하도급 거래 공정화에 관한 법률 제14조 제1항 등에서 하도급대금의 직접 지급에 관하여 규정을 두고 있는 것은 수급인이 파산하거나 그 외의 사유로 하도급 업자들에게 하도급대금을 지급하지 않거나 지급할 수 없는 사유가 생길 경우, 약자의 지위에 있는 하도급 업자들을 보호하고 공사 수행에 대한 대가를 실질적으로 보장하기 위함에 그 취지와 목적이 있는 것일 뿐, 도급인과 하수급인과의 직접적인 도급계약 관계의 설정을 전제로 한 것은 아니므로, 결국 하수급인이 시공한 부분은 수급인의 기성고로 볼 수밖에 없다.

또한 하수급인은 수급인의 이행 보조자에 불과하므로 수급인의 기성공사 금액에는 이행 보조자인 하수급인의 기성공사 부분이 당연히 포함된다고 보아야 한다. 따라서 선급금을 지급한 후 계약의 해제 또는 해지 등의 사유가 발생한 경우에는 하수급인의 기성공사 부분에 대한 공사대금도 포함한 수급인의 기성고를 선급금에서 공제해야 하고, 그래도 남는 공사대금이 있는 경우에 한하여 하도급대금을 하수급인에게 직접 지급해야 한다(대법원 2007다40109 판결).

●   공사대금의 지급에 관하여 규정하고 있는 '공사계약 일반 조건' 제21조와 제21조의 3 제1항 제2호 및 선금이 지급된 경우에 그 처리에 관하여 규정하고 있는 '공사계약 특수 조건' 제14조의 규정과 원래 선금급은 자금 사정이 좋지 않은 수급인으로 하여금 자재 확보, 노임 지급 등에 어려움이 없이 공사를 원활하게 진행할 수 있도록 하기 위하여 도급인이 장차 지급할 공사대금을 수급인에게 미리 지급하는 선급 공사대금이며, 구체적인 기성고와 관련하여 지급된 공사대금이 아니라 전체 공사와 관련하여 지급된 선급 공사대금이라는 점에 비추어, 선금을 지급한 후 계약이 해제 또는 해지되거나 선금급 조건을 위반하는 등의 사유로 중도에 선금을 반환하게 되었다면 선금이 공사대금의 일부로 지급된 것인 이상, 하도급을 주었는지 여부를 불문하고 선금은 별도의 상계 의사표시 없이 그때까지의 기성고에 해당하는 공사대금에 당연 충당되고, 그래도 공사대금이 남는다면 그 금액만을 지급하면 되는 것이고, 거꾸로 선금이 미지급 공사대금에 충당되고 남는다면 남은 선금에 관하여 도급인이 반환 채권을 가지게 된다고 보는 것이 선금급의 성질에 비추어 타당하며, 하도급대금 직불에 관한 조항이 하수급인이 시공한 부분에 상당하는 금액에 대하여 계약자가 하수급인에게 대가 지급을 의뢰한 것으로 보아 당해 수급인에게 직접 지급하여야 한다고 규정하고 있는 것은 선금급으로서 기성고에 대한 공사대금에 충당하고 남은 공사대금이 있을 경우에 그 중 하도급대금을 하수급인에게 직접 지급하여야 함을 규정한 것으로 봄이 타당하다(대법원 97다5060 판결).

직접 지급 청구권의 대상인 공사대금에 대한 압류의 가부

| 쟁점 | 하도급법 제14조 소정의 하도급대금 직접 지급 청구권의 대상인 수급인의 공사대금 채권에 대한 압류가 금지되는가?

| 해결 | 대법원 판례에 따르면 압류가 가능하다.

압류의 가능성

하도급법에서 인정되는 직접 지급 청구권의 법적 성질을 어떻게 이해할 것인가가 논란이다. 하도급법상 직접 지급 청구권 관련 규정을 근거로 하수급인은 원도급인에 대하여 하도급 공사대금을 직접 청구할 수 있는 권능만을 취득할 뿐이고, 원수급인의 공사대금 채권 자체를 취득하는 것은 아니라고 보는 견해가 있다. 또 다른 견해는 원수급인의 공사대금 채권 자체가 하도급 공사대금의 범위 내에서 하수급인에게 그대로 이전된다고 보는 견해가 있다.

후자의 견해에 따르게 되면 직접 지급 청구권을 취득한 하수급인은 원수급인의 공사대금 채권 자체를 이전받게 되므로, 원수급인의 제3채권자들보다 더 두텁게 보호받을 수 있다. 제3자에 의한 압류가 금지되고, 채권양도도 제한받을 수 있게 되기 때문이다.

이에 대한 대법원의 입장은 어떤가? 1999년 2월 5일 법률 제5816호로 개정되기 전의 구 하도급법 제14조가 적용되는 사안에 대한 판단이긴 하지만, 대법원은 하수급인에게 하도급 공사대금에 대한 직접 지급 청구권이 있다는 이유만으로 그 하도급대금에 상당하는 원수급인의 도급인에 대한 공사대금 채권에 대하여 제3자가 이를 압류하는 것을 저지할 수 없다고 보았다.

현행 하도급법 하에서는 하수급인에게 직접 지급 청구권이 권리로서 인정되고 있으므로, 하도급대금의 직불 사유에 해당하면 공사대금 채권이 하수급인에게 이전된 것으로 봐야 한다는 유력한 견해가 있지만, 이를 뒷받침하는 대법원 판례는 아직 나오지 않고 있다. 오히려 '대법원 2007다54108 판결'에 비춰보면, 여전히 직접 지급 사유가 발생한 이후에도 압류가 가능하다는 취지로 읽힌다.

| 판례 |

●   구 하도급법 제14조의 적용하에서 하수급인이 직접 도급인에 대하여 하도급계약에 따른 하도급 공사대금의 지급을 청구할 수 있는 권리가 당사자 간의 합의에 의하여 발생되었다 하더라도 그 직접 지급에 관한 합의의 취지는 하수급인의 도급인에 대한 직접 지급 청구권의 행사에 따라 도급인이 하수급인에게 하도급 공사대금을 직접 지급함으로써 원수급인의 도급인에 대한 공사대금 채권과 하수급인의

원수급인에 대한 하도급 공사대금 채권이 동시에 정산·소멸되는 효과를 가져오게 한다는 것일 뿐, 원수급인의 도급인에 대한 공사대금 채권 자체가 하수급인에게 양도되거나 이로 인하여 소멸되는 것은 아니라고 봄이 상당하므로, 하수급인에게 하도급대금에 대한 직접 지급 청구권이 있다는 이유만으로 그 하도급대금에 상당하는 원수급인의 도급인에 대한 공사대금 채권에 관한 채권양도가 있다고 보거나 그 공사대금 채권에 대한 제3자의 압류 등 강제집행이 제한된다고 할 수는 없다(대법원 2001다20363 판결).

발주자가 직접 지급 의무를 부담하는 범위

> | **쟁점** | 발주자와 수급인이 공사대금을 감액하기로 합의한 경우 하수급인이 직접지급받을 수 있는 하도급공사대금은 그 감액된 공사대금에 한정되는가?
>
> | **해결** | 하수급인이 직접 지급받을 수 있는 하도급 공사대금은 감액된 금액이다.

직접 지급 의무는 원도급 금액에 한정

수급인과 하수급인은 설계 변경으로 인한 감액 합의를 하지 않았지만, 발주자와 수급인이 설계 변경을 이유로 공사대금을 감액하는 합의를 하였다면, 발주자가 하수급인에 대하여 직접 지급 의무를 부담하는 하도급 공사대금은 원도급 공사대금에 한정된다. 발주자는 원수급인에 대하여 설계 변경에 따른 공사대금만을 지급할 의무가 있고, 따라서 하수급인에 대하여도 위 공사대금 지급 의무의 범위 안에서만 하도급 대금 직접 지급 의무를 부담하는 것이다.

사례 해설

●   H건설은 발주자 D로부터 도급받은 아파트 건설 공사 중 건축토 공사 부분을 J건설에게 하도급을 주었다. 하도급 대금은 2억 3,000만 원이고, 설계 내역서상 암석 굴삭(연암)은 4,600만 원으로 되어 있었다.

J건설이 위 건축토 공사 중 암석 굴삭 공사 등을 마치고 남은 다른 공사를 진행하던 2001년 1월 8일 H건설이 파산선고를 받았다. 이에 J건설이 발주자 D에게 직접 위 하도급대금의 지급을 요구하자 발주자 D는 H건설과 사이에 암석 굴삭 공사를 흙파기 공사로 설계 변경을 하였다는 이유로 암석 굴삭 대금에 관해서는 흙파기 단가를 적용하여 산출한 200만 원만을 지급하였다(H건설과 발주자 D가 암석 굴삭 공사를 흙파기 공사로 설계 변경한 것은 사실이다).

그러나 H건설은 공기가 촉박하다는 이유로 J건설과 설계 변경을 거치지 않고 당초 약정한 암석 굴삭 대금을 그대로 적용하기로 약속하였다. 발주자 D가 하수급인 J건설에게 직접 지급해야 하는 암석 굴삭 대금은 얼마인가? 4,600만 원인가, 200만 원인가? 이에 대하여 J건설은 H건설과 발주자 D 사이에 설계 변경을 마친 것만으로는 발주자 D의 하수급인 J건설에 대한 암석 굴삭 공사대금의 직접지급 의무가 소멸하지 않는다는 전제하에 당초 약정한 4,600만 원을 지급할 의무가 있다고 주장한다.

하지만 대법원은 아래에 예시한 판례에서 발주자 D가 직접 지급할 의무가 있는 하도급대금은 200만 원에 불과하다고 판단하였다.

●　　　　　구 하도급 거래 공정화에 관한 법률(2004. 1. 20. 법률 제7107호로 개정되기 전의 것) 제14조 제1항과 동법 시행령(2004. 4. 19. 대통령령 제18371호로 개정되기 전의 것) 제4조 제1항 제1호에 의하면, 원사업자의 파산으로 원사업자가 하도급대금을 지급할 수 없게 된 경우로서, 수급사업자가 발주자에게 하도급대금의 직접 지급을 요청한 때에 발주자는 수급사업자에게 하도급대금을 직접 지급하여야 할 의무를 부담하는 것이기는 하지만, 특별한 사정이 없는 한 발주자는 원사업자에 대한 대금 지급 의무의 범위 안에서만 하도급대금 직접 지급 의무를 부담할 뿐이라고 할 것이다(대법원 2004다64050 판결).

하도급법 소정의 지연이자율의 적용 범위

| 쟁점 | 발주자가 하수급인에게 하도급대금을 직접 지급하는 경우에도 하도급법 소정의 지연이자율이 적용되는가?

| 해결 | 발주자가 하도급대금을 직접 지급할 때는 적용되지 않는다.

하도급법 소정의 지연이자율

● 　　　하도급법 제13조 제8항은 '원사업자가 하도급대금을 목적물의 수령일부터 60일을 초과하여 지급하는 경우에는 그 초과 기간에 대하여 공정거래위원회가 정하여 고시하는 이자율에 의한 이자를 지급해야 한다'라고 규정하고 있다. 현재의 고시 이자율은 연 25%로서 민법상 지연이자율 5%나 상법상 지연이자율 6%는 물론 소송 촉진 등에 관한 특례법 소정의 연 20%보다도 높다. 하도급대금의 지급을 지연하지 못하도록 하기 위한 규정인 것이다.

이 규정이 발주자가 하수급인에게 하도급대금을 직접 지급하는 경

우에도 적용되는지가 문제인데, 대법원은 적용되지 않는다고 판단하
였다.

| 판례 |

● 　　　　하도급법 제13조 제7항 소정의 '원사업자가 하도급대금을
목적물의 수령일부터 60일을 초과하여 지급하는 경우에는 그 초과기
간에 대하여 공정거래위원회가 정하여 고시하는 이자율에 의한 이자
를 지급해야 한다'는 규정은 원사업자가 수급사업자에 대하여 하도급
대금을 지급하는 경우에 관한 규정이어서, 이 사건과 같이 발주자인
피고가 원사업자의 파산 등으로 수급사업자에게 하도급대금을 직접
지급하는 경우에는 적용될 수 없다는 원심의 판단은 정당하다(대법원
2004다64050 판결).

사례 13

회생 절차 개시의 하도급대금
직접 지급 사유 여부

> **| 쟁점 |** 원사업자에 대한 회생 절차의 개시가 하도급대금 직접
> 지급 사유에 해당하는가?
> --
> **| 해결 |** 회생 절차의 개시는 하도급대금 직접 지급 사유에 해당
> 한다.

하도급대금 직접 지급 사유인 회생 절차 개시

● 　　　　하도급법 제14조 제1항 제1호는 원사업자의 지급 정지·파
산 그 밖에 이와 유사한 사유를 하도급대금의 직접 지급 사유로 규정
하고 있는데, 회생 절차의 개시가 여기에 해당하는지 여부가 문제된
다. 회생 절차가 개시되면 채권자의 개별적인 채권 추심이 금지되고
회생 절차를 통해서만 변제받을 수 있는데, 하도급법 제14조에 의한
직접 지급은 예외인가?

　원사업자가 파산한 경우에 파산재단에 파산채권으로 가입하지 않고
발주자에게 하도급대금을 직접 지급받을 수 있는 것과 마찬가지로 회

생 절차가 개시되면 하수급인은 발주자에게 하도급대금을 직접 청구
할 수 있다.

| 판례 |

● 　　　 하도급 거래 공정화에 관한 법률 제14조 제1항 제1호 및 제2
항의 규정은 원사업자의 지급 정지나 파산 등으로 인해 영세한 수급사
업자가 하도급대금을 지급받지 못함으로써 연쇄 부도에 이르는 것을
방지하기 위한 취지에서 두게 된 것으로, 수급사업자의 자재와 비용으
로 완성된 완성품에 대한 궁극적인 이익을 발주자가 보유하게 된다는
점에서 원사업자의 발주자에 대한 도급대금 채권은 수급사업자의 원
사업자에 대한 하도급대금 채권과 밀접한 상호 관련성이 있는 반면,
원사업자의 일반 채권자들이 원사업자에 대하여 가지는 채권은 그러
한 관련성이 없다는 것에 근거하여 원사업자의 발주자에 대한 도급대
금 채권 중 수급사업자의 원사업자에 대한 하도급대금 채권액에 상당
하는 부분에 관해서는 일반 채권자들보다 수급사업자를 우대한다는
의미를 가지는 것인 바, 영세한 수급사업자의 보호를 위해 원사업자가
파산한 경우에 인정되는 이러한 직접 청구 제도가 원사업자에 대하여
회사 정리 절차가 개시된 경우라 하여 배제될 이유는 없는 것이므로
(특히 회사 정리 절차에 있어서는 채권자가 회사 재산에 대하여 가지는 청
산 가치 이상의 변제가 보장되어야 한다는 점에서 보더라도, 수급사업자
가 원사업자의 파산의 경우보다 불리하게 취급되어서는 안 된다), 원사업
자에 대하여 회사 정리 절차가 개시된 경우 '정리 채권에 관하여는 정
리 절차에 의하지 아니하고 변제하거나 변제받거나 기타 이를 소멸하

게 할 행위(면제를 제외한다)를 하지 못 한다'라고 정한 구 회사정리법 (2005. 3. 31. 법률 제7428호 채무자 회생 및 파산에 관한 법률 부칙 제2조로 폐지) 제112조의 규정에 의하여 하도급법 제14조의 적용이 배제되어야 한다고 볼 수 없다(대법원 2007다17758 판결).

* 과거의 회사 정리 절차가 현재는 '회생 절차'로 바뀌었다.

도급계약 해제로 선급금 반환 사유가 발생했을 때 하도급대금의 처리

> **| 쟁점 |** 선급금 지급 후 도급계약의 해제 또는 해지 등의 사유가 발생한 경우, 하수급인이 시공한 부분을 수급인의 기성고로 보아 선급금에서 공제할 수 있는가?
>
> **| 해결 |** 하도급 공사 부분도 수급인의 기성고로서 공제 대상이다.

선급금 반환과 하도급대금의 처리

● 대법원은 '선급금을 지급한 후 계약이 해제 또는 해지되는 등의 사유로 중도에 선급금을 반환하게 된 경우에 선급금은 별도의 상계 의사표시 없이 그때까지의 기성고에 해당하는 공사대금에 당연 충당된다(대법원 97다5060 판결)'라고 본다. 따라서 이미 지급된 선급금이 기성공사 대금에 미치지 못할 경우 그 차액만 지급하면 되고, 거꾸로 선급금이 미지급 공사대금에 충당되고 남는다면 남은 선급금을 반환받으면 된다. 또한 수급인이 일부 공사를 하도급한 경우에 하수급인은 수급인의 이행 보조자에 불과하므로, 수급인의 기성공사 금액에는 그

이행 보조자인 하수급인의 기성공사 부분이 당연히 포함된다.

따라서 선급금을 지급한 후 계약의 해제 또는 해지 등의 사유가 발생한 경우에는 하수급인의 기성공사 부분에 대한 공사대금을 포함한 수급인의 기성고를 선급금에서 공제해야 하고, 그래도 남는 공사대금이 있는 경우에 한하여 하도급대금을 하수급인에게 직접 지급해야 한다고 보아야 할 것이다.

결국 수급인이 선급금을 수령한 계약의 해제나 해지된 경우에 기성고가 이미 수령한 선급금보다 부족하면, 하수급인이 발주자로부터 직접 지급받을 수 있는 하도급 공사대금은 한 푼도 없게 되는 결과가 발생한다. 그러나 이러한 해석은 하도급대금을 직접 지급할 사유가 있는 때에는 공사대금과 선급금의 상계로 인한 정산에 앞서 하도급대금을 직접 지급하도록 규정하고 있는 공사계약 일반 조건 제44조 제6항을 고려하지 않은 것으로 보인다.

위 조항을 근거로 발주자가 수급인에게 선급금을 지급했는지 여부를 불문하고, 하도급대금을 직접 지급할 사유가 발생했을 때는 발주자가 하도급대금 전액을 지급할 의무가 있다고 주장하는 견해도 있다.

사례 해설

● 　　　　발주자 A와 수급인 B는 2005년 5월 13일 공사 도급계약을 체결하였다. 공사대금은 3억 5,600만 원이었고, 약정에 따라 수급인 B는 같은 달 20일 선급금 1억 600만 원을 지급받았다. 수급인 B는 공사 중 일부를 C에게 2억 8,000만 원에 하도급을 주었다. 발주자 A와 수급인 B, 하수급인 C는 하도급법에 따라 하도급대금을 직접 지급하기로 합

의하였고, B는 C에게 선급금 3,000만 원을 지급하였다. 수급인 B가 2005년 8월 16일경 부도를 내고 같은 달 22일 공사 포기 각서를 제출하여 공사 도급계약은 해지되었는데, 그때까지 수급인의 기성금액은 1억 4,600만 원이고, 하수급인의 기성금액은 1억 2,400만 원이었다.

이 경우 하수급인 C는 기성금 중 지급받지 못한 9,400만 원(= 기성금 1억 2,400만 원 - 선급금 3,000만 원)을 발주자 A로부터 직접 지급받을 수 있는가?

수급인의 기성고는 1억 4,600만 원이고, 이미 지급한 선급금은 1억 600만 원이므로 발주자로서는 이미 지급한 선급금과 기성공사 대금을 상계하고 남은 4,000만 원만을 지급할 의무가 있다. 따라서 하수급인으로서도 9,400만 원의 하도급 공사대금을 직접 지급할 것을 요구할 수 없고, 4,000만 원만 직접 지급받을 수 있다는 것이다.

| 판례 |

●   건설산업기본법 제35조 제1항, 하도급 거래 공정화에 관한 법률 제14조 제1항 등에서 하도급대금의 직접 지급에 관한 규정을 두고 있는 것은 수급인이 파산하거나 그 외의 사유로 하도급 업자들에게 하도급대금을 지급하지 않거나 지급할 수 없는 사유가 생길 경우, 약자의 지위에 있는 하도급 업자들을 보호하고 공사 수행에 대한 대가를 실질적으로 보장하기 위함에 그 취지와 목적이 있는 것일 뿐이지 도급인과 하수급인과의 직접적인 도급계약 관계의 설정을 전제로 한 것은 아니므로, 결국 하수급인이 시공한 부분은 수급인의 기성고로 볼 수밖에 없다.

또한 하수급인은 수급인의 이행 보조자에 불과하므로 수급인의 기성공사 금액에는 그 이행 보조자인 하수급인의 기성공사 부분이 당연히 포함된다고 보아야 한다. 따라서 선급금을 지급한 후 계약의 해제 또는 해지 등의 사유가 발생한 경우에는 하수급인의 기성공사 부분에 대한 공사대금을 포함한 수급인의 기성고를 선급금에서 공제하여야 하고, 그래도 남는 공사대금이 있는 경우에 한하여 하도급대금을 하수급인에게 직접 지급하여야 한다(대법원 2007다40109 판결).